Tang Enbo Zhuan

Tang Enbo
Zhuan

兰洋 ◎著

中国文史出版社

前　言

"历史是个任人打扮的小姑娘"，每个人笔下的历史都是不同的，因为作者自身的立场观点亦不同。历史如同一部大片，包罗万象，它不分剧种，不分悲喜，想看战争的在里面看战争，想看爱情的在里面找爱情，想看悬疑的在里面找悬疑，因为每一部小说、电影都源于历史，源于曾经活生生的故事。

刚刚接手这本书时，得知要写一位国民党将领的传记，我想的最多的就是，汤恩伯到底是个什么样的人，是英武、果断、热血，还是残暴、狡猾、卑鄙，这个问题一直困扰我很久很久，给读者呈现一个怎样的汤恩伯才是公正的、合适的？

直到前不久，才终于想通，原来我本不必纠结于这个问题，因为汤恩伯原本就是个活生生的人，一个有血有肉、有感情、有思想的人。就如同我们每一个生活在当下的人一样，面对日本侵略者时嫉恶如仇，在与日军对战中宁死不屈；面对信仰冲突时，摇摆不定，左顾右盼；面对高官厚禄时想入非非，铤而走险，这些一切的一切原本就是一个正常人应该有的反应，不会因为他是一个历史人物，他是一个国民党将领而改变。

至于我要做的只是将一切的一切诉说出来，如同一个说书人，将原本远离我们的故事娓娓道来，而是非功过每个人心中自然有杆秤。

有人说，汤恩伯的一生是不断战斗的一生，是胜少败多的一生，是大踏步撤退、小步幅进攻的一生，是给十三军带来恶名、给中原人民带来灾难的一生，是坚定追随蒋介石最终被抛弃的一生。

汤恩伯，作为一名国民党将领，曾占据中原多年，实力雄厚一度被称为"中原王"，在抗日战争中也曾有过血战南口、策应台儿庄等不俗表现，但在诸多国民党军队将领中其知名度远不如陈诚、戴笠、胡宗南、龙云、卫立煌等人，到底是何种原因使这个曾经位极人臣的"中原王"湮没在历史的长河中？

　　翻阅史料，我在南京图书馆搜集关于汤恩伯的相关著作时，不说与解放军方面的十大元帅、十大将相比，就与其他国民党将领厚厚的传记相比，关于汤恩伯的专著，偌大的南京图书馆也只有三本，提供外借的也只有一本。但当拨开历史的迷雾，渐渐走近这个曾经的辉煌战将时，我才开始了解，原来汤恩伯是如此矛盾的一个人。可能这种矛盾让人们对他毁誉不一，也正是这种矛盾让很多人对他的一生望而却步。

　　他既是常胜将军又曾溃不成军，从一个农家子弟到军队统帅，在没有强大的背景和后台的前提下，汤恩伯能一路高歌猛进不得不归功于他过硬的军事素质和出色的指挥潜质。他拥有常人难以具备的统帅天赋，1941年，豫南会战，汤恩伯率领部队顽强抵抗进攻的日军，重创日军，被日军称为"天字第一号大敌"。但同时他又曾溃不成军，部队土崩瓦解。1943年，中原会战，同样是汤恩伯，同样是面对日军，其手下军团几乎一触即溃，在全球反法西斯战争势如破竹的情况下，唯独中国战场遭遇惨败。

　　他既是热血男儿，又曾亲日近伪。他拥有着一个中国人该有的血性，1937年，在前有劲敌、后无援军的情况下，面对日军强攻，汤恩伯寸土不让，率领第十三军将士硬是将日军号称"三天夺下"的南口坚守了十八天，其间亲临前线，寸步不离，赢得"抗日铁汉"美誉。他也曾为了实力摇摆不定，在抗日战争后期，一度与日伪关系紧密，与汉奸大做生意，还手书保证愿意接受伪军。作为接受日本投降代表，面对投降日军毕恭毕敬，丝毫不见胜利者的骨气。

　　他既是一个坚定的反共分子，又是一个摇摆不定的投机者。他曾竭力反共，杀害手无寸铁的苏区人民，亲自指挥用机枪杀害苏区人民三千多人。失意之时却又通过他人联系共产党准备举旗起义，但最终还是背信弃义，杀掉了作为中间人的养父，向蒋介石邀功。

在写书的过程中我们考究了很多问题，毕竟历史早已过去，漫长的岁月甚至模糊了很多当事人的记忆。在翻阅资料时，我们会发现很多出入之处，乃至一些被广泛运用的材料也存在着不小的漏洞。例如很多文章中都提到汤恩伯在中原会战中大部队被日军打败后，如丧家之犬，被民众缴枪，自己也化装成伙夫才逃过一劫。但据史料记载，当时汤恩伯根本没有跟大部队在一起，而是在洛阳开长官会议，而且即使军队再怎么狼狈，毕竟是作战部队，怎么会被拿着锄头、扁担的老百姓缴枪呢。关于这个问题在书中也有分析，除此之外，在与日军作战中，对汤恩伯所谓"水""旱""蝗""汤"称号等多个问题都提出质疑，并列出证据、理由，所谓考究历史大概便是如此吧。

目　录

第一章　平步青云路

汤恩伯的处世之道

从小便是"汤魔王"　急公好义不甘凡

欲要说其人，必先说其事；欲要说其事，必先说其初。汤克勤在光绪二十六年，也就是八国联军大举侵华、国难深重、烽火连天的 1900 年，出生于浙江省武义县的汤庄。这是一个风景秀丽、民风淳朴的再平凡不过的小村庄，邻里关系甚是亲密。而汤恩伯其父汤家彩在当地又是颇有名望的名门乡绅，据说还一度担任过县里的自治委员。二十岁即得子，也算是人生一大喜事，汤家彩自是喜出望外，给刚出生的孩子取名克勤，而后大宴乡里，端的是隆重非常，小汤克勤就这样在一片喜庆中开始了他风云的一生。

但是，与当地人预想中不一样的是，汤克勤本应是如其父亲和祖辈一样知书达理，但他小时候被家里人爱宠有加，养得一副骄纵轻狂的脾性，到得读书年纪，逃学打架、捉鸟弄蛇之事不在话下。除了小打小闹，汤克勤还曾做出引蛇入私塾先生被窝的荒唐事，一度在当地闹得沸沸扬扬，可以说是他小时候做过的最"过分"的一件事。

事情起因是小汤克勤嫌读书烦闷，又愤于私塾先生不久前因其逃课打他手心，满心盘算如何既能施以报复，又最好能使私塾先生第二天不来上课，便想了一记"妙招"，引了一条蛇放进私塾先生的被窝里。这下可把私塾先生吓得魂不附体，但这先生却不是文弱书生，第二天不但没有缺课，反倒是气势汹汹地来到私塾找始作俑者算账。甫一上课就要拿戒尺狠狠地教训汤克勤，哪想汤克勤不但不束手就擒，反而一面假意受罚，一面暗中攥紧了手头的一把裁纸刀。当先生举起戒尺的一霎，汤克勤也突然拿刀向着私塾先生一划，好在私塾先生眼疾手快退了半步，那把本该夺命的小刀只划落了几缕白发。这下可不得了，想想在那个时候，莫说向私塾先生动刀子，就是对师长稍有不敬，那也是要严加惩戒的。这私塾先生虽一向与汤家交好，但也被这一刀惊出一身冷汗。是可忍孰不可忍，私塾先生一路追着小汤克勤到了汤家，本欲以此为凭，新账旧账一起算，却不料汤家人个个言辞闪烁，顾左右而言他，最后竟责怪起私塾先生"教不严，师之惰"了。碰了软钉子的私塾先生见讨不到好，只得恨恨离开汤家。后来，这事也就在当时家业还算丰厚的汤家包庇下不了了之了。从此往后，私塾先生也就放弃了对汤克勤的管教，避之唯恐不及。

正是因为汤家对汤克勤的所作所为秉承睁一只眼闭一只眼的态度，因而汤克勤愈发不可约束，当地人只得半作无奈半嘲讽地称其为"海底捞"，寓意其连海底的物事都敢去捞得，还有什么做不出的？端的是对这个混世魔王没了脾气。故而我们可以看出，汤克勤无所不为、胆大轻狂的性格特点在这个时候就已经开始生根萌芽了。

汤克勤虽然从小不是读书的好料子，但对于当地人的豪义传统却是全然继承。从小汤克勤就是小伙伴之中的"智多星"和"过江龙"。到得后来，与汤克勤相交结识的友人，都觉得他是个可交之人，这不仅是因为其家世殷厚和生性不羁，更是因为其为朋友两肋插刀的好义之心。举个实例，1919年汤克勤从浙江体育学院毕业回家的途中，恰逢一个朋友吃了一桩官司，心念友人的他立即停下返程的脚步，随堂旁听了整个庭审过程。当后来庭审过半，汤克勤觉察出法官有明显的偏袒之意时，他怒不可遏，随即出口大骂，并且还不住地拾起地上的石子掷向法官，引得本是庄重肃穆的法庭秩序大乱。他也因此被通缉，后来只得在其他朋友的帮助下逃往外地避开祸事。缘友之事，不顾自身，其好义的性格可见一斑。

汤克勤在私塾虽然顽皮捣蛋，没有学到多少封建礼教下的"四书""五经"，即那些在当时被世人公推的"正经事"，但其年少气盛，志向远大，对于科举仕途毫无兴趣，只一心想做一番"平天下"的大事业。

读书时的汤克勤花销全凭心意，兴致到了哪儿，真金白银就如流水一般花到哪儿。没钱了找家里人索要，刚开始家里人还听之任之，只要汤克勤开口，就全然应允，可时间长了，汤克勤仍是不加节制，挥霍无度，渐渐地家里人也就不再有求必应。他见状心怀不满，就在家中大闹，搅得鸡犬不宁。族长实在无计可施，就变卖了祖屋后的一片林子，换得千余钱给了他，对他说道："此钱也算家里心血，若是庶子能光耀门楣，那便借予你；若是不争气，那就莫要回来。"哪知汤克勤拍案而起，一手拿过钱厉声道："大丈夫若不能成就事业，谈何荣归故里！"便头也不回地冲出家门，留得一干老小面面相觑。后来，到了1934年，已经贵为国民革命军第十纵队司令的汤恩伯特意抽空回到汤家，当着当年"看不起"他的老族长和众亲属的面把这笔钱一张一张地数清楚，狠狠拍到祖堂的香火桌上，颇为高傲地说道："那时欠家里的，我完完本本还回来了，还要给你们添利带息，以后对汤家出来的孩儿，莫说我汤恩伯忘恩负义，辱没祖宗！"言罢下令大宴乡亲，还赏了到席者每人一匹好布和十块大洋。乡人直呼万岁，齐声称赞汤恩伯泽被桑梓。

其时天下大乱，封建势力和帝国主义势力相互勾结，为了熏心私利，他们毫无底线地搜刮民脂民膏，致使中华大地民不聊生，而一个突出的表现就是鸦片泛滥。当时在武义县，有很多汤克勤的亲友也染上了大烟，以至于形容枯槁，惨不忍睹。正是热血青年的汤克勤怎能熟视无睹？他四处游说讲演，还在装鸦片红丸的竹筒上刻写规劝勿食鸦片烟的警句，虽是无法真正阻止鸦片烟的猖狂蔓延之势，却也看得出年少时的他不甘沦落，心志颇高，在当时也传为美谈。

志在当将军打天下的汤克勤先后参加了浙江省警察巡官养成所

的培训，后分配至浙江湖州任职，后又调回武义县做巡警，而后到当时浙江省省长吕公望开设的援闽浙军讲武堂继续学习军事。但是这段短暂的巡警经历并没有满足他从小"要当将军"的志向，只一年不到的时间，从讲武堂高分毕业的汤克勤没有选择继续回到家乡任一方安吏，而是毅然决然参军入伍。缘由他此前的巡警经历和在讲武堂的优秀表现，入伍后在当时浙江陆军第一师出任少尉排长。应该说，当时汤克勤对自己参军入伍的第一步是十分重视的，他治下有方，很是得到一部分官兵的赏识。但好景不长，他所在的军队乃是败絮其中的花架子，很快就打了败仗继而解散了，好不容易起航的将军梦就这样被无情的现实粉碎了，其本人也只得在无限的不甘和愤恨中回到家乡武义县。而这个时候，他生命中的第一个贵人出现了。

回到家乡的汤克勤自是憋了一口恶气难消，但他志存高远，却也没有因此而消沉。同乡有个叫童维梓的乡绅，家中很是富有，和汤克勤是儿时一同长大的好朋友，一别经年，再度相会自是不胜感慨，而外出见过世面的汤克勤对这个同样颇有抱负的发小感到很是投机，满怀苦闷的他常常出入童维梓家，谈论天下大势和自身志向。此时童维梓一直动有出国日本留学之念，虽然不愁钱财，但只觉海路漫漫，异乡迢迢，孤身一人甚是惶恐；汤克勤自是不甘平凡，也一直怀有闯荡天下之念，却苦于时运不济，又无资助，一腔热血难以喷发。二人一拍即合，由童维梓出学资，汤克勤做伴与童维梓一道东渡日本留学深造。自此，本是山穷水尽的汤克勤偶得一条柳暗花明的通途，带着对出国留学的无限憧憬和对未来人生道路的希冀，开始了他新的征途。

苦干心细受瞩目　骐骥从此步青云

留学日本明治大学的汤克勤自是刻苦努力，他克服了语言不通的阻碍，还和童维梓一道在日本开设了一家食馆，聊以补足学业和生活的花销。本是一桩你出钱来我出力的美事，后来童维梓因家事提前归国，生性好义的汤克勤却又不善经营，常常大宴友人，很快入不敷出。到得最后，食馆彻底倒闭，汤克勤在没有事先和童维梓打招呼的情况下竟把食馆转手卖了出去，虽然后来童维梓并未过多地加怪于他，但心中的不满之意却是不少，从此也就渐渐疏远了彼此之间的关系。与童维梓闹得不欢而散的汤克勤没了经济来源，一度返回杭州募集学资，也曾在不断努力下获得了当时浙江省省长夏超的援助，答应每月给汤克勤五十元学资。但好景不长，返学日本没几个月，汤克勤就再也没有收到过夏超的资款。彻底在日本无以为继的汤克勤只得草草从明治大学毕业，于1924年回到国内，再觅良机。

一意投身行伍的他深知自身阅历不足，仍一心挂念再赴日本去日本士官学校继续深造，但就读条件被严格限制，须两位省级以上官员联名担保方可前往。起初汤克勤四处奔走，可是收效甚微，试想谁人会愿意为一介不相识的毛头小子作这个保呢？眼看再次出国深造无望，万般无奈之下只得听从了一位名为徐逸樵的同乡的建议，托了父亲同学的关系，找到了时任浙江省第一师师长的陈仪。本是死马当活马医的孤注一掷之举，没想到却真的打开了本已几近关闭的求学之门。

陈仪得知事情原委，对汤克勤的求学之志甚为赏识，又见他魁梧挺拔，长得憨厚老实，谈吐也甚是不凡，当即同意愿为其作保，还应允每月资助汤克勤五十元的生活费。后来汤克勤又获得了老上司吕公望的推荐，日本求学之事方以顺利成行。

经过此事，汤克勤对陈仪感激涕零，直言"陈公待我有再造之恩"，"必将以父之礼待陈公，生死与共"，并改名"恩伯"，意即在感恩伯父陈仪。虽然汤恩伯早年丧父，但在封建礼教之下，改名可谓大事一件。而他因陈仪的知遇之恩毅然改名，以显其永志不忘师恩大德，可见陈仪在当时对汤恩伯影响之深。日后汤恩伯回首过往，即使恩恩怨怨错综复杂，但他仍把陈仪当作自己人生三大恩师之一。

随后汤恩伯顺利地再次踏上赴日学习的旅程。这一次，他进入了日本陆军士官学校，专修步兵课程，并于1926年以不错的成绩学成归国。此外，在此次留日求学期间，汤恩伯还结识了同样留学日本的王竞白小姐。王竞白是陈仪的外甥女，在日本学习蚕桑，生得貌美非常，又才艺俱佳，汤恩伯对她很是倾慕。二人因着陈仪这一层关系交往日密，不久开始准备结婚。

在此有一事略作一提。在汤恩伯赴日以前，他本是有一桩从小就订下的娃娃亲，对方是同村的马秀才之女马阿谦。据传马秀才在汤恩伯诞生之日算了一卦，推断其必大有可为，即为自己的女儿订了这桩婚事。及至汤恩伯赴日，二人本已成婚，马阿谦还为汤恩伯育有一子，名建元。但汤恩伯赴日回来就休了马阿谦迎娶王竞白，一时也是惹得众人热议。但究竟汤恩伯羽翼初成，和王竞白又同是留学归来的高才生，最终此事也就不了了之了。虽然马秀才嫁女一事无稽可考，但汤恩伯抛弃发妻，另攀高枝一事确实有之。后来，汤恩伯在国民党第八十九师任师长时，马阿谦曾带着建元去看望他，哪知汤恩伯觉得面子有损，竟大手一挥："这孩子一点也不像我嘛！"就将马氏母子打发走了。

从日本学成归来的汤恩伯可谓意气风发，踌躇满志，不仅有了日本步兵专业留学生的金字敲门砖，日后在军旅事业上必定不可限量，而且还抱得美人归，和心仪女子成就美满姻缘，双喜临门，真可谓到了人生又一个顶点。

果然，回国不久，汤恩伯就被陈仪招至麾下，任当时浙江省陆军第一师学兵连连长一职。回到老部队的汤恩伯如鱼得水，不仅很快适应了行伍生活，而且还在训练过程中表现出了相当强的能力，加之又有陈仪这一层关系，升职速度之快令人咂舌，短短两年之内历任少校、中校和参谋等职，一路青云直上，成为陈仪手下的心腹干将。

但若仅仅如此，汤恩伯至多算是一方小诸侯的手下，其发展高度不外乎取陈仪而代之，断不能成为后来雄踞一方的国民党高级将领。就在汤恩伯行伍生涯高歌猛进的时候，1926年北伐战争的枪响，又一次给了他这个还很稚嫩的小人物一个天赐良机。

众所周知，北伐战争在中国战争史上可堪称是需要浓墨重彩着力描绘的一场反封建军阀统治的革命战争。为了响应全国喷涌的革命热潮，陈仪也决定脱离孙传芳势力而率兵起义。作为手握兵权的一方将领，陈仪得到了国民党政府的重用，被任命为国民革命军第十九军军长，而汤恩伯也因此受益，升任中校副团长。不久，陈仪为在总部安插耳目，特推荐汤恩伯至南京国民党政府蒋介石总司令部，任参谋一职，而后又出任作战科长。汤恩伯不满于"仰他人之鼻息"的参谋工作，遂暗暗使力往有实权的部门靠拢。因汤恩伯与蒋介石是老乡，又因其二人都曾在日本陆大学习过，加之汤恩伯在此后为蒋介石办了几件别人不能或不敢办的漂亮事，很快就获得了蒋介石的青睐。由此，汤恩伯完成了他早年最重要的一次跨越，成功进入了蒋介石的视野，也由此真正展开了他在蒋家王朝的戎马生涯。

1928年，鼎鼎大名的黄埔军校迁址南京，改名南京中央陆军军官学校，于3月中旬正式开学，蒋介石任校长，而教育长先是由何应钦出任，不久即由张治中接任。而张治中对汤恩伯很是器重，后来汤恩伯的不断升职很大程度上是张治中一手操办的，可以说算得上是汤恩伯的第二个恩师。

在中央陆军军官学校的汤恩伯以其不俗的留学成绩和出色的参谋工作表现被委以重任，先后担任第六期步兵第一大队上校大队长、第七期第一总队教育处少将教育长等职。他带晨练的不同之法名噪一时。当时陆军军官学校出晨操，其他大队的学员都是绕着学校跑步，但汤恩伯所率的步兵第一大队却没有随大潮，而是沿着黄浦路、中山东路、中山门跑，跑步过程中步伐矫健，口号洪亮，队伍整齐，朝气蓬勃，见者无不啧啧称奇，连声赞叹。而这与众不同的晨练方式很快引起了蒋介石和许多高级领导的注意，私下里都称赞汤恩伯是个不尚空谈且敢于吃苦的人，使得他在人才济济的中央陆军军官学校中很快积累了声望。

而另一个让他脱颖而出的原因，是他在任期间，编著了很多小册子，内容涉猎广泛，涵盖了政治、经济、军事、教育、选拔等诸多方面，言辞恳切而精练，更难得的是他的一手行草极为飘逸，区别于当时很多军官一笔一画的工楷，册子出得多了也就让众人觉得他确实花了不少心思，是个能干实事的人。而且他编纂的《步兵中队（连）教育研究》也经由张治中之手摆到了蒋介石的办公桌上，深得蒋介石肯定。加之张治中不断在蒋介石耳旁吹嘘汤恩伯"文武双全"，由此再一次给蒋介石留下了深刻印象。也就是这样的几处细节加分，加之汤恩伯确实在军事教育方面取得了不错的成效，继续升职几成板上钉钉之事。

1930 年 4 月，蒋介石、阎锡山、冯玉祥三方"中原大战"打响。

而在 5 月，中央陆军军官学校的教导部队和特种兵部合编为教导第二师，汤恩伯在其中任教导第一旅的旅长。值得注意的是，汤恩伯此前连一个营的兵都没有带过，只是在院校里面当教官，这一次直接出任旅长，让身为同侪的孙立人等人很是讶异，心中颇有不服。但从另一个侧面来看，此时的汤恩伯已经很是得到蒋介石和张治中的重视了，可以毫不夸张地说，正是因为在院校的这几次被重用，使得汤恩伯进一步淡化了与陈仪一脉的关系，而把蒋介石的"知遇之情"放在了首位。

中原大战过程中，汤恩伯所属的教导第二师也赶赴豫东战场前线，不料首战失利，中了冯军的埋伏，损伤惨重，汤恩伯率部死战，最终得以突出重围，保得一条性命。虽然汤恩伯打了败仗，但蒋介石不以为意，没有撤他的职。

原因后世之人臆测颇多。有人说是汤恩伯虽作战不利，但治军极严，曾一枪打死了一名在水果园里偷吃百姓蔬果的士兵，震动全军，从此无人再犯；有人说是汤恩伯身体力行，常常端着冲锋枪和士兵们一起冲上第一线，吃住也不搞特殊化，深得蒋介石等一干高层赏识；还有人说是吃了败仗之后的汤恩伯回撤至蒋介石所在的商丘，恰逢冯玉祥奇袭此地，在蒋介石几成俘虏的情况下率部死守，最终没有使冯军得逞（其实是冯军不知蒋介石在此，火烧飞机场后就快速撤离了）。汤恩伯护主有功，蒋介石很是信赖他。无论如何，吃了败仗的汤恩伯不仅没有受到撤职处分，反而深孚众望，步步高升。在中原大战结束后不久，其所在的教导第二师改编为第四师，汤调升任副师长兼第十旅旅长就是一个不争的事实。性格一向喜怒无常的蒋介石对其的器重可见一斑。

"剿匪"积极称君心　小子终圆将军梦

中原大战告一段落，蒋介石和几大军阀达成了妥协，这一来蒋介石就基本上把全国的军政大权揽于一身，实力可谓异常雄厚。而这时候的蒋介石并没有停下脚步，一腾出手来就把新的斗争矛头指向了成长迅速、将有燎原之势的中国工农红军，先后悍然发动了五次"围剿"。

1930 年底，腊冬时节，蒋介石在南京总部发出第一次"围剿"的指令，调集了十一个师约十万人的部队，直攻中央苏区。而在这一年的早些时候，汤恩伯就已经奉蒋介石之令率陆军第二师第一旅和浙江教导团对方志敏等部所在的赣东北根据地进行了长达一年之久的"清剿"。

在这期间，汤恩伯使用了严苛残酷的镇压手段，对根据地的军民采取了火力打击、经济封锁、消息欺骗等方式以达到其"瓦解敌人斗志"的目的。他在宣传反共观念时，曲解中共的政治观念，恶意丑化共产党人形象，称他们是"共产共妻"的"土匪"，还一度推行高压的连坐制，但凡被他发现有私通中共的，五户并诛。

此外，汤恩伯为了彻底清除隐患，不惜牺牲根据地百姓的利益，大肆推行严酷的经济流通制度和食材管理制度。在他治下，无论药品、盐粮、布匹等都严格限制外部输入，对内又严格控制发放范围，致使根据地的红军战士和大量无辜百姓得不到生活所需物资，因此而惨烈牺牲的伤病员不计其数。

但尽管如此，方志敏、邵式平等红军将领还是通过当地群众的帮助支持，通过不断的游击作战，相机切断汤部进攻的肯綮之处，取得了多场关键性战役的胜利。坐拥优势兵力的汤恩伯虽然对根据地红军造成了大量伤亡，但最终还是敌不过四处开花的红军浪潮，连吃败仗，甚至连其旅部都被红军攻克，不得不灰溜溜地逃离赣东北地区。

1931 年，蒋介石在第一次"围剿"未果的情况下卷土重来，调集了约二十万兵力再次进攻中央革命根据地。同年 7 月，国民党军进攻失利，无以为继，亟须进行整编。此前作战失利的汤恩伯此时又遇上天赐良机，被蒋介石直接任命为整编第二师中将师长，下辖王敬久、郑洞国两个精锐旅。任命一出可谓震惊时人：汤恩伯一介无名小子，短短五年时间从中尉升到中将，这是何等惊人的速度！这足见蒋介石对汤恩伯的器重和赏识。从此，汤恩伯开始进入蒋氏的核心部群范围，成为蒋氏的心腹爱将，其部也顺理成章地成为蒋氏的嫡系部队，不可谓不风光，不可谓不功成，当时一直把"当将军"作为梦想的毛头小子，终于圆梦直上九万里，绝云气，负青天！

但得偿所愿的汤恩伯在打仗方面却没有像他升职一般顺风顺水。他所率的第二师不久即被调至鄂豫皖地区，继续参与对红军的第三次"围剿"。战役初始，汤恩伯及曾万钟、陈耀汉、戴民权各领一个师的兵力在商城、潢川一带筑起隔离带，企图分离两侧红军根据地的联系，然后予以各个击破。但是汤恩伯的对手是红四方面军中已然颇有威名的徐向前，而汤恩伯却对他的敌手很不以为意。俗话说轻敌乃兵家大忌，果不其然，不久徐向前率红军转守为攻，直击汤恩伯部中枢，以彼之道还施彼身，隔断了汤恩伯前后军的阵形，打得他仓皇逃窜。继而又巧妙地佯攻陈耀汉，目的是吸引汤部来援。结果汤恩伯不知是计，率军来救，被早已做好准备的红军包了饺子，伤亡四千余人，并失去了对商城一带的控制，灰溜溜地撤兵了。经此一役，红军根据地势力不减反增，徐向前将军的这场大胜之战一时也被奉为美谈。

大败亏输的汤恩伯这次没有得到蒋介石的原谅，不仅大骂汤是"脓包一个"，还撤了他第二师师长一职，从此赋闲在家数月。

很多人认为汤恩伯的官途将就此终结，但没有想到的是，不满一年，因旧主陈仪托人来向蒋介石举荐，本对汤恩伯仍有一丝希望的蒋介石终于同意重新给汤恩伯一次机会，戴罪立功，出任第八十九师师长一职。

东山再起的汤恩伯十分珍惜这次来之不易的机会，他严于律己，严于治下，使部队很快就纪律严明、士气高昂。1932年6月，蒋介石亲自率军五十万对红军进行第四次"围剿"，汤部也很快就得到命令，又赶赴鄂豫皖前线。

俗话说，"只有重回旧地，才能找回尊严"，汤恩伯正是抱着一雪前耻的决心又回到了这个伤心之地。这一次吃了一次亏的汤恩伯也长了一智，尽量避开了徐向前的部队，而拣实力平平的"软柿子"捏，但在正面作战上，即便是面对名气全无的曾中生，汤恩伯仍旧没有太多可以拿得出手的战绩。但汤恩伯进攻无果，防守却有功，坚决使用"碉堡战术"。第八十九师防御扎实，顶住了来自红军的猛烈攻击，还在战争尾声率部反攻，迫使正面兵力不占优势的红军被迫做战略转移，也由此夺下了根据地，终于出了他胸中一口恶气。此役过后，汤恩伯所率第八十九师也一炮而响，成为了主力师。

1934年蒋介石发动第五次"围剿"。此次蒋介石不仅从国外引进了大批高端武器装备，还聘请有名的军事顾问，改进了以往的战略打法，采用层层包围，不断缩紧的策略，由此一改在前四次"围剿"中的颓势。在此期间，汤恩伯任第四纵队司令，下辖第四、第八十八、第八十九三个师。后又调任国民党军第十纵队指挥官，把第十师也囊括进来，其部一时空前壮大。

同年11月10日，汤恩伯攻克"红都"瑞金，其所属第十纵队改编为第三纵队，后又负责担任瑞金一带的主要"防务"。在瑞金驻防期间，也许是为了进一步挽回在徐向前部队面前丢尽的颜面，汤恩伯一如其在赣东北"围剿"方志敏部的做法，大行高压政策，残杀了许多赤卫队员和革命群众，双手沾满了共产党员的鲜血。他还下令让部队就地补给，实际上是巧立名目地进行劫掠和屠杀，其部所过之处房屋焚尽，粮草不存。发展到后来，就连老百姓所穿的草鞋也不放过，稍有不从，即大开杀戒，整个鄂豫皖边区满目疮痍。

1935年9月，其部第三纵队又改编为陆军第十三军，汤恩伯正式出任军长。一个月后，又接令北上进攻陕、晋一带的红军。未果，次年汤恩伯又奉命率军进驻察哈尔集宁县一带，受第三十五军军长傅作义指挥。汤部调至华北，可以说是蒋介石为应对逐渐紧张的日本侵华局势深度考量后做出的调整，也从另一个侧面看出蒋介石对汤恩伯的信任。

1936年末发生了日伪蒙军挑起的绥远抗战，汤恩伯在战事中增援傅作义，取得了"百灵庙大捷"等一系列战果，赢得了绥远抗战的胜利。

不久，全国抗日战争爆发，也把汤恩伯推上了其军事生涯的巅峰。

说到这里，想必很多读者想问了：当时在国民党军中能人志士不可胜数，汤恩伯却能以不算出众的才干平步青云，以极快的速度成就功名，原因何在？

总的来说，纵观汤恩伯的风云一生，他的处世之道为他铺平了很多荆棘坎坷之路，给他人生的前中期带来了无数机遇；但正所谓"成也萧何，败也萧何"，也正是他的这些"道"，造就了他悲惨的晚年。

首先，汤恩伯所有信条的最重之义就是对蒋介石绝对忠诚，不怀二心。了解汤恩伯的人，无论是敌是友，对汤恩伯那死忠蒋氏的性格都是知之甚深的，汤恩伯自己也深谙此理，常常对他人说道："我只知跟蒋委员长，我也只听蒋委员长的命令，其他人的一概不理。"一个层面来说，这是他对于人生"三大恩公"中最重要的一位的感激和报答，而更多的，则是他深深了解当时国民党内部的势力倾轧之烈，对蒋氏的脾性摸得很是清楚，只要蒋介石信任他，一切问题都将不复存在。举个实例，当时汤恩伯参加高级将领举办的筵席，酒过三巡，众人开始讨论起蒋介石的后继之人。众说纷纭之下，有人上前来问一直没有参加猜测的汤恩伯，哪知汤面无表情地举樽浅酌，淡淡地说道："委员长身强体健，此事本无讨论必要，诸位也莫要问我，我从未考量过此事。"平日，汤恩伯常向蒋介石呈手本，内容极为广泛，很是得到蒋介石赏识。他与陈诚有过节，但只要蒋介石不喜或中间调停，他也能假意友好。就连他的恩师陈仪，在解放战争末期希望拉他去投诚，也被汤恩伯如实报告给蒋介石以换取蒋氏信任，最终落得陈仪惨死的后果。

可以说，汤恩伯对蒋介石的忠心在国民党军中是无人出其右的，也是他青云直上的根本保证。但也正是如此，疏远了他和其他将领的关系，尤其是他出卖恩师陈仪一举，彻底把他推上了万人唾骂的耻辱台。

其次，汤恩伯对于自己的嫡系部队很是重视，避免了其他很多国民党将领被调离军队架空兵权的苦果。不得不说汤恩伯是个权力欲望很重的人，这一点无论是从他立志当将军、打天下的儿时志愿，还是后来成为一方大将时仍不断醉心于大肆扩充兵力都能看出来。无论是他苦心经营的第八十九、第四师，还是后来纳入他集团军的七个军，都从不轻易让他人染指。国民党内很多汤恩伯的同侪看不惯他兵权独握，且私兵过甚，通过各种手段和方式企图疏离汤恩伯部的关系，以达到瓦解汤恩伯集团的目的。一向与汤恩伯有过节的陈诚就一直怂恿汤恩伯担任行政职务，有时还印一些小刊小报制造舆论，以干扰汤恩伯视听。但见惯了身边那些被调离兵权的将领的下场，汤恩伯深知此中利害，即使到了国民党内部系派斗争最激烈的时候，他也从未真正放下过手中的兵权，按他的话说就是："军人不带兵打仗，就跟离了水的鱼没什么两样。"

此外，汤恩伯在国民党内部斗争中一直低调，大打太极拳，也因此避开了很多无妄之灾。他极力弱化军队中党团思想，不组织党团活动，不搞政治思想宣传，而把部队观念和军人责任放在首位，使得他手下的很多干部、士兵甚至不知蒋介石而只知汤恩伯。汤恩伯自己认为只有会打仗的部队才是铁军，满嘴政治口号的是文人政客，军人不搞这一套。而他对于其他派系的拉拢或离间从来都是淡化处理，不做大动作，让出招者无所适从。他常应命审阅地方政府的合作文件，他自己认为内容毫无新意，却从不点破，只命下属略作回复，权当敷衍。有一次"二陈"系的方青儒专门请刚调任浙江衢州绥靖公署主任的汤恩伯喝茶，大谈恳请汤出兵"剿共"的议题，还请了很多宾客帮腔。汤恩伯对此等不怀好意的阵仗很是不喜，但也不发作，只待众人说完，先言感谢，再解释道"共产党是个国际问题，不是我一人可以解决的"，使得方青儒一干人等计划落空，还得强颜欢笑称是。

正是因为他处世有道，虽然在国民党军中树敌不少，但始终没人能真正把他扳倒，这也正是人送外号"飘忽将军"的汤恩伯的高明之处。

北有胡宗南，南有汤恩伯

说到国民党军，就不得不提那纷繁复杂的内部派系争斗。可以说在某种程度上，正是这样林立并存的派系给予了国民党军这样一个庞然大物以难得的制衡和相对的平稳，进而在蒋介石大权独揽的统治下相互依存；但也正是这样一种内部并不稳定以及包含了无数不确定因素的结构，最终推动了这个腐朽的组织走向不可避免的倾覆之途。

前文提到汤恩伯从不名一文的黄毛小子，到旅长、师长、军长、集团军的司令员，一路可谓通途无碍，且用时极短，可以说是取得了令人瞩目之成就。到得抗战初期为止，汤恩伯已经算是一方"封疆领主"了，是鲁苏皖豫地区的最高指挥官，同时也是第一战区实际意义上的掌权者，手握重兵，身掌重权，肩挑重任，极受蒋介石信任。

而到这个时期，与汤恩伯这个"中原王"遥相呼应的，是位居陕北地区的"西北王"，那就是同样深受蒋介石信赖的"天子第一门生"——胡宗南。

说到胡宗南，他可是国民党高级将领中黄埔一系的"最风光者"，一度被誉为"黄埔楷模"，是蒋介石门下最不可一世的人物。世人盛传胡宗南有"五个第一"：国民党军中黄埔系出身的第一个军长，第一个军团总指挥，第一个集团军总司令，第一个战区司令长官，弃守大陆前国民党高级将领中第一个晋升上将军衔。

胡宗南初出茅庐之时也是极为艰辛。年轻时负债累累，郁郁不得志，后来投笔从戎却又由于个头太矮、年龄太大等原因一度不受待见。但心中怀有大志的他并未自甘堕落，凭借自身努力练就了一手好文采，为人处世上也是极尽圆滑，深得蒋介石喜爱，很快就从龙虎盘踞的黄埔军校中脱颖而出并被委以重任。离开黄埔后，胡宗南极力拉拢同国民党"军统""中特"等特务部门的关系，收买耳目以逐渐巩固地位，以致后来隐隐然有"蒋介石衣钵继承人"的态势。及至抗日战争如火如荼地展开，胡宗南坐镇关中，与入侵之敌缠斗。1947年，胡宗南转战西北，进攻并占领延安，成为烜赫一时的"西北王"。

下面我们就提纲挈领地对"北胡南汤"这两大军事集团做一下分析和对比，以便全方位了解这两个名震一方的封疆大将。

我们来看看二者的势力对比。胡宗南的势力成形是蒋介石一手推动的，蒋氏把胡作为嫡系部队的王牌，在"围剿"行动中以其为最锐利的矛，突击在前；在抗日战争中又作为最坚实的盾，镇守后方。可以说胡宗南的部队是蒋介石嫡系部队中的"王牌"。直到抗日战争时期，胡宗南从第十七军军团长一跃成为第三十四集团军总司令及第八战区副司令长官。抗战后期，被擢升为第一战区司令长官，下辖四个集团军、十六个军、四十二个师、五个特种兵团，势力遍及陕、甘、宁、豫、青、晋等各省，是国民党在西北地区的最高统治者。

汤恩伯的发迹史在前文已有详言，此处就不过多赘述。汤恩伯集团在其发展的鼎盛时期，下辖五个军团约四十万正规军，而更多的，是他不断吸收的、名目繁多的杂游部队，包括统辖汛东汜北的挺进部队，共八十个纵队约十万人，还有各种独立旅和补充团不可胜数。

其二，我们来看看军事指挥方面。胡宗南是黄埔军校公推的"楷模"，这不仅是因为其日后功成名就，更是因为他身经百战，可以说是从尸山血海中杀出来的一条好汉，相比于汤恩伯来说，胡宗南更有实战经验。不论是早期的北伐战争、中原大战，还是蒋氏的多次"围剿"行动、抗日战争，胡宗南可以说参与了绝大多数国民党战史上值得浓墨重彩大书特书的经典战役。此外，胡宗南的军事敏感性很强，他常常能"未卜先知"似的展开军事行动，在蒋介石心中留下个"善谋"的好印象。但话说回来，胡宗南在历次战争中并没有几次值得称道的功绩，"力保不失"是其所获最多的正面评价。这缘于胡宗南对蒋介石的大局掌控能力抱有盲目的信心，没有自己的战略远见，只知道一丝不苟地遵照执行，不晓变通，在多次战役中临场用兵极差，常常身处被动。在共产党眼里，他就是一个"志大才疏"之辈，有着满腹的狼子野心、冲天之志和良好的政治观感，对蒋介石极尽奉承，却积弱于自身的军事素质。胡宗南在战争中常常指挥不动整个军团作战，顾此失彼，即使自身兵力数十倍于对方也不能竟全功。中原大战期间，胡宗南率领一个团纵横捭阖，如臂使指，相当得心应手，连下多城，一举博得蒋介石重视。但从此以后，胡宗南风光不再，虽然官运亨通，但败仗连连，是名副其实的"常败将军"。国民党军内部对其军事指挥能力有如下评述："胡宗南哪算得上一个军团长？他充其量只是个连长，哦不，应该是团长，胡长官指挥一个团的能力还是有的。"

汤恩伯素来在军事指挥的运筹之上颇有心得，这点从其在中央陆军军官学校时常编纂小册子就能看出来。到后来，汤恩伯还是常常给蒋介石上呈手本以提出自己在战术打法方面的建议，可以说汤恩伯胸中是有点墨水的。但是奈何他却是当时的赵括，只擅长纸上谈兵。中原大战出师即败，"围剿"红军战果少之又少，抗日前线消极避战，这都是汤恩伯在战争实践上的真实表现。即便如此，他在抗战之前的用兵之道还是可以找出一些可取之处的，但在汤恩伯成为"中原王"后，胃口极大的他得陇望蜀，又打起了东北地区的主意，妄想成为"东北王"，在其部队经历了历次战争从未伤筋动骨的情况下还大肆扩充兵源，却只是"重数量不重质量"，到打仗之时汤恩伯唯一拿得出手的，还是他的老部队，其余部队都是一击即溃。后人评价时说道："汤恩伯对政治的敏感度随着时代的推移逐渐提高，却在军事指挥上逐渐丧失了才能和灵气，最终也难逃一败涂地的下场。"

其三，再来看看用人治军方面。胡宗南一向主张以"黄、陆、浙、一"四字作为他选取干部提携部下的绝对准则，其中"黄"指毕业于黄埔军校，"陆"是指属于陆军军种，"浙"顾名思义是指籍贯是浙江的，而"一"则是指出身于第一师。据传，后来他还嫌这四字原则不够严格，都符合的人物还是不少，于是又加了一个"七"——毕业于第七分校。单单从这条总原则我们就可以看出胡宗南是多么不信任非黄埔陆军科班出身的人物。在实际中，胡宗南的部队构成也确实是按照这样的标准来选拔人才的，与这几条原则不沾边的，基本上在胡宗南手下很难吃得开，更别提担任要职了。这也导致黄埔派系的军官干部在胡宗南部队的高度集中化，可以说在内部就是自成一体的"同学会"，有利于他对整个部队实施掌控。但弊端也很明显，那些"非亲"的士兵和底层军官难以融入胡宗南构筑的圈子，非议的声音从未断过，而且一旦上了战场，军队内部的思想混乱极其严重，这也是胡在指挥整个大军团作战时极其不顺的重要原因。

此外，为了严格控制官兵思想，胡宗南建立了大量的特务密勤组织，和"军统""中统"遥相呼应，共同巩固维系着胡宗南的权力地位。这其中包括：类似于锦衣卫的"铁血救国团"，直接听命于胡宗南，专门肃清异己，检举揭发思想不稳定的干部；第八战区副长官部侍勤队，是专门保卫胡宗南安全的特种保镖，也是胡宗南监督重要人物和部门的机密组织，深得其信任；第八战区副长官机要处，统管部队由上至下各个环节的运作，其最高长官是胡宗南的同乡王微，对胡宗南直接负责；西北特务拘留所，最惨无人道的监禁处和处刑地，胡宗南在这里对被捕的革命人士进行刑罚审讯，受害人数难以估量。可以说，这一套特务机构连结了整个部队的各个环节，无论重要与否，都难逃胡宗南的耳目。

汤恩伯在任人唯亲上和胡宗南如出一辙。当其就任第八十九师师长时，就把这一蒋介石的嫡系部队由上至下翻新了一遍，几乎都换成了当年黄埔毕业的同门。但是汤恩伯比胡宗南更高明之处，在于其不仅为了使手下的将领更加服从于他，更为了借后辈之手推自己更上一层楼，故而每次在其升职或者调任之时，接替他原职的必然是其信得过的下属。由此一来，整个黄埔派系在汤恩伯的有心操作下都升职极快，汤恩伯也因此备受拥戴，水涨船高之下，他自己自然也就升任更高的职位。但对非黄埔系的官兵，汤恩伯是极为歧视的，除却个别人因汤为了标榜自己"用人公开"的美名而留任升职以笼络人心之外，百分之九十五以上的非黄埔系将领都不得善终，有的甚至遭到惨无人道的清洗。

汤恩伯自己总结过带兵之法："怎么样才能带好兵？那就是要把经济权力、军事权力、人事权力和生杀大权都牢牢攥在自己手里，有权好办事，没有人敢不听你的话；没有这些权力，即使是条狗，怕是也懒得理你！"这段话深刻地反映出汤恩伯对于集权的高度重视。也确实如他所言，从他当师长开始，直至其遁逃台湾为止，汤恩伯在权力的掌控上从未有丝毫忽视。每每上有政策，下有建议，若是不符合汤恩伯的想法，他一定将自己的观点坚持到底。即使是他当上集团军司令，对于部队的军费开支他都要细细过目，还常常不按上面的规定来发放军饷，具体数目尽是由他一人定夺。

其四，关于敛财手段和个人势力的发展。胡宗南并没有太多个人产业，这与他毫无阻碍一路高升有着紧密的联系，因为坐拥庞大军队和地盘势力的他一直是呼风唤雨的角色，其所率的嫡系第一军也是国民党军中装备配备最精良的部队，可以说是予取予求。胡宗南和汤恩伯之流比起来，更像是个比较"纯粹"的行伍中人。唯一值得一提的是，胡宗南标榜自己"一点也不爱财""金钱用做什么？什么用也没有"，其部下也多以此自夸，把胡宗南奉为"廉洁奉公"的楷模。但他是打着这个虚名的幌子来搜刮金钱的，具体例证很多，如虚报士兵数目以讹骗军款，在河防线上走私贩毒，战时谎报耗损军械和战死人数等等。虽然胡宗南在个人产业添置上据不可考，但其敛财之术也是林林总总颇有心得的。

抗战中期，胡宗南为了培养亲信以加强自身，开设了中央陆军学校第七分校以及一些政治学习班，入学名额遭到疯抢。而且当时胡宗南喜爱任用黄埔出身的军官，且又是在抗战的大后方，很多刚毕业的黄埔系学生的第一志愿都是到胡宗南的部队去，这就导致后来第七分校的学生达到了一万多人，远远超过了中央陆军学校本部。很快，胡宗南就集结了一帮同门师弟，在西北继续坐大。

而汤恩伯在个人敛财上则更胜胡一筹，总结之后可以列出如下几项：

首先，扩军后大肆进行投机买卖。汤恩伯对于自身兵力的扩展有着近乎疯狂的偏执，其部队数目在其不断调任过程中逐渐膨胀，在人事编制上超越正常编制的数倍。汤恩伯深知光靠向中央要钱不可能得到百分百的同意，于是调动手下人员，成立专门的投机买卖组织，如"四省边区物资管理处"等，专事不正当经济活动，以此获得所需资金。

其次，增设防区内水陆交通关卡。彼时在汤恩伯的防区内尽是富庶之地，经济交通往来甚为频繁，汤也由此打上了这方面的主意。凭借自己的耳目通灵和权力无上，在各个交通干道增设大量的检查站，名义上是为了稳定防区秩序，其实质是大肆收取过路费，发展到极致时商人一趟行程所挣的利润倒不及沿途交给汤恩伯的买路钱。

再次，修葺废旧工厂，化为己用。汤恩伯在扩充兵力的过程中，不仅军饷跟不上，武器装备更是大难题，于是他提出了"自力更生，自给自足，长期打算"的口号，把防区内能利用的废弃或正在使用的皮革厂、冶炼厂、军械所、锯木厂等均重新筹划扩建，投入到汤恩伯部队的军备保障中来。

最后，控制辖区部分大型企业，暗地里中饱私囊。汤恩伯不仅在暗处投机经营，在明处的大公司也逃不过他的魔掌，如上海鼎泰公司、无锡钱奉钢丝厂等，他通过直接控股或在幕后间接操作的方式将这些企业的资产逐步"公有化"（实际是充盈了汤恩伯部队的腰包）。等到解放战争时期，已经成形的公司体系基本上都是汤恩伯一手把持，按他的需求逐步兑换成现款流进自身腰包。

然后我们再来看看汤恩伯在个人势力扩展方面的尝试。抗日战争期间，汤恩伯开设了很多文印机构，包括臧克家任副社长的三一出版社、重建日报等，一方面是为了扩展个人影响力，另一方面也是为了反制日本的舆论轰炸，但收效甚微，远不如他的期望。同时，他还效仿胡宗南，开办了三一干部学校、鲁苏皖豫边区干训团、边区政治学院等一系列组织，大肆培养自己的亲信人才，把他们输送到部队的每一层，进一步增强了他对日渐庞大的部队的掌控力。抗战胜利后的1947年，汤恩伯接管了很多东北的印刷厂和大量的印刷材料，于是他整合资源和人力创办了上海改造出版社。其时改造出版社的资金力量雄厚，且印刷设备相当高端，但由于汤及其下属不善经营而很快倒闭。

大权独揽成就"汤阎王"

汤恩伯从小就喜欢读一些关于帝王将相封疆列土的传奇故事，尤其喜欢秦始皇、成吉思汗。尽管在毛泽东笔下秦皇"略输文采"，成吉思汗"只识弯弓射大雕"，完全算不得"风流人物"，但汤恩伯仍然认为他们是真正的勇士和"永不凋零的传说"。后来即便成了重兵在握的一方将领，每每和同辈如胡宗南、戴笠等聊天所谈论的话题也多是关于枭雄争霸的，可以说汤恩伯骨子里早早就烙下了封建枭雄的观念。而在去日本游学时期，对日本的武士道精神又很是推崇，并在读书期间以此为标准严格规范自己的言行举止。他也十分崇拜左宗棠、曾国藩和胡林翼，认为他们三人是当世英雄人物的典范，暗中学习钻研他们的为人处世之道，而后化为己用。

正是由于这些思想观念的多重作用和影响，加之少时不得志、青年时平步青云的巨大反差，造就了汤恩伯贪恋权力、冷酷无情的性格特点，也成就了他那臭名昭著的"汤阎王"称号。

阴晴不定　暴虐无常

汤恩伯常常用以形容自己的一句话就是"要有菩萨心肠，要有屠夫手段"。他深知在兵荒马乱的战争年代，要想成就一番霸业，一是靠人心，二是靠手中的硬实力，二者得一可保不败，二者皆得可平天下。

汤恩伯所标榜的"菩萨心肠"多是他部下对他的一种看法，其实质不过是他笼络人心的一种手段罢了。早在中原大战时期，汤恩伯就因长期冲锋在第一线，和战士同吃同睡而美名远扬，但后来，到得第三十一军逐渐成长为他的嫡系王牌时，就很少看到汤恩伯的"菩萨心肠"了。

汤恩伯对于如何把控人心少有心得，但对"屠夫手段"却可谓深以为然并大用特用了。

正所谓"天上浮云白如衣，斯须改变如苍狗"，熟悉汤恩伯的人都知道他的极端喜怒无常，常常朝令夕改，一分钟前笑容满面擢拔将领，一分钟后就可以因心情变化将人革职惩办，人前言笑人后捅刀亦不鲜见。

在汤恩伯任第四师第十旅旅长期间，其属下有个团长和地方官僚沆瀣一气，大肆搜刮民脂民膏，搞得常有百姓到汤恩伯办公处抗议。但汤恩伯是个不会断案的武夫，一直拿不到证据，此事也就一直拖着。有一次这个团长带着几百银圆来到旅部孝敬刚从中原大战抽身而回的汤恩伯，哪知汤恩伯一手拽住该团长的衣领喝道："你个畜生，结党营私不分好歹，搞得下面乌烟瘴气，一直没逮着你呢，这下你倒自个儿送上门来了！"言罢喝令左右侍卫直接把该团长押下去，吩咐就地处决。结果到得晚上，他又叫来自己的副官说道："下午枪毙那名团长是否放的空枪？起初是我鲁莽，不该意气用事。"待得第二天有民众前来诉苦，汤恩伯却又怒火中烧，直言"昨天杀得好，为民除害了！"其反复无常的性格由此可见一斑。

在汤恩伯任第八十九师师长时，他的部队中很是风行打牌赌博之事，屡禁不止。后来他下了条死命令：打牌赌博被发现者，一律处死。有一次一个连长在连队陪几个客人打牌，结果给汤恩伯的特务队发现了，就直接绑了送到师部交由汤恩伯处理。汤恩伯问道："你知道在我的部队不许赌博吗？"连长答道："知道。"汤又问道："那你知道赌博该怎样处理？"那连长一时支吾泣声道："枪毙。"汤恩伯一拍桌子："那就枪毙！"勒令押下去就地枪毙。才一会儿，他又觉得不妥，赶紧让他的心腹去追，让他放一声空枪就当了事，结果还是晚了一步。汤恩伯闻讯淡然嘱咐那个心腹道："以后若是我的嫡系部队的，这种事你都以放空枪处理，这连长只能怪他命不好，我是有心放他的。"

后来又发生过类似的事情，他的心腹依照他提点过的那样放了空枪，本以为办事漂亮会得君心，哪知第二天汤恩伯竟带着人拿着铁锹过来刨坟验尸，结果自然是墓中空空，他的那个心腹也因此被停职查办。

汤恩伯的"屠夫"本性还在于他不仅对敌人无情冷酷，就连对自己人也是说杀就杀，毫不眨眼。在汤恩伯盘踞河南一带的后期，当时局势已然被八路军步步蚕食，他的部队一度被打得毫无还手之力。到得最困难处，八路军直接把他们包了饺子，补给军备完全进不来。当时他的团长无奈只能就地征收补给，但由于汤恩伯部下军纪很差，常常和群众闹起纠纷，更有甚者还出过命案。老百姓被逼得毫无办法，就团结起来反抗，碰到整编制的队伍，就包围起来缴械围攻。有一次，一个团的装备都被群众缴了去，汤恩伯怒发冲冠，立即召集所有团长开会，凶相毕露地说："一个团的装备都被缴了，把我的面子都丢光了！"当场端起刺刀就把那个团长给刺死了。

也是在这个时期，汤恩伯部驻扎在河南镇平。有一天天还未亮，汤恩伯就传令其亲信来军部参与处死四名来自总部的传令官，原因是他们前一天晚上打麻将。其实前文交代过，当时汤恩伯部队打牌之风鼎盛，上至参谋长，下至普通士兵都喜欢在闲暇时间打牌作乐，这次抓到的四人均是副官，同样参与打牌的其他几名正职主官没有被抓，这让其部下很是不解，况且那天正好是汤恩伯的生日，他的部下又为那几位求情。哪想汤恩伯说了这样一番话："我有好些日子没有杀人了，心里不舒服。"说得一干手下面面相觑，竟不知如何回答才好。

虚伪造作　谎话连篇

汤恩伯的虚伪也许外人知之甚少，但从后来其部下和与他共事过的其他国民党将领所描述的来看，他实在是个不折不扣的"伪君子"。

1939年底，当时汤恩伯回到了平江第三十一集团军总部，他对部下说道："共产党为什么能凝聚起来？为什么能得民心？因为他们吃大锅饭，用欺骗的手段让众人心悦诚服。我们只要和士兵同甘共苦，做到一起吃，一样穿，那也就能百战百胜了。"后来，汤恩伯就屡屡和士兵们一起吃饭，穿的也像个普通士兵的样子，还给自己冠以"伙夫头"的名号。每每听到部下以"伙夫头"形容他，他都高兴异常，殊不知是因为他皮肤黝黑的缘故。他还命人写了一篇《伙夫头》的文章为自己宣传，暗地里叫人散布出去。其实汤恩伯和士兵一起吃一样穿也是在演戏，每次他和士兵们吃饭的同时，还要派人回他的住处再准备另一份他自己的餐食，等到回去再吃一顿。他和战士们在一起时穿的衣服表面上是补丁随处可见，但一旦回到自己的住所他就换上干净的衣服，及至再次出门巡视，他又穿上那件打满补丁的外套。

1939年底，汤恩伯一纸调令将原本与他有隙的原三十一军副军长鲍刚任命为豫南游击总指挥，然后指使亲信陈大庆设宴招待鲍刚，设法将其灌醉，趁着鲍刚人事不省，在其返程途中将其暗杀。暗杀之后，因为鲍刚职位较高，汤恩伯怕人知晓，就将其担架兵和侍卫也一同杀了以灭活口，而后电报给国民党总部，声称鲍刚是在新四军攻击汤恩伯部的时候被枪杀的。此外，他还请求总部向鲍刚亲属发放一笔不菲的抚恤金，但统统落入了他自己的腰包。因为当时抗日统一战线已经形成，这一消息传出，引起了国民党政府高层的一片哗然，纷纷指责中共的不是。汤恩伯暗杀鲍刚本是他的阴谋，最后却信口栽赃，贼喊捉贼，自己反倒还成了"及时通报"的好好先生，其虚伪至此，也是令人不齿。

很多对汤恩伯了解不深的人会认为汤恩伯是个克己奉公、廉洁自律的清官，或者深信他时常挂在嘴边的"我是跟着蒋委员长搞革命的，要什么钱财"的说法。事实是他打着"不贪钱财，分文不取"的旗号来提升自己的政治和军事地位罢了。汤恩伯深知蒋介石平生最痛恨贪赃枉法之徒了，蒋氏麾下的稽查队对于文武百官看得极严，所以在抗日战争之前，人们几乎看不到汤恩伯有过添置产业或者投资金钱的活动，平素也看不到汤恩伯有类似于一般高级将领所常见的圈钱行为，故而他在其部下之中还是颇有威信的。但是当抗日战争的号角吹响时，汤恩伯便打着"筹措抗日经费"和"扩充军资"的幌子，大肆搜刮钱财。他不仅倒卖军火，克扣粮饷，甚至还勾结敌伪大做违法生意，发国难财，在他的策划和操控下，没有任何人会认为他是在违法圈钱，都相信他是"公事公办"。总部对于汤恩伯部队的粮饷军备，从来都是按照满员编制足额发放的，但到了他这里，却要经过他一遍又一遍地核准无误才能发放下去，仅仅这一个环节，汤恩伯每月最少就能核去二百万斤军粮，要知道，这还是不算军饷和其他物资的。

1934 年，当他去重庆见蒋介石时，他的老部下对他建议道："将军现在财力雄厚，现今局势不稳，须尽快将前后款项兑换成美钞或黄金，免得法钞贬值以蒙受巨大损失。"汤恩伯闻言只摇头说道："我乃一介武夫，钱财之事我概不过问，均交由军需官全权掌理。"后来当汤恩伯回到河南之后，有一日他的军需官急电这名老部下，要他在重庆拨一亿元法币来购买黄金和美钞，其中黄金约有五千两，然后静待汤恩伯处理。到了 1945 年，汤恩伯才接管了这笔财产，一年后，这笔黄金全部都转入了他的夫人王竟白账下。

滥杀无辜　手段残忍

汤恩伯一向崇拜强者，尤其是那些以暴力闻名于世的霸主，如秦始皇、隋炀帝等，加之其崇尚的日本武士道精神中也包含有"强者为尊"的观念，这就造就了他嗜杀残暴的性格。这种性格不仅带给了他"屠夫"之名，还在很大程度上影响了他对下属的看法。他相当器重那些手段凶狠、敢于施暴的部下，认为他们"堪做大事，能成大业"，而那些心地仁慈、性情温和的军官，他一概嗤之以鼻，觉得"性格太软，不适合带兵，唯独做幕僚最为合适"。

汤恩伯的凶恶名号不是在战场上得来的，而是在对无辜平民的杀戮中逐渐坐实的。

在 1932 年前后，也就是汤恩伯在卫立煌的指挥下参与第四次"围剿"行动期间，汤恩伯的"屠夫"名声就已经十分响亮了。那时卫立煌将"围剿"的部队分为两股，分别为"驻剿"师和"进剿"师。"驻剿"师负责蹲守各大据点对红军进行火力压制和守备，"进剿"师则负责每天外出清扫各个乡镇，汤恩伯的第八十九师就是"进剿"师中的一部分。汤恩伯将师部设立在黄安县，其部队每天沿着黄安县周围十数里呈辐射状向外清扫，不久即延伸到黄陂、宋埠、麻城范围。各团、营、连每天清晨出发，每到一个村庄，都先把村庄中的男女老幼聚集到村外，然后开始尽情洗掠，最后一把大火烧掉整个村子。每天汤恩伯师部都能收到数以千计的老百姓，汤恩伯即以此作为"捷报"发往总部，声称这些百姓是"歼灭"了多少多少"敌人"，而后被"解救"出来的。在向蒋介石报喜过后，师部将十五岁以上、六十岁以下的百姓挑选出来，开始进行惨绝人寰的大屠杀。刚开始时是用子弹扫射，后来汤恩伯觉得这样"太浪费子弹了"，就改用大刀砍头，发展到最凶残的时候，他下令让每个班的士兵围成一圈，把老百姓赶进圈子里用刺刀捅，还美其名曰是"士兵练习白刃战的好方法"。除了对平民进行屠杀，汤恩伯还借此机会对手下的官兵进行考察，凡是对屠杀发表异议，甚至是露出不忍神态的，都被他以"心慈手软，不适合掌兵"为由调离到闲职上，而那些对杀人乐此不疲的官兵他就委以重用。除此之外的老弱妇孺均被武装押解至汉口，途中若是有走不动的或生病掉队的，一律就地处决。对于妇女更是尽情蹂躏，稍有几分姿色的妇女无一例外均遭奸淫，有的被军官看上的，就强行纳为姜室。正是因为汤恩伯在此期间的暴行，"屠夫"称号不胫而走，当地百姓对其恨之入骨，一时间人人自危，汤恩伯之名可止小儿夜啼。

　　汤恩伯杀人全凭个人喜怒，有时对无罪之人也是滥开杀戒。有一年春天，汤恩伯要从鲁苏皖豫边区司令部驻地安徽临泉赶回第三十一军总司令部驻地河南叶县，那时正值春雨如麻，路途遥远且四处坑洼泥泞，汤恩伯不愿忍受汽车长途跋涉的颠簸之苦，正巧界首有一艘来往运客的商船，就决定乘船赶路。那客船因为没招揽到生意就泊在岸边等客，锅炉已经熄了，得知汤恩伯要搭载这艘船，船上人员向其说明重新生燃锅炉要好几个小时，汤恩伯思忖一会儿也就答应了。当时客船大都不愿意搭载官差，因为往来运一次客商获利颇丰，但运部队就只能得到一些燃料钱，故而可能在准备的时候有些漫不经心，且那时船上人手大都下船购买货物去了，待得全部回来准备行船就耽搁了更多时间。到了约定之时，汤恩伯率众登船准备动身，却发现火还未生着，不禁大为光火，冲着船上管理人员便是一顿恶毒的痛骂。那名管理人员本就对运这批官差很是不高兴，又遭到汤恩伯的怒骂，也一时火冒三丈地回道："我们的商船不比军船，你下个命令说走就能走，就算你想走，锅炉没生着火，你就算再怎么骂也不能把船吹走！"这下可把汤恩伯的火气彻底点着了，他一边大骂道："你通敌！你通敌！"一边拔出腰间的手枪对着那名管理人员头上就是数枪，将其打死。其余船员目眦欲裂，悲痛万分，却又碍于汤恩伯的淫威不敢声张。据说那名管理人员年仅三十岁，刚结婚不过两个月。

纵容部下　酿成"汤灾"

汤恩伯号称"中原王"，其部主要驻地河南即为传统意义上的"中原"，自古以来就是兵家必争之地。此地百姓长期饱受战乱之苦，但从未有像称呼汤恩伯的部队一般去称呼其余将领所率之军为"灾"。汤部从1939年驻扎至此，直到1944年南调，其间五年，可谓是带给中原百姓莫大痛苦的五年。当地有好事者把汤恩伯的部队带来的灾祸与1938年黄河花园口决堤带来的连年水灾、1942年严重旱灾和1943年严重蝗灾放在一起，以"水""旱""蝗""汤"四灾相称。当地民众普遍对这个说法表示高度赞同，于是，"汤灾"之名一时传遍了大江南北。

由于汤恩伯对于扩充部队很是热衷，其后期收编的杂游部队根本不设门槛，于是收容了一大帮地痞流氓和土匪强盗。这伙人本就是为害一方的恶霸，到了汤恩伯的部队，有了统一的指挥和堪做幌子的各种"军令"，愈加无法无天，可以说是无恶不作。那时汤恩伯的部队很讲究整齐划一，于是他的部下为了讨他欢心，不仅在各个方面努力做到一个模样，就连百姓的房屋也不放过。百姓的房屋多是自家盖成，本就没有标准，但其手下硬是强行改建为营房模样，房屋的原主人要么被赶出家门，要么只能被划分到一个茅草间生活。民众对此怨声载道，但汤恩伯却很是欣慰，大大夸扬了自己的部下一番。

除了强征民房，当时部队需要训练用的木马、双杠、栅栏和木桩等均交由当地的地保、甲（当时乡一级的基层管理人员）负责，汤部只管收验，不管材料来源和人员调配，往往有的地保无力在短时间内收集大量木材而拖延工期，便被用鞭子狠狠抽一顿，再革了职位交由另一人继续。每次部队运输粮食、被装、燃料、军械的车，也都是交由地保、甲在当地征召，但提供膳食，不给任何工钱。即便如此，发到车夫和地保的膳食也是经过了层层克扣，质量极差，数量也极少。

汤恩伯的部队数量向来远远超出正常编制，是以那些杂游部队长期缺少武器，汤恩伯的办法就是搜缴民枪。民众家中用枪，一是为了自保，二是为了必要时猎取食物，闻知汤恩伯要征收上去，自是十万个不情愿。为了达到目的，汤恩伯百般用计，软硬兼施再加上一些坑蒙拐骗之手法。比如说他常常借组建联防纵队为名集合青壮年，若没有自带枪械的就发往艰苦地带做苦力，有枪械随军就可以编入杂游部队。他组建的纵队编了撤，撤了编，来回往复，其目的就是为了搜刮老百姓家中的民枪。若是平日运输、驻营、行军有人手不足的，向来都是就地征召，稍有不从，即一顿好打。当时又正值旱灾、蝗灾正凶时节，汤恩伯还如此搜刮民众，可以说真是火上浇油了。

除了民枪、民房、壮丁等，汤恩伯还大肆搜刮百姓的粮草，仅在安徽阜阳，汤恩伯就下令当地民众交纳军麦两千万斤。那是正值青黄不接的春季，当地百姓一方面要忍受新桂系李品仙的压榨，还要应付汤恩伯的搜刮，可偏又蝗灾、旱灾连绵，哪里拿得出这么多粮食？许多家庭变卖房屋、农具、农田，有的更是卖儿卖女，情况稍好的幸运逃过此劫，但更多的则是流落荒野，家破人亡。汤恩伯行军过程中有个习惯，那就是每到一处乡镇，开拔时必然要带走大量的粮草和柴火。但实际上是每等汤恩伯嫡系部队走后，各旅、团、营以及其余杂游部队又紧跟至此，同样延续了汤恩伯的"优秀作风"，再次施行搜刮之事。每股部队为了获利更多，常常在收粮柴时短斤少两，再层层克扣，基本上等到大军全部通过，百姓家中已然粮草柴米一空了。当时有一首民谣唱得好："麦子黄，泪汪汪，国民党军队来一扫光！"

除了上述恶行，汤恩伯还长期进行武装走私和非法经营，大发国难财；常常为了一己私欲大兴土木，建造各式军事学院培养亲信，却不顾侵占百姓房屋土地；他在各条主要公路、水路上设立数量繁多的哨卡关隘，吃拿卡要，来往客商无一不被盘剥殆尽；他对手下赌博吸毒之风，名义上是严格制止，但不正之风在其部队从未断绝。

"汤灾"的酿就，是汤恩伯带兵历史上极为不光彩的一幕，也是其人生履历上最难以抹去的污点。

第二章　抗日战场播远名

十三军南口抗战

1937 年 7 月底，日寇相继占领了北平、天津。为了实现"三个月内灭亡中国"的迷梦，日寇紧接着沿津浦、平汉、平绥三线扩大侵略——沿津浦路进攻，为的是策应对上海、华东等地的侵犯；沿平汉路南下，为的是夺取中原，进逼华中、长江；沿平绥路西进，为的是占领山西，进而控制整个华北。

8 月 5 日，日参谋本部在"形势判断"中认为日中已处于全面战争状态，决定从国内增兵华北，发动华北会战，把战线进一步扩大到石家庄至沧州一线，迅速对中国军队特别是中央军予以沉重打击。

根据参谋本部的这一决定，8 月 7 日，日本华北驻屯军制定了第二期作战方针：把主战场放在河北省北部的平汉铁路沿线，等国内援军到达后，在保定、沧州线与中国军队决战。为了掩护主力部队在保定决战，又以第五师团为基干，在关东军配合下，沿平绥路向山西、绥远等地推进，攻占张家口以牵制和吸引中国军队，保证主力与中国军队于保定地区决战决胜。

蒋介石也料到日军会走这一步棋，而御敌之计唯有依靠我晋中军力，威胁敌侧，使其决战意图付之东流。要保证中国军队能从山西侧击日军，就必须保证平绥路在我军手中，而平绥路的得失，与能否坚守南口阵地有直接关联。

此外，南口自古便是兵家必争之地，所谓"绥察之前门，平津之后户，华北之咽喉，冀西之心腹"正是其战略要地的贴切描述。对日军而言，其战略意义更是举足轻重：由南口而始，一可占据察哈尔，二可西进绥远省迂回大西北，三可洞开入晋大门控制山西，进而俯视华北大平原。为达野心，日本政府抽调精锐部队，以包括铃木重康率领的独立混成第十一旅团、酒井镐次率领的独立混成第一旅团，以及板垣征四郎率领的第五师团，共计兵力七万之众陈兵南口，志在必得。

守军方面，曾北上支援百灵庙战役的汤恩伯为了策应华北方面抗日局势并监视中央红军陕北根据地的发展动向，正率中央军第十三军驻守在绥远平地泉（今集宁）。7 月 24 日，蒋介石在南京紧急召见汤恩伯，命令他率部防守南口。随即将汤恩伯的第十三军编入第七集团军，隶属第二战区。第七集团军由傅作义任总司令，汤恩伯任前敌总指挥并兼任第十三军军长。具体部署是：汤恩伯部第十三军防守南口正面，阎锡山部第十七军在赤城、延庆形成左面防线，刘汝明第八十六军在宣化、张家口一带做右侧防御，傅作义部负责战役机动，然后调卫立煌的第十四集团军北上增援南口。汤部按蒋介石令"无论如何艰难，必须死守至少八到十天，等待援军到来"，而后实施反攻，内外夹击，重创日寇。7 月 30 日，即在北平陷落的第二天，蒋介石电令驻军平地泉的第十三军军长汤恩伯"该部在前方配备少数部队，俟派兵接替，其主力从速集中，准备向张家口挺进"。

领命后的汤恩伯满腔热血，意气风发，他在全军誓师大会上慷慨陈词："士兵弟兄们！我们是忠于三民主义的革命军人，是忠党爱国的革命军人！我们有为党为国、忠勇奋发、效命疆场、不惜牺牲的精神！我们是为国家独立而战，为民族解放而战，为父老乡亲不做亡国奴而战！士兵弟兄们，报效党国、杀敌立功、当民族英雄的时候到了！"

广大官兵亦是精神振奋，斗志昂扬，纷纷写决心书、请战书，请缨杀敌。当时，天津《大公报》有这样一篇报道：

> 将士们离开绥东时，大家把自己的一切东西全部抛掉
> 了，除了在战场上所需要的武器之外，别的什么也不带，
> 以示决心……卢沟桥事件尚在和战不决时，官长们每把
> "和平"的消息报告士兵们的时候，他们全都不言不语低下
> 头去，最后听到自己要开拔的消息，每个人的精神又振奋
> 了。南口的重要，谁都知道，而且是蒋介石委员长亲自下
> 的命令，自己又立下了军令状。汤恩伯戎马十年，这是第
> 一次走向抵御外敌、保卫祖国的战场，他感到作为一个军
> 人的光荣，他也深知，即将到来的南口之战，是命运对他
> 的一次严峻挑战。

这时蒋介石的电报又到了，指示机宜，"我军无论何地，无论何
部队，到达地点，必须星夜赶筑据点之强固野战工事，深沟宽壕，须
使敌坦克不能侵入我阵地，我能固守无失，然后再向左右方面照顾所
规定之战线工事，竭力延长，万一我全线工事未成，敌夹攻时，我军
亦固原阵地，沉着应战，勿稍慌张，俾后方部队，得以如期赴援"。

军令在身，汤恩伯当即布置任务，通知所部第四、第八十九师
分别在集宁、丰镇待命，并用火车向张家口方向输送。

然而锋芒既出，尚未接敌血刃，却被友军同僚阻滞——第十三
军移防时，从山西大同开出的第一列运兵列车到达柴沟堡站，占地
为"王"的地方军阀、察哈尔省主席、第六十七军军长刘汝明（兼
第二十九军一四三师师长），因为害怕汤恩伯的第十三军进入省境会
抢走他的地盘，设立了重重的刁难和阻碍。察哈尔当局以没有接到
命令为借口，不准运兵列车通过他们的"领地"。同时，刘汝明对日
本侵略军还抱有幻想，以为只要省内没有中央军，"皇军"就会对他
特别关照，可以确保一方的平安。

汤恩伯对此大为恼火，然而敌情紧迫，不能节外生枝。汤恩伯
一面请示蒋介石，一面约束部下不要和察哈尔当局发生任何摩擦和

冲突。在蒋介石、冯玉祥的多方交涉下，刘汝明终于妥协，但即便如此也三令五申"汤军可以通过，但火车不能停下来！"甚至布置重兵，荷枪实弹监守车站，以防汤军下车。

军情似火，借路风波已耽误了汤恩伯部四天的行动，第十三军仓促赶往南口接防。汤恩伯命令除了作战的武器外，把一切物品都扔掉。尽可能多装人员上阵。历经波折，第一趟运兵列车终于在8月1日通过察哈尔省境抵达南口前线。但是从8月1日起，日军飞机开始轰炸铁路沿线，这就使得后续的运兵列车的速度减慢下来，直到8月5日，王仲廉第八十九师运抵南口，而南口的防务根本谈不上，除了刘部原有的几间住房之外，没有任何工事。汤恩伯大骂刘汝明贻误军机，只得派人加紧勘察阵地，布防地域，把两个师的兵力摆在三十里长的防御线上。汤恩伯决定将第八十九师配置纵深阵地，缩小南北正面防御阵地，巩固两翼高山，并将南口车站、龙虎台、大红门等地改为前进阵地，将主阵地移至南口两翼山麓山腰，防御要点为南口至居庸关、得胜口、青龙桥等地，总预备队置于康庄附近，师部设在康庄之南的榆林堡。而第四师王万龄部在南口右翼布防，师部设在横岭城。两个师分别进入阵地后，立即热火朝天地赶筑工事，由于时间紧迫，部队只能挖一些简单的壕沟，再利用山上的石块垒成工事，聊作掩蔽而已。不得不说，汤恩伯的仓促进驻准备，匆忙应战，对于后来的战事发展，起着不容忽视的消极作用。

8月8日上午，一队日本骑兵闯入左翼的得胜口，和第八十九师五三〇团开始交火，揭开了南口战役的序幕。接着，日寇上千人向南口正面的制高点龙虎台进攻，几十架飞机轮番轰炸，长射程炮猛烈轰击。炮火一停，敌人的步兵和骑兵便发起冲锋，中国士兵沉着应战，顽强抵抗，用步枪、机枪和手榴弹打退了敌人的第一波进攻。

8月9日拂晓，日军飞机、大炮疯狂轰炸南口，企图突破要隘。南口车站及车站南面龙虎台前哨阵地，一度被日军占领，第十三军罗芳珪团经过三个小时的激烈争夺战斗，终于将敌人击退，夺回南口车站及龙虎台阵地。敌我双方都伤亡惨重。

32

8月10日晨，日军发动新一轮攻势，飞机临空，炸弹呼啸而下，紧接着是密集的炮火覆盖轰击，硝烟、碎石、尘土、烈火，一时间遮天蔽日。炮击稍歇，坦克洪流伴随着上千日寇蜂拥而上，向居庸关阵地发起猛烈冲锋。龙虎台阵地上，杀声震天，经过四小时恶战，已是一片尸山血海，守军几乎牺牲殆尽，残部撤出阵地。在虎峪村阵地上，战况同样是惨烈异常，守军的血肉与简易的防御工事在遮天的炮火中化作齑粉。当日军冲上阵地时，活着的士兵奋起反击，枪声一直持续到深夜。汤恩伯冒着日军的飞机轰炸和疯狂扫射，赶往居庸关前线视察，并结合战况向八十九师师长王仲廉做如下指示：

一、加强正面阵地工事强度，于阵前埋设地雷以防敌军坦克突入。

二、炸毁青龙桥至南口的八座桥梁和八达岭涵洞。

三、将南口机车车辆厂内所余七辆重力火车头集中于一涵洞内炸毁，以免资敌。

战斗相持到8月11日，日军步、骑兵兵力多达六七千人，战车三四十辆，迫击炮百余门，飞机九架，向驻扎南口、得胜口的第八十九师五二九团阵地发动猛攻。下午，日军又增援一千余人，在飞机轰炸、大炮猛轰之后，再向虎峪村及得胜口二道关卡西南面的上下隘口阵地发动攻击。所部第八十九师五二九团在与日寇装甲部队的激战中英勇不屈，顽强战斗，战况十分惨烈。

同一天，国民党政府军事委员会电令驻石家庄附近的卫立煌第十四集团军由北平西部山地向南口迂回支援汤恩伯部，限十天到达。

8月12日拂晓，敌以五十余门火炮、三十多架飞机轰炸国民党军队阵地，南口阵地顿成焦土，随后，酒井旅团增兵五千余人，依凭装甲战车，在强大的火力掩护下向南口、虎峪、苏林口、得胜口一线发起全面进攻。坐镇指挥的汤恩伯不断收到阵地失守的战报，万分焦急间却只能顿足拍案，大叫"反击！"

敌我在龙虎台和南口之间激战，敌军数次突入我军阵地，尚未站稳脚跟，又被我军反冲锋夺回阵地。两军生死相搏，进退交替，反复争夺阵地竟达六次之多。激烈的战斗持续到中午，日军被迫退回原地。酒井隆大发雷霆，命令再次组织攻击。日军经过短暂的休整，复以二十辆战车为先导，以钢铁洪流碾过守军血肉铸就的防御阵地，终于撕开一个长达二十多米的缺口。守军一个排全部壮烈殉国。汤恩伯大声骂娘，气急败坏地对师长王仲廉嚷道："你要不惜一切代价夺回阵地，你我虽然是多年袍泽，拿不回来军法无情！"

当晚，王仲廉命团长罗芳珪亲率两个排乘夜色反击，突击队怀抱炸药，呐喊前进，向正面敌军战车直冲而上，前仆后继，以大无畏的气概，压倒对手，毁敌战车六辆，毙伤敌三百余人，终于夺回丢失的阵地。

8月13日晨，日军炮兵向南口两侧高地发射了五千余发炮弹，敌兵在三十多辆坦克掩护下冲入南口镇。每辆坦克携带加农炮一门、机枪两挺。这三十多辆坦克组成强大的火力网使得我方官兵死伤惨重。汤恩伯在收到第五二九团罗芳珪团长的告急电报后，立即回电：

> 五二九团罗团长芳珪兄：文电诵悉，贵团连日力挫强敌，已确立本军未来全部胜利之基石，曷胜欣慰！南口阵地，关系国家对抗战之成败，敌寇虽众而凶顽，仅将其优势之炮火而不能尽毁此一带。尤其吾人赖以抵抗强敌者，为战斗精神，而非大兵与精良之武器，吾侪誓死决不离开阵地寸步。人生百年，终须一死，好汉死在阵地上，即为军人光荣之归宿。

同时，汤恩伯也致电王仲廉：

> 第八十九师王师长介人兄，文申电诵悉，李旅长连日力挫强敌，已树本军胜利之先声，曷胜欣慰！南口阵地，即为吾侪光荣之归宿。我死则国生，我贪生则国死，吾侪宁死尽以维护此阵地，并不幸求生还也。望状告贵师全体同生死之官兵们，努力争取胜利为盼！

8月14日，战斗越发惨烈，天刚拂晓，日军步骑兵约七千人，在二十架飞机、一百门大炮和四十多辆坦克的配合下，向南口正面发起更大规模的进攻，步兵在飞机、大炮和坦克的掩护下，攻势如潮，杀声震天。阵地工事全部被炸毁，滚烫的土地被炸弹深翻了几尺。日军气势汹汹，沿公路猛扑居庸关。幸亏汤恩伯事先配备了纵深阵地，守军罗芳珪团都不要命了，拼死抵抗，肉搏多达十余次，激战持续到月上东山，直到晚上9点多，才最终将日军击退。是日，由于中国军队的英勇抗击，敌人伤亡惨重。中国军人还用轻武器击落敌机两架，击毁日军坦克两辆，敌师团长坂本不得不承认，日军在南口遇到了顽强的抵抗，"三天拿下南口"的梦话早已落空。但是，国民党军队的伤亡也很大，这一天中我方守军第八十九师五二九团官兵流血奋战，死守不退，以致全团殉国，团长以下无一生还，其壮烈牺牲的场面实为近代战争所罕见。

8月16日以后，南口战役进入第二阶段：日军于居庸关正面的攻势屡遭重挫，已然乏力，故而在此线保持激烈对抗，牵制我守军兵力，抽调主力迂回进犯南部山地，意图北上包抄，袭我后方，进而直取怀来。

由于我军伤亡惨重，驰援南口的卫立煌第十四集团军在北上途中又遭日寇重兵截击，并被山洪暴发的永定河所阻，迟迟不能到达南口，汤恩伯只得放弃线性防御，改为重点防守，分别以居庸关、黄楼院、镇边城为中心，形成三个重点防区，继续坚定执行蒋介石"固守现有阵地，最后必须死守怀来，待援出击"的严令。

时至20日，形势急转直下，日军突破张家口一带长城防线，占领神威台阵地，张家口已然岌岌可危。张家口一旦失陷，日军便可迂回至南口侧面，十三军将腹背受敌。由于援军迟迟未到，正面之敌步步进逼，友军防区又危在旦夕，为保存有生力量完成预定的待援反击任务，汤恩伯再一次收缩防御，改"三个重点防守区"为居庸关、横岭城、延庆、怀来四个防守点。战况至此，当时的汤恩伯亦是抱有以死相拼的决心，他数次厉令各防区长官务必死战不退，并严申军纪："假如士兵和下级官兵有畏缩不前的，由各直属长官把他们就地枪决。如有营团以上的长官怕死，我老实不客气地告诉你们，你们自己拿头来见我好了。"

8月25日，日军猛攻横岭城和居庸关。当日下午3时，敌人坦克冲入居庸关，守军虽伤亡惨重，但顽强占据山岭有利地形阻击。同日，占领水头村的日军攻击怀来城南，防守该地的第七十二师独立第七旅退守怀来。日军尾随而至，在飞机、炮兵支援下向怀来进攻。至此，长城线上各点守军，均已处在日军前后夹击的危境中。8月25日晚，汤恩伯将战况急报蒋介石。

26日上午，汤恩伯接到蒋介石的复电云："我军必须死守阵地，切勿再退，否则，到处皆是死地，与其退而死，不如固守而死，况固守以待卫（立煌）军联络，即是生路。此时唯一生机，唯力图与卫联络之一途而已。"连日来，汤恩伯不断向蒋介石、阎锡山、傅作义发去电报，要求速派劲旅前来救援，却始终未曾有一兵一卒到达。

8月26日，战场上的形势继续恶化，傅作义反攻失利，退守到柴沟堡一线，张家口失守。刘汝明的部队也奉命开始向洋河右岸撤退。此时的南口已然是腹背受敌的死地。为了避免全军覆灭，下午1时30分，汤恩伯电报蒋介石请求撤退，蒋介石回电令第十三军向怀来西南山区转移。汤恩伯迅速命令各阵地守军自行部署突围，向桑干河南岸撤离。

截至28日，汤恩伯率部撤入山西境内，29日赶至龙门口。南口一带全部军事要地，一万将士血染的山河终告沦陷。

南口一役，中国方面投入兵力六万，日军动用兵力约有七万，历时十八天，歼敌一万五千余人，中国军人伤亡三万三千以上，其中第十三军伤亡一万两千六百人，占第十三军人数两万八千的百分之四十五以上。虽然以守军撤出、国土失陷为结局，但同时也令日军付出了惨痛的代价，让嚣张的日本侵略者和仍旧茫然怯懦的部分国人感受到华夏子弟浴血奋战、誓保家国的不移之志、决绝之心！南口战役同时也是国民党军队以寡敌众、以弱敌强的战例。它以分散的兵力，牵制了"武装精良十倍于我"的日军十八个日夜，有效地杀伤了大量的日军，阻滞了日军前进的步伐，和同时进行的淞沪会战一道，彻底粉碎了日军"三个月灭亡中国"的迷梦，为后续的抗战准备赢得了宝贵的时间，中国军人用他们崇高的鲜血在抗战史上留下了浓墨重彩的一笔。

关于南口守卫战的激烈战斗，当年天津《大公报》记者曾有过详细的报道，记者小方是这样描述战士们的："兵士们好像是凶神下界一样，这样激烈的情势，谁也没有丝毫动摇的情绪。每个人都理智地相信自己，相信队伍，并且相信命令。在以前内战时代，兵士们拿起了枪，往往是满不理会地瞎放乱放，但是如今呢，谁都知道仔细瞄准，不浪费子弹，并没有长官去嘱咐他们，完全是出于自己的本能。"

四年以后，当年在南口战场采访的《大公报》记者范长江在《南口之战》一文中写道："汤恩伯那时对日作战，真可以说全凭勇气。前方有劲敌，后面无援兵。如此大战了两星期，他的部下死亡太大，战斗能力事实上已经缩小，而战场面积只有扩大，任务只有加重。他的预备队最后全部用完，军部只剩下一个特务连，当时情况甚为悲壮。在撤退时敌机继续进行追击轰炸，汤的军部也被炸得七零八落，其本人几乎不能免。"（载香港《华商报》）

南口战役也得到中国共产党方面的高度评价。8月31日，中共中央机关刊物《解放》周刊第1集第1卷第15期的"时事短评"栏目中，刊登了一篇对南口战役的评论："不管南口阵地事实上的失却，然而这一页光荣的战史，将永远与长城各口抗战、淞沪两次战役鼎足而立，长久活在每一个中华儿女的心中。"

在这半月有余的惊天血战中，汤恩伯虽无神来之笔，但却始终不乏死战到底的决心意志，从南口战役中，我们可以感受到抗战初期汤恩伯以及国民党军队上下的抗战决心。客观来讲，虽然后来霸土一方的汤恩伯再也未能重现此番血性豪情，但这个作为真正军人的汤恩伯，和日后沦为一介玩势弄权政客的汤恩伯都是真实存在的。平心观史，无须择此疑彼。辉瑕各在，两不相干。

台儿庄外围阻击

1937 年底南京陷落后，日军的战略意图中首要目的在于打通津浦线，夺取徐州，进而图谋沿郑州南下，攻取武汉。所以，徐州成了当时敌我双方必争的战役节点。月余后，日军的战役部署形态完全明晰：东西向有日第十三师团渡长江攻六合、滁县，继而北折津浦线攻明光、蚌埠，直趋徐州；东北南向以板垣征四郎第五师团沿胶济线夺临沂后亦南下会战于徐州；北南向则以日称"铁军"的矶谷廉介第十师团直接沿津浦线南取泰安、滕县、临城后逼近徐州。

国民党最高统帅部为鲁南、徐州会战则更早领先于敌构建图谋。1937 年 10 月 12 日，军事委员会即下令设立第五战区，司令长官部署于徐州，并规定其具体战略任务：确保鲁南及苏北，与敌持久抗战。并为此特派主张坚决抗战的桂系领袖李宗仁将军出任第五战区司令长官。划定第五战区作战范围为：北至济南黄河南岸，南达浦口长江北岸，东自长江吴淞口。直辖地区含山东全省和长江以北江苏、安徽两省的大部。为第五战区配属部队除原本属桂系的廖磊第二十一集团军、李品仙第十一集团军外，还由各战区调属韩复榘第三集团军、缪澂流第五十七军、于学忠第五十一军、韩德勤第八十九军、庞炳勋第三军团、徐源泉第二十六集团军、孙震第二十二集团军、孙连仲第二集团军、汤恩伯第二十军团、李仙洲第九十二军、张自忠第五十九军等。

1938 年 1 月中旬，蒋介石在开封召开了第一、第五两战区军事会议，他指出："津浦、道清两路，我们无论如何要抵死固守"，"不好呆守不动，坐以待敌，必须积极动作，对威胁我们的敌人采取攻势，必须严密监视敌人，时刻保持主动地位，来攻击敌人"；"特别是在精神上要设法激励将士，加强攻击的决心，或从正面冒死突进，或自侧面绕道截击，或迂回包抄，围攻歼灭，或纵兵深入断敌归路"；"因为我们部队多，兵力大，就可以四面八方同时发挥我们主动的攻击精神，配合各种有效的战术，先发制人，攻守自如，陷敌人于被动"，"希望各位明了我们这个战略"。

上述证明，蒋介石和他的最高统帅部是为鲁南、徐州会战制定了一个积极防御的战略方针。历史证明，这是一个正确的作战方针。同时，就是在这次会议上，蒋介石还根据第五战区李宗仁的呈报，亲列畏敌逃跑的韩复榘各种罪状，下令逮捕，旋即于几天后将韩复榘在武汉判处死刑执行枪决。这一果断的处置，极大地震动上下内外，客观上给了业以展开的徐州会战参战军队官兵以有力震慑和约束。

1938年2月起，第五战区李宗仁长官部围绕台儿庄战役中心，在北起滕县、临沂和南面台儿庄这一广大的三角地区发起了一连串的战役动作，计有3月14日始庞炳勋第三军团的临沂保卫战，孙震第二十二集团军3月中旬的滕县保卫战，汤恩伯第二十军团近一月之久的临、枣区间运动战，孙连仲第二集团军3月下旬起的台儿庄拒守防御战，直至4月5日至7日汤、孙两部合击进犯日寇于台儿庄地区达成台儿庄战役的最后胜利。

临沂保卫战由庞炳勋的第三军团和中途增援的张自忠五十九军抗敌板垣征四郎第五师团，战斗从3月3日于临沂前沿汤头阵地打响，至3月18日敌军在死伤三千多人的重大伤亡后溃退，国民党军队两支偏师（杂牌军）创造了以弱击强的胜利奇迹。

滕县保卫战与临沂保卫战同为台儿庄战役的揭幕战。中国军队又一支偏师川军第二十二集团军为攻徐州之北，于滕县抗击武器精良、装备齐整的日本侵华部队精锐之师第十师团。3月14日起，矶谷师团下属的濑谷支队始攻滕县，滕县保卫战正式开始，敌我双方在滕县县城内外的多点和广大正面上生死相搏，川军与敌白刃格杀，死战不退。3月15日晚，滕县县城北向外围阵地尽失，东边亦遭迂回，城外守军被分割形成各自为战。此时，集团军命令一二二师师长王铭章代理四十一军军长，率全部在城中的各类武装人员不足三千人固守滕县。16日，王铭章已决死于滕县城，他封闭所有的城门，把城内所有能参战的人都组织起来投入城防，坚守待援。

汤恩伯的第二十军团是于 3 月 14 日下午接获增援滕县的要求，军团迅速调第八十五军王仲廉部于 16 日乘车到达临城、官桥附近，其第四师先头部队与日军相遇在滕县以南的南沙河附近，即就发生激战。17 日，汤军团的八十五军在滕县与临城间一直战事胶着，无法接近滕县。而正是在这一天，恼羞成怒的矶谷师团调集了第十师团和第一〇六师团的一个旅团，合兵三万多人，连同大型火炮、战车，从东、南、北三面合围了滕县城。在悬殊的力量对比下，王铭章部仍与日军在城内拼杀竟日，傍晚时分，王铭章带师部的所有军官和警卫连一直拼杀到人尽，他个人最后手刃近敌后，高呼口号，气绝殉城。此后活着的官兵分散在城内各处彻夜抵抗。18 日午后，敌才完全占领滕县。

临沂、滕县两个方向上的两支偏师奇迹般的保卫战战果，为著名的台儿庄战役的后继作战及夺取战役的最后胜利赢得了宝贵的战役部署时间和更为有利的战机抉择。

汤恩伯军团是台儿庄战役中最主要的作战集群之一，担负的亦是最重要的作战任务，亦始终处在主要的作战方向上，作为战役中唯一的中央军编制的重要集团，汤军团辖提第十三军（汤恩伯兼军长，下辖张轸的第一一〇师和一个独立骑兵团）、第五十二军（军长关麟征，下辖郑洞国第二师、张耀明第二十五师）、第八十五军（军长王仲廉，下辖陈大庆第四师、张雪中第八十九师），军团还独有一个 150 毫米榴弹炮营，全编五个满员齐装师，共七万两千人。

汤军团进入战役过程是到 1938 年 3 月中旬。3 月 14 日下午接第五战区长官电令："敌于津浦北正面增加兵力，大举反攻，以牵制我鲁南之作战，邓部兵少械劣，正面薄弱，两翼空虚，恐难拒敌。已电呈委座调贵军团八十五军驻商丘一整师，由火车输送至滕县附近，做二十二集团军之总预备队，望即出动为荷！"

汤恩伯据敌我当前态势则认为：军团应全力向津浦北正面出击，直接迎向敌重兵矶谷师团，避免分割使用，不宜分散力量。再派出八十五军第四师执行当日战区长官部电令，由商丘先行前往滕县方向后，整个八十五军亦应于 17 日拂晓前到达临城集结，俟后第五十二军即再跟进于商丘集结待命。同时军团长要先到徐州指挥。上述意想，汤于14日晚9时电奉蒋介石。

15日清晨，汤恩伯从亳县急抵徐州，见李宗仁受领指示后，随即率部沿津浦线北上。

16日，先行前出的八十五军第四师为执行滕县增援任务，到达滕县南之南沙河地区即遇敌激战，17日战事胶着，汤军至此未能赶进滕县以解川军之围，18日午时日军攻陷滕县，并很快南下于当晚占领临城。

18日后，台儿庄以北两个方向上的敌人动态均发生了较大变化。首先在东北的临沂方向上，敌第五师团的坂本支队主要兵力企图绕过临沂南下台儿庄；西面矶谷第十师团的濑谷支队于临城兵分两路，以步兵第六十三联队第一大队（欠一个中队）组成右进击部队，直接南下韩庄，进而虚攻徐州；另以步兵第六十三联队第二大队为左进击部队，指向峄县。左、右两支进击部队均配员五千多人。同时，矶谷第十师团更多兵力紧密跟进集结于临城附近。

此时，汤恩伯审度了滕（县）枣（庄）徐（州）台（儿庄）整个的区域形态，他向李宗仁提出了一条诱敌深入，然后合围歼之的建议。建议认为：东北方向，临沂阻击仍然有效；北路之矶谷师团慑于我二十军团在其侧背料不敢轻举南下；南路敌九和十三师团被阻于淮河以南。现躁进的唯濑谷支队一万五千人，我方不如让开津浦路正面，放任濑谷一路南下，待其孤军深入时，再集中我地区内十余万军，聚歼此敌。

李宗仁确认了这一计划。他令滕县方向的川军第二十三集团军沿津浦路缓退韩庄，诱敌深入；令汤恩伯率部退往枣、峄以北的抱犊崮山区，布伏疑兵，以为机动；孙连仲第二集团军将部署于台儿庄正面防御方向上。

此后至4月初的半个多月时间里，汤恩伯军团在西起临城、中经峄、枣，东达向城，北至抱犊崮山的广大区域里，创造了国民党军队中最为典型的运动战范例，并多次赢得卓著战绩。

3月23日，汤军团的八十五军和五十二军分进至峄、枣方向占领阵地，并继而为从侧背攻击峄、枣之敌濑谷左进击队而开始进击抱犊崮地区。抱犊崮位于枣庄东北约十五公里，东靠苍山，西邻滕县，北接费县、平邑，区间有大小山头千余座，山绵绵，势险峻，易守难攻，即置千军万马亦难为外敌察，而自己却十分易于机动。汤恩伯将他的军团置于此地，既可南望台儿庄，又可随时对左边从临沂欲图南下赴台儿庄的坂本支队和右边占领峄、枣的濑谷支队构成严重威胁。后来，矶谷师团主力多次欲从临城往徐、台方向，都不得不忌惮于其左后背存在的汤恩伯第二十军团这支劲敌。

3月24日，为牵制日军进犯台儿庄，汤军团以八十五、五十二两个军对峄、枣之敌主动发起攻势作战。25日，八十五军从枣庄以东攻击日军，迫其向枣庄后退。枣庄是鲁南著名的产煤区，有日第十师濑谷支队一个大队（配坦克十五辆、炮七门）据守中兴煤矿公司。八十五军第四、第八十九师多向突击，攻击紧迫，经一上午激战，即攻克中兴煤矿公司的水塔及矿场东北的三座碉堡，占领了枣庄的大部区域。26日，汤军于煤矿公司内再度乘胜猛攻，逐巷争战，迅即迫余敌缩守于公司内中兴中学，我军置机枪封锁中学所有出口后，以火攻焚毁该校，日军大部毙于焚烧中，逃出之敌亦全被击毙或生俘，枣庄一战，是八十五军在台儿庄战役中第一个漂亮的全胜攻击战。

同时，五十二军一部亦从向城出发，发起了对敌重要据点郭里集的攻击作战。24日午夜，五十二军第二十五师第七十三旅趁夜突袭，入睡中的敌人死伤惨重；25日我军继续攻击，敌我双方进入巷战。郭里集战斗最终极大地创伤了守备的日军，给骄横的濑谷支队以迎头痛击。汤军团于枣庄、郭里集的战斗，牵制了整个在此地的濑谷支队数日不敢南下。

3月27日，汤恩伯根据情报，判断日军第十师团确以主力接近并欲总攻台儿庄，遂于当晚令五十二军与孙连仲集团军协同夹击台儿庄犯敌的任务；令八十五军拊攻枣、峄之敌背后以策应五十二军行动。

30日拂晓，汤军团各部先后到达距台儿庄以北约二十公里的兰陵镇、青山、石城岗附近集结。当晚8时，战区长官李宗仁电令第二十军团迅速南下，电称："敌主力似南下，其一部绕出台儿庄东侧二十七师背后，另一部企图由万里闸方面渡河包围后方。着贵军团长以一部监视峄县，亲率主力前进，协同孙军肃清台儿庄方面之敌。限31日拂晓前到达，勿得延误为要。"

31日凌晨，五十二军向枣、台支线上多点发起攻击，八十五军亦为配合五十二军的主攻而由水湖、王庄一带向峄县佯攻。但到下午3时，汤军团突然接第十三军独立骑兵团在向城东北地区的报告，称由临沂方面向台儿庄进犯的坂本支队已重兵攻击到向城，且敌在三千人以上，向城防御不保。至此，汤军团意识到其左侧背有坂本支队的威胁，右侧背有台、枣支线上濑谷支队的威胁，军团已是左右两侧背受敌，夹在坂本与濑谷两支队之间相隔仅三十公里，假如两侧背之敌相向对进，则相对处于中间的汤军团所处地便不足十五公里了。此时，汤恩伯做了缜密考虑，最后他决定调整战斗部署，决心以快速行动，把军团兵力一律跳出去，由内线转为外线，由被动背负甩开被动，变被围为反包围，一举将敌席卷于台儿庄附近，与孙军团南北合击，将更多的敌人在台儿庄围而歼之。

很快，汤恩伯将自己的新意图询商了军长关麟征并得到坚定赞同，下午3时半，汤恩伯下达命令：

一、由临沂南进之敌步骑兵三千余人，炮二十余门，战车十余辆，有援台儿庄附近之敌，威胁本军团侧背之模样，其主力已到向城、作字沟附近，其先头一部，已与我第四师于爱曲附近激战。

二、第五十二军留一部于台儿庄附近监视，以主力依洪山镇为轴，外翼经该镇东北转向向城、爱曲、秋湖，将敌卷入我包围线内。

三、第八十五军（该军以第二师归还第五十二军建制）由青山、平傅山口及向城附近一带，分数纵队，强行向南桥、鲁场一带之敌攻击前进并掩护第五十二军之侧背，排除台儿庄及峄县、枣庄两面敌人之尾并截留牵制爱曲、秋湖之敌，以阻止其前进。

4月1日子夜，关麟征率五十二军由腰里徐、柿子园乘夜暗与敌脱离，急向右旋回二十公里，于拂晓到达洪山镇以东鲁坊一线；第八十五军第四师先占领爱曲、秋湖,拒止向台儿庄之敌,并掩护五十二军的脱离外跳行动。上午7时,各军师即照军团长命令对凤落、作字沟取攻势动作,急速向北攻击。在攻破作字沟、邵家庄一带之敌后,当日即再回师旋转面对西南攻击,指向台儿庄方向以准备与孙集团合击聚歼作战。

2日,跳入外线的汤军团已成功将坂本和濑谷两个支队在此区域的敌人卷入我包围圈内。随后,汤军团对卷入之敌发动了全面攻击围歼动作,经两昼夜作战将四五千敌人歼灭大半,汤军团胜利结束了爱曲、兰陵间的扫荡作战,同时肃清了向城到秋湖路上的残敌,坂本支队继临沂战后又一次大败于对抗的中国军。

3日,汤军团派人经与台儿庄孙集团联络,更知悉孙集团正面防御的艰难战况,孙集团要求二十军团即时派兵侧击敌背,以解台儿庄之围。自4日开始,汤军团之八十五、五十二两军先后在大顾珊及底阁、杨楼同日军展开激战,此当已属拊攻台儿庄敌背之作战行动。

4日,汤恩伯以电报训令关、王、周三军长并全体将士:"顷奉司令长官李手令,当面之敌连日苦战,陷入重围,已现动摇之势,望我全体将士再接再厉,奋勇猛攻,务在战场内将敌捕捉歼灭,毋使生还。万一敌突围逃逸,各军可不待命令,断行猛烈果敢追击。本战役为国家民族生死关头,本长官亲临前线督战,决按军律明定赏罚……仰一体切实遵照为要。"同日,汤军团将五十二军、八十五军和日前新调转属的七十五军一部,以由右至左顺序,全力指向台儿庄方向,攻击前进。当日晚,五十二军夺占兰陵以南之甘露寺、杨楼、陶墩一线;八十五军占领大顾珊。5日全天,八十五军在大顾珊与顽敌反复争夺,攻防作战。五十二军则南下冲破敌阵,与坂本支队战于底阁、杨楼,并在此对三千余敌军形成合围。至6日,在付出巨大牺牲后终歼坂本支队一千三百余人,残敌千余向北退却。

汤恩伯是到6日收到蒋介石5日的急催手令。

蒋介石5日12时手令:"台儿庄附近会战,我以十师之众对师半之敌,历时旬余未获战果。该军团居敌侧背,态势尤为有利,攻击竟不奏效,其将何以自解?急应严督所部于六、七两日奋勉图攻歼灭此敌，毋负厚望。"

这份手令所表达的心情可以理解：淞沪、南京两战皆以巨大的创失落败，中国多么希望有一场大的胜利来颠覆日寇的百战百胜！但这份手令中的某些对汤的追究，"旬余未获战果""攻击竟不奏效"等，则未必客观公正。

汤恩伯即刻复电蒋介石，立下军令状："本军团今（6）日12时若到不了台儿庄，恩伯愿受军法处分。"

6日下午3时，王仲廉军长抵达八十九师二六七旅谭庄指挥所，4时电话报告汤恩伯，日军开始总崩溃。稍后，在前线的关麟征亦发现日军有退逃迹象，是即两军长立刻命令所部猛攻退却之敌。4时左右，本已开始退却的濑谷支队又被矶谷师团长下令"中止转进"。濑谷此刻全无能力再接战强大汤军团的合围攻击，故抗命仍由联队长赤柴指挥撤退。7日凌晨，第二集团军从台儿庄内倾出，会同南下的汤军团向北追击。退逃路上的日军受到更大的重创。台儿庄战役自此胜利结束。

台儿庄战役是中国在整个抗日战争史上影响最为重大、深远的胜利一战。中国军队以二十余万人配劣质装备和弱下的机动能力，对抗了日本兵力最精锐、装备和机动能力最上乘的三个师团约七万人，并歼灭其万人以上，这与此前数个大的会战结果相较均无出其右。即便与此后美、英军队在太平洋战场和东南亚战场上的经典战役相比，也当属最出色的成功战役案例之一。对于国家间战争而言，往往守卫方在战争初期的胜利，更能倍加沉重地打击攻方敌军的气焰，滞其攻势，更能鼓舞我军士气和提振民族信心。在当时，台儿庄大捷还直接为此后不久更大规模的武汉会战和中国政治、经济进行的向大后方作战略转移赢得了时间。

至于汤恩伯和他的军团在台儿庄战役中所抱持的作战理念、战役企图和构想，以及其实际作战行为并联及汤恩伯的个人人格，历来都曾为各方做不同的解读，更甚而出现截然相反的史评。事实上，历史是唯一的真实素材。就战争而言，胜利或失败的结果才是证明过程的唯一可靠的依据。

汤恩伯是胜利者，至少他和他的军团是导致这一战役胜利的最主要促成因素之一。

以《李宗仁回忆录》为主要代表方对汤恩伯在台儿庄战役中的"指责"，集中认为他在3月25日至4月最初几天的这段时间里，汤部在峄、枣、抱犊崮间藏、避，"逡巡不前"，"畏敌避让"，"保存实力"。的确，孙集团正面守得很苦，亦曾迭现危机，李宗仁多次电报促汤军团南下而汤军团未按他的要求此时南下，对此，汤恩伯是怎么想的，恐怕永远无法知晓。但事实上有两点我们不难看出：其一，把从3月23日到4月5日这段时间汤军团的行动轨迹逐时段都串联来查看，汤军团上下并无一时在"闲"着，军团在二十天间，于抱犊崮、临、枣、峄至台儿庄之间来回走了八次，始终保持自主的机动态势，寻机与强敌作战。汤恩伯从山西的南口作战直到台儿庄之际，似乎看不出他对敌人的任何"怕"和"畏"。至于抱犊崮山区的"躲"和"避"，运动战中的部队岂非该躲时就须躲、该避时就须避？只要该进时就能进，该战时能战即可。其二，我们今人再反观当时的战场态势，客观地讲，汤军团过早南下就真的于战役有利吗？3月中下旬起，汤军团左有从临沂南下的坂本支队，右有矶谷师团在临城随时准备南下的部队，中间线上有峄、枣的濑谷支队。军团面对的敌人绝不比孙集团在台儿庄面对的敌人弱。更为凶险的是，汤军团按计划在峄、枣、抱犊崮间原本是等待最恰当时机以向南给攻击台儿庄的敌人"拊背"一击的，倘若还在被强敌环伺左右时过早南下，岂非倒转来"拊背"者被拊其背？

还有其他的说辞指汤恩伯对手下的八十五军和五十二军有亲疏作别之待，说汤恩伯不服李宗仁的直接指挥而常常越李到蒋。这在台儿庄战役中的汤恩伯身上确实有明显显露。但是，在国民党当时几十年的历史上，这些问题几乎是普遍现象，是长期的体制性现象。而具体到在体制中存在的个人，我们绝不足以用这类面上"合理"又普遍存在的问题去说明其中一个个体的人格或人品的优劣。

我们更应该尊重当时时间点上与事件直接相关的重要人士的评价。

1938 年 5 月 3 日，国民党政府行政院三六一次会议褒奖孙、汤决议案："台儿庄一役，孙总司令连仲指挥所部，固守各地各村落，沉着应战，予敌重创，使友军达成包围任务。汤军团长恩伯指挥主力部队，迂回枣、峄等地，侧击敌军，获取胜利之基础。该总司令、军团长，忠勇奋发，指挥恰当。"

白崇禧评价汤恩伯在台儿庄战役的表现："汤恩伯司令用兵适宜，当敌攻台儿庄之际，迅速抽调进攻峄县而呈胶着状态之兵力，反包围台儿庄之敌人，与孙连仲部相呼应，同时调关麟征、周岩二部击破敌人由临沂派来解围台儿庄之沂州支队，于任务完成之后，仍回师台儿庄，此为其用兵灵活合适之处"；"若论功行赏，汤恩伯部进攻机动，包围迅速；孙连仲部坚强防守，奋勇杀敌，皆战守同功"；"打阵地战只有孙连仲，能攻能守的是张自忠，但打弹性最大的运动战，便只有汤恩伯了"。

陈诚认为："汤二十军团的运动战，是我国抗战初期实施战略战术的成功范例，为以后我之运动战积累了初步的经验。"

著名记者曹聚仁的回忆文章："台儿庄大捷乃是集合着若干力量的若干因素所造成的。……而汤恩伯军团迂回攻击敌人的侧翼，所战胜利的比重是很大的。我和他在兰陵、洪山一带相见了好几回，也就是那么一位大兵样儿。他的总司令部就一直在右翼第一线上打滚，一日三迁，有一晚就和敌军司令部同住在一个小村落中。他只能煮了一锅小米饭招待我们，他自己就在漱口杯中吃粥。这样一位身临前线同士兵共冒炮火的总司令，那自然会打得大胜仗了。"

武汉会战中的汤恩伯

徐州会战之后，作为南京陷落后中国的经济、政治中心，武汉自然成为日寇下一个侵略目标。日本昭和研究会中国问题研究所提出了《关于处理中国事变的根本办法》，驳斥了"进攻汉口应当慎重"的观点，提出了对国民党政府要"以击溃为根本方针"，"为了彻底打击国民政府，使它在名义上、实质上都沦为一个地方政权，必须攻下汉口"。紧接着，日本内阁于 1938 年 6 月 13 日召开了御前会议，使各方对发动武汉战役定下决心。而后，日本参谋本部为了进攻武汉，拟向中国方面增兵四十万人和新编军团二十四万人，调拨军需物资二十三亿五千万日元。至此，日本方面的战略意图已经相当明了：倾国之力攻占武汉，在 1938 年内迫使中国投降。为此，日军大本营在华中地区集中十四个师的兵力。直接参加武汉作战的是第二集团军和第十一集团军共九个师的兵力，有二十五万余人，以及海军第三舰队、航空兵团等，共有各型舰艇约一百二十艘，各型飞机约三百架。

守军方面，国民党政府军事委员会为增强指挥机构与作战能力，决定调整作战序列，于 1938 年 6 月中旬新编第九战区。同时决定以第五、第九两个战区所属部队保卫武汉。参加武汉保卫战的部队以及空军、海军，总计十四个集团军、五十个军，作战飞机约二百架、舰艇三十余艘，总兵力近一百一十万人。分为左右两翼兵团，由张发奎、薛岳挂帅，担负长江南北防御，并以鄱阳湖、大别山脉等天然屏障，加紧构筑工事，与敌军持久对抗，以求最大限度杀伤敌有生力量。

6 月 8 日，汤恩伯升任第三十一集团军总司令，兼任第二十军团军团长直至 1939 年 2 月。驻防河南南阳（豫西）并被指定为中原机动部队，为军委会直辖的机动兵团，随时策应第九第五两大战区。

战役开始后，日军集中兵力，于 8 月分兵三路直指武汉。而其主力则沿长江南岸向瑞昌、大治方向猛攻，突击之下，于 8 月下旬突破中国军队的瑞昌防线。然而之后在守军舍生忘死的阻击之下，这一路日军前进甚缓，在 10 月 5 日占领若溪之后的一个月里，总共向前推进六七十公里，平均每日只前进两三公里。在付出惨痛的代价后，这路日军于 10 月 21 日占领大治，23 日占领鄂城。

另一路日军沿南浔线进犯，中国军队利用庐山山麓的有利地形设防，拼死反击，寸步不让，使其受阻于德安一带，更在 9 月下旬于德安以西的万家岭重创日军，歼敌近万，残敌逃窜回瑞昌。9 月 6

日另一路日军攻占广济，进犯江北要塞田家镇。中国守军冒着日军飞机、舰炮的轰击和毒气弹的袭击，与日军激战至9月下旬，毙敌数千。9月28日，日军大举进攻，使用飞机七十余架、大炮一千余门进行狂轰滥炸，田家镇阵地几乎全部被毁，守军伤亡殆尽，田家镇失守。10月11日，日军占领蕲春，24日占领黄陂。

从合肥方向进攻的日军于10月12日占领信阳，并沿平汉路南下武汉，武汉已然处于日军三路包围之下。战况至此，蒋介石尚在摇摆不定，虽然南京孤城困守的惨痛代价令他记忆犹新，但依然抱有决战武汉的意图。而就在此时，广州方面，由于蒋介石轻断日军志在武汉，无暇南犯，粤军中半数皆被调往武汉作战。甚至在收到日军觊觎广州征兆时，蒋介石不仅未加防范，更从力量薄弱的余汉谋部抽调一个师北上支援。10月11日晚，日军七万多人、两万七千匹马在广东大亚湾登陆成功，一路势如破竹，连下淡水、惠州、博罗和增城，21日已经攻到广州近郊，21日下午广州沦陷。广州既失，粤汉铁路被切断，就更没有决战武汉之必要了。蒋介石多方权衡，为保有生力量进行持久抗战，命中国守军于10月25日撤出武汉。武汉会战结束。

在整个武汉战役期间，升任第三十一集团军总司令并兼任第二十军团军团长的汤恩伯，被指定为中原机动部队，即军委会直属的机动兵团，随时准备驰援第五、第九两大战区。尤为值得一提的是：战役初始，汤恩伯有幸被任命为军委会突击军军长，下辖第四师、第一一〇师、第二〇〇师，其中杜聿明任师长的二〇〇师，是中国军队第一支机械化部队，并编有完整的特种部队。这一劲旅奇兵由蒋介石亲令组建，意图直袭日军后方，发挥决定性的战略作用。但由于战局急剧恶化，军委会不得不放弃这一险招，命汤军团转而支援瑞昌、阳新、通山一带的阻击作战。

汤恩伯率部全程参加了武汉会战的外围作战，历时半年之久，在此期间，汤恩伯先后指挥过第二十军团、第三十二军团和第八军团、第五十四军团等转战于湘鄂赣边区。由于指挥得当，阻敌有力，汤恩伯于10月8日受到军委会军令部嘉奖："汤总报：第一一〇师、第五十师、第十四师、卢军等各部击溃顽敌，斩获甚众，殊甚嘉慰，仰即分别传谕嘉奖。"

武汉失守后，始终在外围战斗的汤恩伯部又马上转入了掩护主力撤退的任务，并坚持奋战在通山、崇阳、通城地区，一直持续到12月间。

总的来说，虽然武汉会战以武汉陷落为结局，但使日军企图"毕其功于一役"的战略企图彻底落空，从武汉会战之后，日本国力对于支撑这样的大规模持久战争越发捉襟见肘，抗日战争也由此转入战略相持阶段。

汤恩伯与南岳抗日游击干训班

汤恩伯和他率领的军团在台儿庄战役胜利后，曾与孙连仲一起受到了国民党最高统帅部高度的赞誉和褒奖，再加上武汉会战中汤率部机动作战时的不俗表现，至此，虽然不乏中央军驻防地方势力时的一般任务部署这一基本原因，但坐牢战役机动部队指挥官这个铁板凳的汤恩伯，其"运动战专家"的地位已然牢固地共识于国民党内外。这使得他在1938年底国共两党合作创办"南岳抗日游击干部培训班"时，被蒋介石亲自选定出任教育长，实际负责训练班的教学工作。

抗日战争爆发后的一年多时间里，华北和沿海繁华地区及主要交通要道均被日寇侵占，共产党领导的八路军、新四军挺进敌后，开展游击战争，开辟了广大的抗日根据地。这使得蒋介石和国民党的军事战略家们认识到，抗日游击战是持久战的基本战斗形式，是争取抗日胜利的基本途径。因而，他们要求中共方面鼎力相助，合作举办游击战干部训练班，为国民党军队培训游击战干部，从而广泛开展敌后游击战争。

1938年10月上旬，蒋介石在武汉召开了高级将领紧急军事会议。蒋介石说："吾人欲驱逐敌人，消灭敌人则必须利用游击战，扰乱敌人之后方，牵制其行为，破坏敌人运输交通，……以协助正规军之作战。"会上，共产党方面由周恩来和朱德正式提交了国共两党举办游击战干部培训班的建议。蒋介石当即接受了这个建议，并要求立即拟订游击战干部培训班的计划。

11月25日，国民党又在湖南的南岳衡山召开紧急军事会议，会议集中研究了游击干部培训的问题。蒋介石指出："二期抗战，游击战重于正规战。"随即确定以南岳为大本营，以国民党政府军事委员会的名义，创办"军事委员会南岳游击干部培训班"。蒋介石即致电毛泽东，邀共产党方面为训练班派出"既有实际游击战经验，又有较高理论水平"的干部来参与训练的组织管理和教学工作。会后，周恩来和叶剑英就有关办班的具体问题与国民党方面达成协议，向中共中央做了汇报。毛泽东则在接到报告研究这一问题时说："去吧，到那里讲一讲我们的道理。"中共决定，派叶剑英为团长带一批得力干部去南岳参加组办训练班。后叶剑英又在衡阳八路军办事处与周恩来商量，挑选了李涛、边章伍、薛子正、吴奚如、李崇等去担任教官，并随即开始组织人着手编写教纲教材。

南岳游击干部训练班正式成立时，国民党政府正式任命汤恩伯为主任，叶剑英为副主任。不久，蒋介石对这个训练班表现出更高的重视，随即变动由他兼任训练班主任，白崇禧、陈诚兼副主任，汤恩伯任教育长主持教学训练工作，叶剑英任副教育长。

1939年2月15日训练班举行开学典礼。第一期学员共招收了一千零四十六人，编为八个大队。第一、第二、第三队为各战区送来的军官，第四队为汤恩伯第三十一集团军教导团的一个队，第五队为军委会政治部及红十字会等各单位送来的青年学生，第六队为西南行营派送的军官与学生及八战区迟到的军官，外加上海纱厂女工抗日宣传队五十余人，第七队主要为曾被国民党衡山县党部解散的衡山青年战时工作队，第八队为国民党中央军校调来的一队工兵学员。学员中的军官大部分为营级少校和部分营以上的上校和中校军衔，许多学员已具有黄埔军校、南京军校以及云南讲武堂、东北讲武堂毕业的学历，其中还不乏已经身经百战者。训练班有教官和管理人员九十五人，其中有中将、少将衔十一人。总体来看，第一期参训学员可算是精英荟萃，他们中的许多人都成了后来抗日战争各个战场上的中坚力量。

汤恩伯实际上是这个训练班的全面领导和组织管理者，但他清楚，共产党人在游击战方面从理论到实践都远比国民党要强。所以，他倚重于叶剑英的帮助，为训练班制订了比较科学而又周详的课程体系和有利于实践运用的训练方法。训练内容分为"精神训练""政治训练""军事训练"三大类，具体每班开设二十四门课程，主要有游击战争概论、游击战理论基础、游击队的政治工作、游击战术、游击战的破坏工作、游击队通信技术、游击战士的化装技术等；课堂教学之外，所有训练班学员都必须反复参加游击战实习课，多次组织由学员间互为敌我的野外游击实兵对抗演习。

训练班从一开始就云集了一批由国共双方精挑细选后派任的优秀教官，汤恩伯和叶剑英也都亲自走上讲台承担一些重要课程。所以，南岳游干班能在短期内就声名鹊起，进而吸引到更多的国内外有声望的学者、专家前赴南岳为学员讲课、报告或演说。蒋介石在此演讲过《推行基本建设与实现三民主义》，周恩来做过《中日战争之战略与策略问题》的报告，白崇禧讲了《关于游击战争问题》，陈诚讲授了《论游击战》，苏联一位顾问讲授了《炮兵和步兵的协同作战》，日本反战民主人士鹿地亘讲授了《对日本军阀的解剖和日本国内的民主斗争》，胡愈之教授讲了《对日本帝国主义的分析》等。

给人印象最为深刻的，是叶剑英在讲课中提出的"敌后军民关系犹如鱼水关系"的著名论断，在学员中引起强烈的反响。一次，汤恩伯问叶剑英："我们为什么打不过你们？"叶剑英风趣地说："你们只有在沙漠地带能同我们打，在有群众的地方，你们就不能与我们打。"

汤恩伯受到启发，在一次学员集会上指着坐在身边的叶剑英，以十分钦佩的口吻说："过去我们打你们，为什么老是打不过你们呢，一个原因就是，你们同群众的关系是鱼和水的关系。"叶剑英的军事思想在国民党军官乃至高级将领中的影响，由此可见一斑。

作为教育长的汤恩伯，素具深厚的兵学修养，又有丰富的实战经验。他平时雅重文事，喜弄翰墨，勤于思考总结；这次主持培训班，对他自己来说，也是一次难得的学习、提高机会。他于这年9月在西安西北游击干部训练班给学员讲授的游击战术，就是以实践为基础做出的理论性总结。汤恩伯还以此为开头，于戎马倥偬中坚持军事和党政理论的研究，在1939年至1944年的五年中，汤恩伯写了二十来篇理论文章，这些文章先后在各种刊物发表，或在军官训练班演讲。

这次游击干部训练班，是汤恩伯展示其才能的一个重要机会。在教学中，他能够把握教育的重点，引导学员围绕着国家与民族的利益为出发点进行思考。同时，汤恩伯还很善于揣摩学员的心理和要求，果断地解决许多新的问题和难点。他所表现出来的无穷活力和关心民族存亡的真实情感，感动了许多学员，给予来自全国各个战场的学员以坚定的信心和鼓励，对抗战干部队伍建设做出了贡献。

汤恩伯一生中在南岳游击干部训练班是他第一次，也是唯一一次直接与共产党人合作。干训班身负重要的军事目的和重大的政治影响，不仅决定了今后中国军队指挥员是否能够适应战略相持阶段的斗争形式，而且也标志、体现着国共双方的精诚互助，两党合办的干训班成果怎样，合作水平如何，这对全军内外皆有广泛影响。然而这两党两军，信念信仰不同，之前更是互为劲敌，决死于疆场，如今为了民族大业聚首，昔日生死相搏的敌人如今成了台上台下的师生，处理这样复杂微妙的关系需要相当的管理艺术和领导魄力。然而可幸可喜的是，国共双方派出的代表在这一问题的处理上无疑是妥当而出色的。

汤恩伯刚一上任，就提出一个鲜明而有力的口号——"对人诚恳，对事认真"，强调他一贯主张的"对事不对人，争事不争利"的人际相处原则。对共产党派出的教官，他待以学者名流之礼，一视同仁地予以与部属相等的待遇。而对叶剑英，尤其处处表示出坦诚相待及恳挚倚重的态度。在集会时，他总要请叶剑英一起并排站立，进出时亦总是并肩而行；每次给学员讲话发言完毕时，他都要请叶剑英继续讲话补充，其真诚的态度，让叶剑英也受到感动。

当然，叶剑英同样知道在举办游干班过程中处理好国共关系的重要性，他对汤恩伯也表示出特别的尊重。每当在汤恩伯之后发表讲话时，总要对汤的某一理论观点进行阐扬，某一行政措施给以再次强调。礼节方面，叶剑英对汤将军始终保持着严正的军人之礼。不论上台讲话前后，叶剑英都要依照陆军礼节，郑重敬礼，腰杆挺得笔直，姿态端正，绝无丝毫马虎之迹象。甚至于一日之内，同汤恩伯数次会面、分别之间，恭敬礼节也从不敷衍。

由于汤恩伯与叶剑英发挥了积极的模范带头作用，在二人主掌干训班期间，内部关系始终保持稳定，培训工作也得以在平稳、和谐的氛围下有序进行。

1939 年 5 月，汤恩伯奉调回三十一集团军任总司令，率部赴河南作战，教育长改由三十三集团军司令李默庵担任。而随着抗日相持阶段的到来，日本加紧了对国民党的拉拢，国民党迅速开始"右转"。南岳游干班举行第二期培训时，国民党已经全面采取"溶共、限共、防共、反共"的政策，使得在游干班上两党之间逐渐出现了一些摩擦和斗争。

为了顾全大局，团结抗日，中共代表团采取了克制、忍耐，同时进行必要斗争的对策，表明共产党坚持统一战线的宽容和诚意。叶剑英强调说："在抗日阵营内部，不应该摩擦，不应该自相残杀，应该团结抗日，兄弟阋于墙而外御其侮。"

第二期学员结业后，中共代表团继续参加第三期训练班的工作。此时，国民党反共之风愈演愈烈。由于当时日本飞机在粤汉铁路沿线狂轰滥炸，南岳游击干训班受到严重干扰，第三期尚未结束，中途迁往零陵，之后又迁往祁阳。直到第三期结束，经中共中央同意，中共代表团成员于 1940 年 3 月将教官全部撤回延安。

这样，作为教育长，汤恩伯只为南岳游击干部训练班招、训、送出了毕业的第一期学员，但鉴于当时这个训练班的层级之高、作用之重大，所以汤恩伯在这里虽只有短暂的不到半年的时间，但仍然不失其为在抗战期间他的一段值得记叙的重要经历。

第三章 才占中原，又图东北

自封"中原王"

　　蒋介石内心深知，随着国际形势的变化和国内抗战力量的不断激发壮大，日军在中国嚣张猖狂的时日已经不会太久了，抗战的胜利是迟早的事情。在蒋介石的眼里，共产党及其领导的八路军、新四军才是真正与之争天下的"心腹大患"。自1927年以来，在长达十年的土地革命战争期间，蒋介石就一直没有停止过对共产党红军的攻击行动。1937年，日军全面侵华以来，他出于全国时局和国民的呼声，加上张学良西安事变的"兵谏"逼迫，促使他不得不暂时同共产党形成了"抗日民族统一战线"，来共同对付日军的侵略行为。但目前，时局已经发生重大变化，日军的全面侵华战争转入相持阶段，日本当局也调整了对华战略。在军事上，日军基本上停止了对正面战场的战略性进攻，采取以保守占领区为主的方针，逐渐将其注意力集中于打击和消灭八路军、新四军；在政治上，把以军事进攻为主、政治诱降为辅的方针，转变为以政治诱降为主、军事打击为辅的方针，企图诱使国民党政府妥协投降，因此蒋介石集团承担的军事压力相对减小。于是，如何对付共产党实力的增长和势力范围的扩大，便又一次成了他思虑的主要问题。

　　针对新四军日益壮大的趋势，蒋介石在正面战场组织抵御日寇的同时，也在考虑如何培育对付共产党的有生力量。主要是缘于这种战略对策，于是就催生了"鲁苏豫皖四省边区总部"的诞生。

鲁苏豫皖四省边区总部所在的临泉，原系安徽省西北边区新建的一个小县，西去四十五公里与河南沈丘、汝南杨埠相连，与界首相邻。在当时，这是一个"四不管"的真空地带。界首商业发达，成为长江以北、黄河以南唯一的物资进出口岸，时有"小上海""小南京"之称。

蒋介石以建设抗日根据地的名义，在此筹设四省边区总部，借以控制界首、沈丘、阜阳这一东西长七八百里、南北宽百余里的特殊地带，既可为防范和适时出击共产党积蓄力量，以巩固国民党政权的统治；又可控制新桂系势力乘机扩张发展，而且还可以防止敌伪乘虚争夺地盘，抢走物资，可谓深谋远虑，有"一石三鸟"之功效。

1940 年冬，蒋介石在经过深思熟虑、反复权衡之后，把这一历史重任托付给了他的亲信汤恩伯，这就为汤恩伯坐拥中原，梦想"称王中原"提供了机会和可能。

在此之前，1940 年 5 月 1 日，国民党军队在湖北枣阳、宜昌地区抵抗日军进攻的战役开始，此战役称为"宜枣战役"。汤恩伯奉命将其部第三十一集团军置于确山、叶县一带，担任李宗仁第五战区的机动兵团，相机打击进犯之敌。

1940 年 12 月，国民党设立鲁苏豫皖四省边区总部，汤恩伯被任命为鲁苏豫皖四省边区总司令，沈克任副总司令兼代参谋长。鲁苏豫皖四省边区总部设在安徽临泉吕大寨。

1941 年 1 月，汤恩伯又被任命为国民党政府军事委员会战地党政委员会鲁苏皖豫边区分会敌后工作委员会（简称鲁苏皖豫边区党政分会）的主任委员，继续兼任鲁苏豫皖四省边区总司令并兼任第三十一集团军总司令。就这样，汤恩伯一手独揽了边区军事、政治、党务、特务的大权。

鲁苏豫皖边区分会敌后工委副主任为沈克，李铣为秘书长。作为主任的汤恩伯，常驻漯河、叶县。灵泉的边区日常军事行政事务，几乎全由秘书长李铣负责办理。汤恩伯自己则重点抓干部队伍建设。

汤恩伯在这期间十分重视人才培养。以党政分会的名义，成立了一个党政干部训练班和一个党政特训班，亲自兼任这两个班的班主任。党政干训班招收大中学生和社会上的知识青年，以抗日救亡、向敌区挺进收复失地等为进取目标培养干部。党政干训班中的优秀分子，结业时委以县长、局长、党政专员、挺进队纵队政治特派员等职；党政特训班中的优秀分子，多安排到部队，担任副司令、参谋长、支队长、大队长等军事职务。

然而，汤恩伯还未站稳脚跟，在1940年底即遭到日军的猛烈攻击。日军兵分两路向界首进攻，骑兵队从陆路由商丘、亳县，过黄祀向南挺进；橡皮艇队从水路由周口、苑寨，向水寨进攻。1941年初，界首被占领。不过，日军在取得界首后只停留了一天，即弃地北去。直至全国解放前夕，这里都是汤恩伯管制的"世外桃源"。

1941年1月，日军第十一军为了打通平汉铁路南段，解除中国军队对信阳日军的威胁，乘汤恩伯、李仙洲军东调围攻八路军、新四军之际，突然发起了"豫南战役"。

1月25日，日军以五万兵力分三路向中国军队发起进攻。此时，蒋介石致电防守豫南的汤恩伯，指示作战方针为：

避免与敌正面决战，而以少数兵力在正面节节抵抗，引其深入，以主力在敌进攻之翼做主动侧击；另以有力一部埋伏敌后，等其前进以后，专事切断交通。

汤恩伯令宋涛参谋长留守总部，副参谋长万建藩在总部指挥作战，自己则只带一名参谋、一名副官和七八名卫士，扛着电台，乘汽车到前线随军行动。他指挥部队同日军大战于舞阳等地，使日军在被毙伤九千余人后，撤回信阳附近，恢复了战前态势。

遭到重创的日军，由此对汤恩伯恨之入骨，视之为中国抗战军队中"天字第一号大敌"。

在正面战场节节败退，鲜有胜迹的大背景下，汤恩伯能取得如此战果，实属不易。于是，汤恩伯抓住这一大好时机，大造舆论氛围，宣传其建立边区总部后取得的胜利。他迭电重庆，在邀功的同时，请求扩充军备，增强实力。中原扩军，正合蒋委员长的心意，于是请求得到了首肯。从此，汤恩伯开始在中原大肆扩充军队，"中原王"的美梦开始了脚踏实地地步步推进。

其实，当时汤恩伯所辖的第三十一集团军，此时已发展到四个军的兵力。总部设在河南叶县县城以西五余公里的大林头村，其主力驻扎在河南叶县、南阳一带，装备上等，战斗力较强。汤司令将总部设在叶县其实花费了不少心思。

据当时曾任国民党军队第十三军师参谋长的方耀回忆说：

> 汤恩伯三十一集团军调至河南后，为总部设在何地为宜很费了一番心思，选在叶县是出于他的政治野心。因为汤恩伯从小受封建主义的灌输，在日本读书时又接受了军国主义和武士道精神教育，回国后在蒋介石法西斯独裁的熏陶下，头脑中充满了日益膨胀的个人政治野心。他极端崇拜历史上的英雄人物。平日谈吐中经常赞扬历史上的秦始皇、汉武帝、成吉思汗，并且推崇清末的曾国藩、胡林翼、左宗棠等人。

叶县在河南是一个小县，并不适合驻扎大部队。该县交通不便，生产力很低，但却是汉朝刘秀的发祥地。汤恩伯认为这里是吉祥之地，个人事业于此会得到更大的发展。从地理上看，叶县是平原无险可守，不过其西有伏牛山，南有桐柏山，相距都不很远，也有一定的回旋余地，东有京广铁路，北有陇海铁路，将部队布置于铁路线，可收居中指挥之便。

方耀的回忆，因时代的局限、人物间的分歧，他的观点有很多值得商榷的地方，同时他用语辛辣刻薄，充满火药味。但是，这里或多或少地透露出了汤恩伯当时的一些心态，也就是说他想称王中原的意图似乎有所暴露。这对于我们研究汤恩伯是有一定参考价值的。

1942年1月1日，国际形势发生了重大变化，蒋介石出任盟军中国战区陆空联军总司令。

1月14日，汤恩伯升任第一战区副司令长官，继续兼任鲁苏豫皖四省边区党政各职以及第三十一集团军总司令。

汤恩伯从第十三、第八十五、第二十九军为骨干的第三十一集团军起家，任鲁苏豫皖四省边区总司令后，又扩展了第十九、第二十八、第四十五、第十五等四个集团军。同时，他还先后掌握了贺粹之第十二军、刘昌义暂十五军、顾锡九暂九军、李仙洲第九十二军、王毓文第九十七军及骑二军。除了上述这些正规军之外，他又以陈又新为总指挥，统辖汜东汜北的挺进部队约八十个纵队。每个纵队多的有三千人，少的有三四百人，成为扩军兵力的主要来源。此外，他直接掌握的还有独立旅、补充团等名目繁多的部队，分屯于河南中部及皖豫边境。

这样，汤恩伯统领的军事集团在全盛时期拥有六十万之众，与陈诚、胡宗南并称为蒋介石的三大军事集团巨头，世称为"中原王"。

从表面上看，到目前为止，汤恩伯的"中原王"美梦成真，但是，令汤恩伯始料未及的是，其良莠不分地大肆扩军所给他带来的后果竟然不是福音，而是后来被"特工王"戴笠所言中的"灭顶之灾"。

陈又新坐任汜东汜北挺进军总指挥，所收编的游杂部队中有许多是日占区和蒋管区的流氓、地痞、地方武装，将这些不伦不类的武装人员全收罗在内。对此，沈克、张轮说汤恩伯是"狗吃牛屎——好多"，不仅对抗战毫无裨益而且有害地方百姓。为此，他们曾经劝说过汤恩伯，当然，汤恩伯是听不进去的。汤恩伯如此疯狂地扩军备战，自有他的打算。事后，汤恩伯对亲信张雪中说："沈公侠、张翼三实在有些不像军人，有些迂腐的书生气。他们竟一再要我裁撤游杂部队，真是只知其一不知其二，只见其小不见其大。试问，照他们的意见来办，我需要的兵源从何处来？有朝一日新四军大举进攻之时，不用这些地头蛇，又怎能深入到腹地？"一番密语，道出了他遵

59

循蒋介石旨意进行扩军的目的。但令他想不到的是，扩军所带来的后果竟然是他的部队战斗力的下降，是他与地方矛盾的加剧，是他声名狼藉的开始。他自己却要为此举而吞吃实在难以下咽的"苦果"。

客观地讲，汤恩伯的野战军军风整肃、军纪严明是毋庸置疑的。比如第十三军在行军时，每连纵队均有一军官手持"执行革命军纪"的小旗，压阵于后，专门负责督管军风。然而，在收降了众多军纪松懈的杂牌部队之后，部队素质大幅度下降。特别是在河南收编的游杂部队与反正伪军，纷纷打起汤恩伯的旗号为害乡里。民风强悍的河南之地，民间武装在大战后如雨后春笋般涌现，百姓本已不堪其苦。收编之后，这些游杂部队依然桀骜不驯，难以驾驭，常常惹是生非，鱼肉乡民。而这些账，则一概记到了汤恩伯的头上。愤恨之余的百姓，发现闲散兵士，凡听说是"汤部"的，不管是第十三军的还是游杂部队的，抓着就杀。一次，第八十五军的一个士兵被抓捕，问他是哪部分的，回答说是第八十五军的。抓捕的人说："八加五，一十三，十三军不是好东西，杀！"可怜的士兵就被杀了。

汤恩伯对于整饬军纪原先也是颇有声望的，即使在扩军之后，对于军纪管理也十分上心。试问难道还有哪一个部队的首长，不希望自己的队伍军纪严整、作风过硬吗？汤恩伯有个名叫万千民的老部下，任副官处长时一次请假回河南老家，因故竟同当地胡县长互为仇隙，互相扯皮。乡人看不惯，贴出一副对联："胡县长糊涂到地，万千民万恶滔天。"

状告到汤恩伯那里，汤恩伯立即派人调查取证，把万千民押回部队问斩。汤还亲自到刑场验尸，并整好衣冠向死者挥泪致哀。然后，对万千民的老婆说："实在抱歉，我汤某也实在是没有办法，谁叫他违背军纪呢？假如所有的人都像他那样，我们的军纪何在？我们军队如何打胜仗啊？"说完还给他的家属发了抚恤金。在场人看了，都觉得汤将军是"挥泪斩马谡"，军法无情，军令如山，军纪严明。汤恩伯将自己的铁血手段和菩萨心肠巧妙地结合起来，在官兵面前上演了一出好戏，在让大家明白加强军纪建设重要性的同时，也了解到他汤司令对于整饬军纪的高度重视。

汤恩伯在治军的时候，也常常会遇到难以真下杀手的时候，当然，他自有他的办法。他的嫡系部队第八十九师有个浙江东阳籍的营长，名叫张志，是汤恩伯在浙江体育专科学校的同学，中央军校第六期毕业，一次与日军作战时竟临阵逃跑，以致阵地失守。为平息众怒，汤恩伯下令枪决张志，以整军纪，同时，密令吕公良参谋长在半夜秘密放人，让其偷偷跑回原籍。

从这里，我们又看到了一个十分人性的汤恩伯，人都是有血有肉的，汤恩伯也是如此，焉能例外呢？如此看来，同事的面子、左右的情感，汤恩伯不是不知道，也不是全然不顾的。然而为了军纪，他又不得不做出一些令人生畏的举动来。

掌拥大军的汤恩伯，尽管竭尽全力严治军纪，终因兵多员杂，难奏全效。对于汤恩伯来说，比整肃军纪更须致力解决的是军需问题。队伍迅速扩张，仅靠中央补给的军费是远远不够的，国民党政府军政部只发给正规部队经费，其他部队的经费只能由汤恩伯自行解决。汤在中原期间经商盈利，补充军用，中饱私囊的情况将在后文具体交代。

总之，这一阶段经营活动的收益，不仅在相当程度上保障了扩充后军队的经费需求，而且为日后进一步发展军队打下了基础。抗战胜利后，汤恩伯的第三方面军从广西进驻上海，鼎泰公司由界首移至上海天主教堂路，并扩大业务范围，先后在徐州、蚌埠、金华等地设分公司。同时，还把一些接收的日伪产业及物资划归鼎泰公司，扩展经营内容。1948年，汤恩伯军事集团在上海的企业，已拥有鼎泰公司、协兴铁厂、八达轮船公司砖瓦厂和恒丰化工厂、虹日纱笼和四个纸烟制造厂。

军队是国家供养起来保国护民的，军官要做生意与民抢利，谁能理解？何况在乱世之时，管理失序，倚势欺民者大有人在。比如船舶管理处，手握大权的叶斐然处长，以种种名义进行敲诈勒索，被称为"阎王殿""鬼门关"。由此，汤部的处境和声誉也就可想而知了，所有的鬼魂账，当然都得记到汤长官的头上。

事实也的确如此，大规模扩军之后，与军费相关联的武器装备等军需物资，就成为汤恩伯要着手解决的首要难题。他所辖的正规部队，只有少量的美式装备，所收编的游杂部队，只有部分破旧不堪的枪械。因此，汤恩伯提出"自力更生，长期打算"的口号，将原修械所扩充为兵工厂，并在漯河、临泉、叶县等地筹建了几处制革厂及锯木铸造方面的工厂。漯河兵工厂是汤恩伯的胞弟汤克仁当厂长，还接收了原设在宛西的别廷芳部的兵工厂，自产武器，配备给各杂牌部队。正规军部队的兵械装备，当然是由中央联勤总部配发的。

解决军队的军服问题，他也同样采取自力更生的办法。汤恩伯在军中设立被服厂、军鞋厂及染织厂等。工厂所需技术人员，从士兵中挑选学过缝纫、染织的人员，还从驻地民间寻一些相关手工业者。事实上，部队军服企业的生产，基本满足了扩军后的需求。

部队扩军的另一重要环节，是干部的培训。这是队伍扩充之后能否发挥作用、形成战斗力的关键环节。汤恩伯也自有一套他自己的解决办法：一是分批保送干部到各军事专门学校学习；二是自办各种训练班。将军事训练与政治灌输相结合，室内授课与室外演练相联系。在河南的三年中，汤恩伯几乎不间断地进行干部培养，在一定程度上适应了军队扩充的需求。

军队的家属安置问题也是不容忽视的一个重要方面。汤恩伯集团所属各军，大多开办了官兵子弟学校和妇女学习班，妇女学习班由军师长及其他高级人员的眷属领导，设有简单的教室，置有书籍文具，指派军中文职人员和文化水平较高的眷属，授以政治、军事、卫生及救护等方面的常识。随军妇女不管年纪大小，均可入学，后来，边区司令总部将各军的长官子弟学校，统一组成"三一子弟学校"。抗战胜利后，这所学校迁到无锡，其办学条件为京沪线一般学校所望尘莫及。

汤恩伯在注重军队家属教育的同时，还充分发挥其在解决军需给养方面的作用，这在汤部是有优良传统的。早在1931年，上拨的部队经费主要是薪饷，没有战临费、业务费等科目，但点名不严格，部队往往有空缺，可省下人头费作为其他经费。但汤部所属第四、第八十九两师，则人员满额，且按月发饷，每年年末还要召集团长以上人员开会，研究如何改善官兵伙食，如何充实部队装备，如何慰问伤患遗属，如何以自己的力量克服困难修理枪炮等。

移师中原并且扩军后，为填补军费的严重缺口，汤恩伯颁布了一套办法，倡导眷属参加生产劳动。比如成立织布、染色、被服等加工厂，以眷属力量从事纺纱、织布、染色，直至制成军服。利用当地土产设立陶瓷厂、制烟厂等，发展战地工业。

扩军，是汤恩伯入驻中原后的核心目标。靠自力更生解决数十万新军的军需、军备、军纪等诸多复杂和棘手的问题，毕竟不是一件简单而轻松的事。这些事，消耗了汤恩伯大量的精力和时间。因此，这段时间，也是让他感到干得最累的时候，他几乎有些力不从心的感觉，何况如此所带来的后果令他非常头痛和烦恼。

此外，在这段时间里，汤恩伯与胡宗南在文化教育方面有很相似的一面。胡宗南在西北利用中央军校第七分校和战干第三团等机构培养私人势力；汤恩伯在豫皖则采取各种措施兴办学校，设立出版社，以开展基本骨干培训和宣传活动。主要有：

设立三一出版社，地址在距第三十一集团军总司令部五公里处的河南叶县。曾留学苏联的江苏无锡人陆瘦任社长，副社长为臧克家。出版社下设编辑部、华中日报社及印刷所，还开办一所造纸厂，利用当地出产的柞树皮生产纸张，供出版社所需。编辑部主编第三十一集团军战史丛书及《华中月刊》，也编写部分其他书籍。编辑人员大都是从后方投奔前线参加抗战的大学毕业青年。

华中日报社设在安徽省临泉县，丁致中任社长。该报为四开版，行销鲁苏豫皖四省边区。

边区干训团设在临泉，由汤部刘汉兴师长主持，常年轮训部队基层干部。

前面已经提及的"三一子弟学校"，设在河南镇平县，专门招收汤部所辖部队的干部子弟，谢似颜任校长。谢校长早年留学日本，专攻体育，曾担任过北京师大、西北大学体育系主任，抗战胜利后到台湾大学任体育系主任。

需要特别指出的是，汤恩伯特别苦心孤诣经营的文教机构是边区学院。

1942 年，汤恩伯在重庆把筹办边区大学，培养党、政、军人才的计划，告诉了当时的国民党政府教育部部长陈立夫。陈立夫应允汤恩伯在所辖的鲁苏豫皖边区成立一所政治大学，并推荐原西安政治学院院长徐逸樵协助筹建。待汤恩伯到西安找到徐逸樵时，徐已转任新的职务，便将原西安政治学院文史系主任马元材介绍给汤恩伯。经过接洽，汤恩伯委任马元材为边区大学校长。

1942 年 10 月，设在临泉城东南小尹庄的政治学院开学了。这所鲁苏豫皖边区政治学院，名义上直属中央教育部领导，实际上是由边区党政分会掌管的。院长之下设教务处、训导处、总务处和军训大队。大学部有两个班，设有政治、法律、经济、理论、国文、外文、历史、数学、物理等课程；师资训练班一个班，按照后期师范的要求设置课程。

学生的膳宿服装，全由学院包供。教职员工的工薪除按战前标准发放外，每人每月还发给六十斤小麦，科员级以上的教职员还发给五口人的眷属粮。办事员、书记等可领三口人的眷属粮。眷属粮的标准是每人每月五十斤小麦。学院所用的钱粮衣物，都由党政分会军需处供给。

首届一百多名学员，学习期限原定一年，培养目标是在抗战后让这些毕业生去接收鲁苏豫皖沦陷区各县的政权，因尚无收复地区可分配，便分别安插在边区党政分会及所属分支机构。

汤恩伯发现兴办大学原来并非难事，在第一期结束时，决定在叶县苗圃兴建永久性的学院，交由浙江籍的汪志清负责筹建。

汤恩伯按"技术取之于军，建材取之于民"的方针，自行筹建，不向中央要一分钱。命令从第三十一集团军各师抽调全部工兵营人员，组成工垦总队，参加土木建筑。

在汤恩伯看来，在边区兴建学院，是培养当地人才，造福百姓，建功国家的大事。于是，建筑工程所用的砖瓦木料及木材、泥沙，从附近十多个县征派，工人的工酬、伙食也由各县负担。同时，汤恩伯还派出军队，到附近各县拆庙宇祠堂，将其建筑材料运到叶县建学院。有些地方交不上摊派的物料，就按市场价折价交款。

不久，在占地十顷的土地上建起七百余间校舍并修造了大礼堂。经国民党政府教育部批准在叶县新建的学院，去掉"政治"两字，定名为"鲁苏皖豫边区学院"。

这回，汤恩伯亲自兼任学院院长，任命张清涟为教务处长，马元材为训导处长，张陶为总务长，汪志清为秘书长。公务繁忙的汤恩伯，其实很少有时间处理学院事务，汪志清成了主要负责人。半年后，汤恩伯又把院长之职交给了曾留学美国并担任过工学院院长的张清涟。

学院分大学部和附属中学部。1943年暑假，在报纸登出招生广告，经考试进学校的大学部学生有五百多人，分本科和专科。本科设机械工程系、土木工程系、纺织工程系，学制为四年。专科班学制一年，有地方行政班、新闻班、会计班等，原在临泉的边区政治学院的一摊子也搬到叶县，在新学院里改为一年制班的短训班。附属中学部分设高中部、初中部，大批日军占领区青年学生被吸引到这里就读，学生达四千多人。

学院还有军训总队，下设大学部、高中部和初中部三个大队，每个大队下设三个中队，每个中队下设三个区队，均由专职军人担任队长。学院的经费由中央教育部拨发，第二十一集团军军需处供给粮食，衣服则由边区经济委员会的被服厂提供。

学院学生的生活，实行军事化管理。每天从起床、早操、开饭，到熄灯就寝，均要严格点名，进入教室之后，才由队长交给班主任管理，在当时，学生们把考入边区学院当作一生中的大事，穿着整洁地赴校报到。到校后，男生一律剃为光头，女生一律剪为齐耳短发，穿上统一的校服，十分精神。特别是在军训时，阵容尤其整齐和气派，更显示出蓬勃的朝气。

学生们每天的生活和学习都十分紧张，从早到晚没有可以自由安排的闲暇时间，星期天也不能休息。早晨，有的来不及洗脸便集合整队，跑步到操场；起床后要整理房间，打扫卫生，等候检查，不合格的要再整再查。每日用膳两餐，到下午饭后，才能得到片刻自由活动。学生伙食是每人每月六十斤麦子，大体可以吃饱，但比较清苦。然而，学生们在理想目标的激励下，都能克服困难，认真学习和锻炼。

汤恩伯在移交院长职务时对全院师生的讲话，表明了他的办学宗旨和校风要求。他说：

> 兴办边区学院有两个目的：一是收容战区青年，使之继续求学；一是为抗战、建国培养人才。一年制的专科班，主要是为抗战培养人才，本科班是为抗战胜利后的国家建设准备人才。因此，边区学院要树立自己的校风：学术科学化，生活劳动化，行动军事化。

然而，如此美好的梦想，却在日军的炮声中归于破灭。

1944年5月，日军突破国民党军队的黄河防线之后，迅速占领了郑州、新郑、许昌、襄城、郊县等地，叶县告急！日军炮弹落在学院的一间教室里，一个职员和一个学生被炸伤。日军先头部队离叶县县城只有四十多里时，学院急忙以军队的名义向当地老百姓征集牛车，组织师生员工及家属向南阳撤退。原计划把学院迁到陕西汉中，后又改迁至河南淅川县城。

此时。汤恩伯的第三十一集团军也已在日军的攻击下溃败，退入伏牛山。经请示教育部，边区学院停办，并按指示将大学部的学生分配到陕西城固西北工学院和武功西北农学院。附属中学改名为国立战时第一中学，迁到城固东南的西乡县。

至此，鲁苏豫皖边区学院仅书写了一年多的历史，即宣告流产。但汤恩伯对于现代高等教育进行的尝试却是不能忘记的，在那个动荡的年代能够有崇尚知识、重视教育的思想也是值得肯定的，同时汤的努力也在一定程度上为抗战、为国家建设培养输送了一些人才。

对抗蒋鼎文

1941 年，国民党第一战区司令长官卫立煌，因中条山失守被撤职；蒋鼎文接任其职，成了汤恩伯的顶头上司。蒋鼎文虽然也是蒋介石的嫡系亲信将领，但他始终没有形成自己的基本部队，是一个名副其实的"光杆司令"。

蒋鼎文深知自己势力单薄，无法直接与汤恩伯叫板抗衡，便取以攻为守之策，上任伊始，就以老资格的派头对汤恩伯发号施令，试图从气势上先发制人。然而，汤恩伯正当踌躇满志之时，他的军事实力也越来越强，对于蒋鼎文的倚老卖老哪能服气？因此免不了要让他的上司蒋鼎文碰软钉子。

蒋鼎文，字铭三，浙江省诸暨人。国民党"双料"高级将领，在国民党军队内部，他不仅被称为蒋介石的"五虎上将"之一，而且还被称为是何应钦的"四大金刚"之一（另三位是顾祝同、刘峙、钱大均）。早年毕业于浙江陆军讲武学堂。曾参加讨伐陈炯明，北伐战争，蒋桂战争，蒋冯阎战争，第三、第五次对中共"围剿"，并参与过镇压福建事变。蒋鼎文因资历丰富，故经常拿出蒋介石、何应钦的大帽子企图来压制汤恩伯。而汤恩伯呢？恰恰也是眼睛长在头顶上的人，有蒋委员长撑腰，有朝中密友为后援，他根本不把蒋鼎文压给他的大帽子当回事。就这样，两人各自打起了自己的小算盘，他俩一个住洛阳，一个住叶县，对台戏就这样唱起来了。

蒋鼎文虽然令不出户，大讨没趣，但是他毕竟是蒋委员长钦定的战区最高司令长官。他怎么能够心甘情愿地被一个副官压制呢？于是他召集秘书长李筱候，冀察战区参谋长刘韶仿、副参谋长郗恩绥，机要高秘周心万等亲信智囊，经过精心策划和密商后，决定采取一定的手段来对付和孤立汤恩伯。

他首先在洛阳拉拢北方和四川杂牌军的首脑，如庞炳勋、刘茂恩、孙桐萱、李家钰等，然后大量委派冀察地区的游击纵队及民军等游杂部队，番号最多时达到六十来个，和汤恩伯的八十来个番号非常接近。作为任冀察战区总司令兼党政分会主任的蒋鼎文，还让著名反共头子张荫梧担任该分会的副主任，由他在洛阳主办党政训练团，调训沦陷区一千余名国民党县党部及县政府科长以上的干部。此外，他还大批训练军事人员，并保荐谢辅三、刘韶仿、胡伯翰等人为军长。蒋鼎文想尽办法壮大自己的势力，以便和汤恩伯抗衡。

汤恩伯对于蒋鼎文旨在孤立他的种种手段，当然心知肚明，于是他也采取了系列的措施以便在叶县形成一个与洛阳抗衡的态势。他在叶县办起招待所，招纳各路英豪，对华北以及四省边区的军阀、政客、党棍、学阀、门阀等，一律予以厚礼接待；不仅吃好喝足，还安排看戏，并赠送中山门牌香烟等礼物。因而，有人说汤恩伯的"副长官部"是"富长官部"。

同时，汤恩伯还在洛阳设立办事处，派最善于交际的韦鲁斋担任主任；派副参谋长万建藩以联络长官部为名，经常在蒋鼎文鼻子底下的高级官员中活动，以请客送礼为主要手段试图拉拢、瓦解蒋的阵营。

还有一个十分重要的因素是汤恩伯与"特工王"戴笠的结盟。

1943年，世界反法西斯战场进入转折阶段。在苏德战争和北非—地中海战场，反法西斯同盟都取得了重大胜利；日本海军在太平洋中途岛遭到了前所未有的第一次重大挫败后，盟军开始了全面反攻。面对鼓舞人心的抗战形势，军统"特工王"戴笠却在为自己的未来担心。

戴笠与陈诚素来不和，同胡宗南、汤恩伯却有很深的关系。因而，他在1943年秋，以出席在河南临汝风穴寺举行的中美第三特种训练班开学典礼为遮掩，牵头举行了同胡、汤的结盟仪式。

"西北王"胡宗南、"中原王"汤恩伯以及"特工王"戴笠的结盟对于三者壮大自身的力量都具有十分重大的意义。而汤恩伯也正是由于得到了戴笠发来的国民党内部高层的最新动态，才在与蒋鼎文的对决中完全处于上风。

通过一段时间的你来我往，明争暗斗。棋局的胜负开始了变化，在博弈中，汤恩伯逐渐占了上风。1943年夏，汤恩伯举荐其嫡系骨干张雪中担任了第一战区政治部主任，汤恩伯的形势更为看好。蒋鼎文阵营的重要人物，一个个也先后掉头转向，投到了叶县汤恩伯的阵营。蒋鼎文的阵营渐渐变得门庭冷落、车少人稀。

话又要说回来，随着暗中两人一个劲施展拳脚，互相攻击，较量日趋激烈，两人之间的矛盾也越来越大，甚至于到了剑拔弩张的地步，而表面上他们仍然是和平相处，安然无事。汤对蒋的礼节很周到，蒋对汤也时常迁就，还把洛阳的住宅让给汤使用。当然，汤恩伯的警觉性非常高，他虽经常往返于洛阳、叶县和临泉之间，但他很少住在洛阳。

对台戏此起彼伏，较量经常出现，有时还表现得很激烈。司令长官部少将副处长刘家庆，当时对汤恩伯竭力逢迎，引起蒋鼎文的严重不满。因此，刘家庆在蒋鼎文面前经常挨批，有时甚至受到蒋鼎文的严厉训斥。这在汤恩伯看来，分明是做给他看的，于是他立即提升刘家庆为深河警备司令部中将司令，给蒋鼎文一记无声的耳光。1943年2月，汤恩伯当选为三青团中央委员会干事，成为国民党三青团的骨干。权力与地位的提升，进一步加重了他与蒋鼎文较量的砝码，胜算的天平似乎向着汤恩伯倾斜。

汤恩伯为了阻挡日军装甲部队在进攻时的快速突进，决定搞一项"千里邙沟"工程，自称为"东方马其诺防线"。他试图以此防御体系与日寇华北驻屯军对峙。工程自郑州附近起，东至开封，再向南至周家口，挖掘深沟，两道复线长达一千多公里。这项以叶县为中心的防御工程，当然成了蒋鼎文攻讦汤恩伯的机会。

在一次纪念周活动中，蒋鼎文公开说："有人想学隋炀帝，在河南开掘千里邙沟，而名之曰'国防工事'。我看在现代战争中，完全无此必要，应该立即停止！"蒋鼎文借题发挥的批评，传到汤恩伯耳朵里，让他勃然大怒，更加严令部下日夜赶工。到1944年4月日军进攻中原，深沟仍未完成，已挖沟绕不过去的地方，日军先用一辆坦克填在沟里，上铺钢板，后续战车便畅行无阻了。若是蒋汤相和，汤恩伯或许就能听得进蒋的建议，从而中止他那不堪一击的、劳民伤财的"千里邗沟"工程。

1943年，同盟国反法西斯战争转入战略反攻，日军在太平洋战场上屡遭失败，使南洋（东南亚）各地军队的海上交通线受到威胁。日本大本营为保持本土与南洋的联系，决定打通从中国东北直到越南的大陆交通线。同时摧毁沿线地区的中美空军基地，以保护本土和东海海上交通安全。遂令中国派遣军使用累计约五十一万兵力，发动打通大陆交通线的作战，也称"一号作战"。中国方面称为"豫湘桂会战"，"豫中会战"即为其第一阶段。

而此时的汤恩伯，作为第一战区副司令长官，所辖部队在河南已陆续由一个集团军经营、扩充为四个集团军，即统辖何柱国的第十五集团军、陈大庆的第十九集团军、李仙洲的第二十八集团军、王仲廉的第三十一集团军，共二十五个师又三个旅。三年多来的敌后工作，陆续掌握收编鲁苏豫皖冀地方民众潜伏武力共计两个指挥部、五十八个纵队、十一个支队、一个独立团，总人数约三十万，以利抗日自卫自治。其全盛时期，兵力达到五十至六十万人。这样的实力，应该与日军旗鼓相当，至少不应该输得太狼狈。

当日本大本营一个参谋上校把命令下达到华北方面军司令冈村宁次那里，冈村宁次当即拒绝。冈村宁次说这个仗没办法打，首先黄河铁桥没有恢复，其次河南汤恩伯的部队不好对付。即使打通京汉线，汤恩伯的部队也随时可以把这条交通线切断。

1938年武汉会战时，为了阻滞日军的进攻，蒋介石下令将黄河桥炸毁，黄河决堤，滔滔黄河水淹没了豫、皖、苏、鲁等四省大片地区，几十万人受灾。但是，黄河铁桥被破坏加上花园口决堤，客观上起到了"阻绝战"的作用，直到1944年，日军主力都无法进攻中原。

1944年4月17日，豫中会战打响，拉开豫、桂、湘大作战的序幕，但很快就以国民党军队的全面溃败而结束。

中原会战大溃败后，蒋鼎文在《关于中原会战溃败原因之检讨报告》中，除了陈述敌我军事装备悬殊、平原地形利于日军进攻等战败原因，还有一部分内容占了很大篇幅，那便是蒋鼎文向蒋介石打的关于自己副手汤恩伯的"小报告"。蒋鼎文的检讨书分甲、乙、丙三部分，甲部分是对战前中原战场大背景的陈述分析，丙部分寥寥二百余字，介绍中原战场的群众基础与政治宣传，两部分加起来仅占三页。而八页的检讨书中，"控诉"汤恩伯的内容竟然占了近五页，国民党中原战场上的两大主要人物，不可谓结怨不深。在战败之际，还不忘相互推脱，推诿抵赖。

作为主体的乙部分独占五页，以"绪战未能予敌以严重打击，致遭尔后之不利""主力部队之使用未能捕捉战机""缺乏控制兵团以致无法适应情况""任务遂行未能彻底，部队协同亦不确实""重要情况缺乏确实报告，以致部署不能周密"五个标题，详细讲述了中原会战过程中五项失利原因。细读这五项原因，除第一项外，责怪副手汤恩伯的内容几乎充斥其余四项。在蒋鼎文看来，汤恩伯在中原会战，尤其是洛阳保卫战前后，不从军令、贻误战机、"玩失踪"、阳奉阴违……直接导致了中原会战失败。甚至豫西百姓憎恨国民党军队，不与之协同作战，也被蒋鼎文不动声色地拿来打了汤恩伯的"小报告"：河南将"水""旱""蝗""汤"并列四害，"政治如此，更安所望于军民配合之原则耶？"

9月上旬，第一战区司令长官陈诚亲自主持召开豫中战役检讨会，检讨会规模较大，由第一战区团以上长官和河南省专员以上行政官员参加。将官在台上，校官在台下，会场四周布满大幅标语横幅，内容大都是悼念中原战役牺牲的将士等。

在检讨会上，陈诚拉下老脸，视而不见同乡情面，也借着整顿一战区部队战斗作风为名，对汤恩伯严加指责，把豫中失守的责任尽都归咎于汤恩伯兵团的"四不和"：即将帅不和、军民不和、军政不和、官兵不和。

将帅不和，怎能搞好军政？人们将中原地区这几年的糟事与之联系起来，拉进胡宗南，合而戏称为"糨糊汤"；如果说中原的状况一塌糊涂的话，这些账由蒋鼎文、胡宗南、汤恩伯买单也是十分中肯的指责。虽然此后的战事并不能一概地归咎于他们之间的互相推诿和对立，但是，这些现象的存在或多或少地影响了军队的斗志，减弱了国民党军的整体实力，给了日军以可乘之机。其实，身为委员长的蒋介石，并非不知道洛阳与叶县之间的矛盾，但是他始终假装不知，充耳不闻，这或许就是蒋介石想要的结果。李宗仁曾经这样说过："我们的最高统帅蒋委员长的一贯作风，便是鼓励他的部下将帅不和，以使分化控制。汤恩伯、胡宗南等不服从我的命令，是蒋先生所最高兴的。"这些话可谓一针见血、一语破的，虽然有些尖刻，但确实很有道理。

有蒋介石这样的后台，洛阳、叶县对台戏唱得如此热闹，就不足为怪了。对此，李宗仁试图从中调解，挽回一些局面，以便同心协力，一致把矛头用在对付日本人上。李宗仁在他的回忆录中，写下了他从中调和的一些情况：

> 第一战区司令长官蒋鼎文与副司令长官汤恩伯，同是委员长的心腹，又都是浙江同乡，应该相处无间。谁知在委员长怂恿之下，蒋、汤二人竟闹到不能见面的程度。
>
> 民国三十一年，汤恩伯在叶县办了一所"大学"，开学时邀我前去"训话"，公务既毕，我找了一个机会和他闲谈。我开门见山地问他："同蒋长官的关系闹到不能见面的程度，究竟是怎么回事？"
>
> 恩伯说："蒋长官昏聩糊涂，受左右宵小包围，对我歧视。"我说："恩伯兄，论军界资历，蒋长官是你的老前辈；论私谊，他与你又都是委员长的同乡，你们二人尚不能合作，你又能和谁合作呢？你和蒋长官之间的摩擦，你纵无过，也是不对，何况你还不一定无过呢？在这大敌当前的局面下，你们帅将不和是多么危险的事呀……"
>
> 恩伯听了很为感动，说："那我就到洛阳看蒋长官去！"
>
> 嗣后不久，我因事与蒋鼎文碰面，问及此事。蒋鼎文说："你指挥过汤恩伯，他的脾气你还不知道？他眼睛长在头顶上，哪瞧得起我们司令长官？他常常去告'御状'，委员长不知底细，还常常打电话来申斥我呢！我一切都忍下

了，为了顾全大局。这个位子，我早就不想干了。汤恩伯想当长官，让他去当好了。但是我要辞职，委员长又不准……"

接着，他就叙述他辞职不准的道理。鼎文说："我也有我的长处呢！杂牌部队不怕我，我还可以指挥他们。可是他们怕汤恩伯，汤恩伯如当了长官，他们恐怕都要跑了。所以这一位子，汤恩伯想干也干不了，我辞也辞不了。"

我当然也把汤恩伯在叶县所说的一番话告诉蒋氏，并说汤恩伯有意到洛阳来看他。希望他不要拒人于千里之外。我说："铭三兄，为着大局，我希望你也能相忍为国！"蒋鼎文也很感激我这一番善意的调解。

然而，蒋、汤的对台戏并未因此而收场，而是一直唱到1944年4月的中原之战。1944年，日寇为打通华北到南洋的大陆交通线，发动以进攻洛阳、郑州为主要目标的中原战役。当时，握有实权的汤恩伯，将重兵布置在以叶县为中心的新月形防线上，而弱于防守洛阳的正面阵地，使蒋鼎文在洛阳无力抵抗、焦头烂额、坐立不安。围绕着部队换防问题，蒋、汤矛盾再度激化。

正当两人闹得不可开交的时候，日军迅速向郑州、洛阳进兵。当时日军兵力不到十二万人，而国民党的军队参加会战的兵力超过五十万人。因蒋、汤疏于应对准备，造成前线一片混乱。结果，郑州、洛阳、叶县相继失守，汤恩伯率领溃不成军的残部，退入禹山。

蒋、汤哪里知道，日军早就派了间谍佐藤少将，潜入洛阳，在他们的眼皮底下做情报工作已达五年之久。日本华北驻屯军总司令冈村宁次得到其内讧情况，拍手叫好，等到时机成熟，准备充分，他们就突然发动了中原大战，以至于蒋介石的部队溃不成军，无任何招架之力。

日军占领蒋鼎文最后立足之地卢氏县后，从飞机上撒下了大批漫画传单。一张漫画上，画着蒋鼎文一手牵着小老婆，一手抱着钞票逃命；另一张画着横眉怒目、摩拳擦掌的汤恩伯，在大骂蒋鼎文：

铭三要负战败之责任，老汤要去告状！

向谁告状？当然是蒋委员长。然而，如果说，是蒋、汤不和导致了中原会战的迅速溃败，追根溯源，是怂恿部下不和的蒋委员长自己。难道能逃脱他的干系吗？

李宗仁的这段回忆在一定程度上反映出了蒋介石的御人之道，也很直观很形象地再现了蒋鼎文、汤恩伯之间的矛盾。正是因为统帅故意指使，将帅钩心斗角，貌合神离，才直接导致了 1944 年的中原大溃败。战后，蒋鼎文引咎辞职，汤恩伯的第一战区副司令长官和鲁苏豫皖四省边区总司令等职被撤。这真是一个两败俱伤的悲惨结局。

"东北王"梦想的破灭

人们都知道汤恩伯是"中原王"，却很少有人知道他还曾梦寐以求当"东北王"。

自从汤恩伯 1939 年到河南以后，就特别羡慕胡宗南坐拥西北，独掌大权，时常在部属面前流露出对胡的自叹不如之情。在他当上鲁苏皖豫边区总司令后，兴高采烈，踌躇满志。他心想终于有了属于自己的固定地盘，不仅初步满足了多年来的愿望，而且认为根据当时的形势，抗战胜利后华北、东北必在自己手中。从此便做起了当"东北王"的美梦。汤恩伯想入主东北，成为"东北王"，就首先要拉拢收编张学良的东北军。

张学良将军及其手下的东北军都以自己的实际行动，在中国近现代史上留下了浓墨重彩的一笔。张将军先于奉系军中担任要职，"皇姑屯事件"之后，他继任其父张作霖为东北保安军总司令、坚决拒绝日本人的拉拢，坚持"东北易帜"，为祖国统一和民族团结做出了突出的贡献。后任"中华民国"陆海空军副总司令、陆军一级上将。他积极主张抗日，反对内战，曾同杨虎城将军一起发动震惊中外的西安事变，促成国共二次合作，结成抗日统一战线。

74

九一八事变后，东北军在蒋介石"不抵抗"政策的指导下主动撤出了东北。为进一步分化、瓦解东北军，并利用东北军对抗中共领导的革命武装，蒋调东北军进入大西北参加"围剿"红军的作战任务。因国内矛盾的一再激化，张学良将军逐渐认识到内战只是空耗国力，与民族大义背道而驰，故多次在蒋介石面前哭诉，请求蒋掉转枪口，一致对外，收复东北。

1936年12月4日，蒋介石到西安督战。张学良与西安绥靖公署主任、第十七路军总指挥杨虎城共同向蒋面谏，却遭到蒋拒谏。蒋介石令张学良、杨虎城立即进攻陕北红军，否则将其所部分别调往福建、安徽。

12月9日，中国共产党组织大规模的群众游行示威，纪念"一二·九"运动一周年。特务军警开枪打伤一名学生，群众非常激愤，决定到临潼直接向蒋介石请愿示威。蒋介石强令张学良制止学生运动，必要时可以向学生开枪。张学良接到命令后，赶上游行队伍，极力劝说学生回去。东北大学学生高呼"中国人不打中国人！""东北军打回老家去，收复东北失地！"等口号。张学良向群众表示一周内以实际行动答复学生要求。

12月12日，张学良与杨虎城兵谏蒋介石，共同逼蒋联共抗日，造成震惊中外的西安事变。

西安事变发生后，东北军、西北军内部出现主张杀蒋和放蒋的争执，但张学良、杨虎城二人都主张释放蒋介石。为维护领袖的权威，张将军亲自送蒋回南京，不料蒋介石却背信弃义，恩将仇报，委派李烈钧为军事法庭审判长，对张学良进行审判。自此张将军开始了长达四十七年之久的拘禁。在这漫长的岁月中，东北军及其部属过着颠沛流离、悲惨绝望的生活，东北军盼着张将军执掌大局真是望眼欲穿。

张学良被扣南京后，由于不满王以哲等东北军高级将领主张以和谈手段营救张学良，孙铭九、应德田、苗剑秋等少壮派认为王以哲主和是为了向南京投降，并欲取张学良而代之。因此，他们于1937年2月2日发动"二二事变"，派兵刺杀了王以哲，何柱国、于学忠等人因事先有防备得以免灾。随后，王以哲所属东北军各高级将领对少壮派或予看押，或予驱逐，或听任自行逃离。东北军大有分裂之势，后局面虽然平复，但仍有大批激进的少壮派分子被处分或清洗。

东北军作为奉系军阀组建起来的旧式军队，其身上天然带有很浓厚的封建习气。在张将军遭囚禁后，东北军一时间处于群龙无首的状态，各路将领间谁也不服从谁的指挥，于是各部之间开始了内讧，这就给以蒋介石为首的中央军系列开始了吞并东北军的绝好借口和时机。这其中就包括汤恩伯。

西安事变后，蒋介石指示处理后续事务的顾祝同："安置东北军办法总以调驻豫鄂皖省区为唯一方针。"由于形势所迫，加上张学良的劝说，东北军不得不接受蒋介石调防和整编的命令。1937年3月，在陕甘的东北军全部调到豫、皖、苏三省（骑兵军未动）：第四十九军（系一〇五师、一〇九师合编而成，刘多荃升任军长，唐君尧亦升任一〇九师师长）调驻河南南部南阳、方城、新野一带。第五十一军（于学忠）调驻江苏淮阴、淮安及安徽蚌埠一带。第五十三军（万福麟）仍驻保定及其附近地区。第五十七军（缪澄流）调驻河南周家口、淮阳、西华一带。第六十七军（军长王以哲被杀，吴克仁接任）调驻豫（河南）、鄂（湖北）边区正阳、罗山、武胜关一带。骑兵军（何柱国）原定调驻河南上蔡、汝南一带，但因何柱国奉任西安行营副主任，暂时留驻陕西。

4月到6月，南京政府对东北军进行整训、缩编，化大为小，化强为弱，虽然原军建制不动，但将原来的每个军四个师、每师三团的甲种军，缩编成每个军两个师、每师两旅、每旅两团的乙种军编制，只有骑兵第二军保留三个师。压缩后的东北军实力明显削弱。这次缩编结果，还直接造成了东北军团长以下的编余下级军官生活无所着落，由于他们被编下来，一无所有，流落在河南一带，生活、工作茫无所依，徘徊流离，叫苦连天。蒋介石排除异己，对东北军歧视，仇恨莫此为甚。迨至七七事变抗日战争全面爆发，五十七军收容编余军官，发给半饷，名为附员待遇，全部开往江苏南通市，

76

驻守长江北岸江防，沿海门、启东、姚港等地构筑工事。

蒋介石还把原属于东北军的番号如一一五师、一二〇师、一二九师，划拨给改编成国民革命军第八路军的红军；将一一七师、一一八师、一一九师番号划拨给中央军，归蒋介石指挥的第一战区直辖。此外，脱离东北军的第一〇六师（师长沈克）、骑兵第十师（师长檀自新）、炮兵第六旅（旅长黄永安）、炮兵第八旅（旅长乔方）均依附蒋军另立门户。全面抗战爆发后，马占山还受命组建了一支新的部队——东北挺进军。这样，东北军实力只相当于原来的三分之二。即便如此，改编后的东北军六个军既没有组成军团，也没有组成集团军，而是以军或更小的作战单位被分割使用。

蒋介石对东北军的调驻方针对于汤恩伯实现其"东北王"的美梦提供了必要的条件。边区总部成立不久，汤恩伯就对原东北军系统的将领另眼相看，如对归该总部建制的第十五集团军总司令何柱国就特别殷勤客气。何亦不断向汤献策，并多次向汤明白表示，抗战胜利后东北必在鲁苏皖豫边区总部范围以内，也就是说东北一定掌握在汤的手中。

当时汤恩伯为利用何柱国的力量及影响力扩张部队，把陈大庆调驻河南荣县主办汤后方一切事务，用何柱国接替第十五集团军总司令驻皖北阜阳太和、临泉等地，霍守义的暂九军往插花庙潘岸一带，整顿补充，实际上是想用他勾结于学忠亲自指挥的一一一师师长孙焕彩。在汤恩伯的指示下，霍派两个东北人面见孙，说明何是想利用汤恩伯大抓队伍的机会将两部归拢到一起。等待力量壮大后，便追随何总司令打回东北老家去，就再也不必在这穷山沟缺吃少穿受委屈了。

孙焕彩把这两人所说的详情面报给于学忠，并请示对这两人如何处置。于听后即席问孙对霍守义所说的话怎样理解。孙表示霍守义是忘恩负义的小人，他擅自脱离战区，在投效汤恩伯后，又来拆战区的台。他认为汤恩伯一贯是拆散别人的队伍来壮大自己的实力的人，怎么可能把一个集团军的兵力交给杂牌东北军首领呢？因此这完全是霍守义的阴谋，为汤恩伯效劳拆的台。

于学忠说道："我不管他为谁效劳，我不指责他，因为他是张汉卿的部下，我也是受张汉卿的知遇之恩，无以为报，我怎忍心伤害他的部下呢？东北军流浪漂泊，处境悲惨，为了抗战，为了张汉卿所主张的抗战到底的光辉业绩，我不能与汤恩伯争长论短，我们只有忍让，顾全大局。"于又说，"我到东北军首先结识的两位好朋友，就是戒严司令郭恩海和骑兵军长何柱国，今天何柱国委曲求全不得不被汤利用。我俩只有心照不宣。虽然两地是同一处境，他什么时候都不会拆我的台，更不会忘怀张汉卿。汉卿从1936年12月起到现在不得自由，我们都是他的部下，怎能不怀念他，又怎么能再闹乱子，给他身上添加污点呢。"

于学忠谈完这些话，指示孙师长，把霍守义派来的两个人放回去，同时告诉他们安心整顿部队，服从中央命令，并不计前嫌，也没有指责之意。

由于汤恩伯一心想吃掉东北军旧部，便重用对自己死心塌地的何柱国；然后汤请蒋介石用整顿补充命令，让与自己格格不入的于学忠先到鲁西，而后再调于离职。1943年6月，蒋下令于学忠率五十一军及———师到鲁西适当地点整顿补充。于学忠当时驻在山东省日照县街头镇山区———师防地，召孙师长面示移防事宜。先由参谋长王静轩说明蒋的电令和于总司令指挥———师先到鲁西，沿途经过一切事宜由该师负责办理。五十一军另选路径直接到鲁西待命……待到达鲁西时，敌人正加紧悬赏抓于学忠，用铁甲车及骑兵搜索，因而不能久驻，电蒋速予补充武器。蒋复电于率所部到皖北阜阳整顿补充。这时汤恩伯转达蒋介石命令，鲁苏战区合并，归冀、鲁、豫、皖战区总司令汤恩伯指挥。于学忠被解除武装，调军事研究院任副院长职务。将于学忠送走，汤恩伯在逐步侵蚀东北军的道路上迈出了重大的一步。

值得一提的是，在蒋介石的授意下，在何应钦、汤恩伯等诸多大员的共同努力下，东北军的结局要么是因苦战沙场，全军覆没而被撤销番号；要么被通过各种手段"中央化"；还有一部分顺应历史发展的潮流，起义成为八路军。其具体情况为：

六十七军，南京保卫战后，军长吴克仁、军参谋长吴桐岗阵亡，全军伤亡殆尽。六十七军番号被撤销，缩编为第一〇八师，由张文清任师长，编入二十五军。另一个师一〇七师番号被撤销。

五十七军一一二师在渡江保卫江阴要塞和保卫南京战斗中几乎全师覆没。1938 年初，一一二师参谋长李寓春以陆大同学之谊，打通了武汉卫戍司令部的关系，给五十七军补充一个旅，即三三六旅。五十七军军长缪澄流大喜过望，感恩不尽，其实，这一旅人是六十七军松江战败后的残部。1938 年，贺奎去武汉，活动军政部恢复六十七军番号，无望。贺奎要求抚恤军长吴克仁、参谋长吴桐岗等人的遗孀，不料军政部诬蔑吴克仁军长投敌，不准所请。以后张文清升任二十五军军长，呈报上海阵亡官兵请求抚恤名册，军政部以同样手法全部批驳，六十七军番号撤销了，六十七军军长以下死难官兵却要忍辱含冤，被泼了一身脏水。

五十七军以常恩多、万毅为首的爱国官兵发动"922"锄奸行动。事发后，蒋介石电斥为"犯上误国"，并撤销五十七军番号。1942 年 8 月 3 日，一一一师师长常恩多发动起义，拉出三千来人，常师长去世后，起义部队由万毅率领，1943 年改编为八路军滨海支队。

五十一军在于学忠调任国民党军事参议院副院长时，部队被中央军控制。1943 年 7 月，蒋介石令于学忠率五十一军开往安徽阜阳整训，撤销了鲁苏战区。部队充实了大批国民党中央军校毕业生，使五十一军"中央"化了。

骑兵军（仅剩骑三师及步兵旅，军长何柱国），1939 年冬，由晋西北调往项城、沈丘一带。1940 年何柱国升任第十五集团军总司令，将其步兵旅调入九十二军，改为五一六师，将暂编十四师并入骑二军。1943 年由暂十四师师长廖运泽升任军长，骑二军也"中央"化了。

四十九军，淞沪会战一〇九师一个整师基本打光，刘多荃带着一〇九师师长赵毅亲自到武汉去花好大一笔钱打通门路，调来了全部徒手的预五师补充一〇九师。刘多荃将张学良当年留用的一部分

79

武器装备该师。补充后的一〇九师全副捷克式步枪，每连配备六挺捷克式轻机枪，每营配有重机枪连，团有迫击炮，堪称装备精良的生力军。然而原预五师留任的四个黄埔生团长全部不听指挥。蒋介石非但不处分故意捣蛋的团长，反而借机将赵毅撤职，换上了嫡系李树德，刘多荃任命的其他东北军军官也都被撤换掉，接着又将一〇九师划归第一战区刘峙指挥。四十九军的一个整师就这样被剥离。1939年大批日军猛攻南昌，刘多荃率部守御松山、万家埠一线。由于修水作战失利，刘多荃由中将军长被降为上校军长；一〇五师师长王铁汉撤职留任，责令戴罪立功；副军长高鹏云、参谋长秦靖宇相继调离，另派中央嫡系林耀堂和凌振仓分别继任。谁能料到，东北军整整一个第四十九军就此名存实亡了。

由于特殊时代条件的限制，汤恩伯的命运也只能如东北军一般，被蒋介石玩弄于股掌之中。而其"东北王"的美梦也因1944年的中原会战中汤军的一败涂地而宣告破灭。汤在战后曾对部下说："这一次完了（指中原战事失败），一切都完了！使我最痛心的事，就是以后恐怕不能到东北工作了。"

第四章 "汤灾"

管中窥豹少年恶霸立江南
一手遮天问鼎中原危四方

桀骜不驯难教养　人赠绰号"海底捞"

"从小看大，三岁看老"，中国古人的一句老话用在汤恩伯身上再合适不过了。就如同每一个混世魔王小时候都让人头疼不已一样，汤恩伯在成为"中原王"后为害四方从其小时便能窥探一二。

儿时的汤恩伯有个称号叫"海底捞"，顾名思义，就连海底的宝贝都得捞个干干净净，更何况其他。汤家从小宠子不教，拿我们今天的话来说就是"护犊子"，家里长辈不仅不以为耻，反而认为汤恩伯这样是大丈夫行为，他日定能有所作为，就越发养成汤恩伯胆大妄为的个性，成了当地有名的混世魔王。

十六岁那年，汤恩伯骑马外出读书，平日里温顺的白马出乎意料地在村口狂叫嘶鸣，不肯上路。若是平常少年必定惊慌失策，然而一贯蛮横的汤恩伯暴性大发，竟与牲口较上了劲，不仅不怕还骂道："好！好！畜生，老子的命令你敢不听，你一辈子就别想走了。"说完不解恨，一只手把缰绳拉紧，另一手操起一个木棒对着白马的头就可劲地砸，白马惨叫不断，试图挣脱，无奈笼头被汤恩伯拽在手里无法挣脱，竟被活活砸倒在地，抽搐着伸直四腿死了。对待每天相伴的牲畜都如此残忍，更不用说对待他人了。

汤恩伯在外读书期间不仅不勤俭攻读，还讲究享乐，家里给的生活费常常没几天就花完了。有一次回乡向母亲要钱，母亲见他用度毫无节制，便生气道："我哪来的钱？"汤恩伯说："你有，陪嫁积蓄多呢。"娘舍不得给他挥霍，他就大发脾气，把屋里的镜子、脸盆、梳妆台统统砸掉，弄得整个家里鸡犬不宁。

综合汤恩伯从小的表现便可推断他个性凶残，贪图享乐，就连家人、族人都丝毫不见其怜悯、尊敬。而当数十年后，汤恩伯位极人臣，掌权军队，成为一人之下、万人之上的"中原王"后，高高在上的地位将其个人欲望无限放大，而一手遮天的权力更是成为汤恩伯为所欲为的依仗。

位极人臣私欲胀　巧取豪夺利均沾

当上高官以后随之膨胀的就是汤恩伯的私欲，汤恩伯平日伪装廉洁，对部队的经理权约束很严，曾下手令规定，连长如有吃空者必行枪毙。但他将各部队的经理大权控制于他的总部，所有政府下拨给各军的粮饷必须从他这里"过一手"，因为政府下拨的粮饷和他拨给各部队的之间存在一个数值差，每次发饷至少有一千五百名至两千名的空额粮饷"缴"归总部充作全军的"公积金"。名之曰"缴"，实际上是由总部军需处按月从发放各军粮饷中照扣。美其名曰"公积金"，实际上不过是变相的公开贪污。此项"公积金"，谁也不敢过问，也从未公布过收支情况，至于去向就更不得而知了。

汤恩伯个人的贪污情况花样极多，好听的名词也多，开口闭口说什么"对日经济作战""为国为民"，但骨子里完全是为他自己大发横财。1941年前后，汤恩伯还只是要他的亲信韦鲁斋、胡静如等，在界首、深河、洛阳几个中心点做些套购黄金的买卖。不久，汤恩伯便在界首公开成立"物资管理处"，派韦鲁斋充处长，美其名曰管制物资以免资敌，实际上是在物资管理的招牌掩饰下大做其投机生意。物资管理处经常分派人员跑上海、徐州、开封、济南、天津等地，大做生意。后来，汤恩伯与军统特务头子戴笠勾结，两人合伙在界首成立了"财政部货运分处"。戴笠以军统特务王兆槐、张树勋、白莲垂等主持其事，汤则派胡静如、韦鲁斋、骆东藩等人参加。由于有了"财政部货运分处"这块招牌，对敌"经济作战""对敌抢运物资"等一些骗人的话，便经常挂在汤的口头上，用来掩盖其不可告人的贪污罪行。

深河属河南那城县，是京汉铁路大站之一，工商业发达，有"小上海"之称，诸凡声色犬马、享乐腐化行业，应有尽有。汤恩伯在巡视途中，每次路经此地必停留小住，当地党、政、军及工商界头面人物迎送时，排宴，唱戏，大肆铺张。

汤恩伯任三十一集团军总司令时又一次险些上演年少时"怒杀白马"的一幕，不过这次差点被杀的不再是马而是人。盛夏的一天下午，天气炎热难耐，总部办公厅的军官和办事人员都下河游泳去了。他从公馆漫步来到办公厅，见偌大的一个办公厅里只有一个司书在抄写文件，无聊中忽发棋兴，偏要拉上司书下一盘，两人就跳马横车杀将起来。司书似乎也是不通人情世故，上来第一盘就把司令员杀了个"丢盔弃甲"，第二盘还是如此。这时，汤恩伯已经有些坐不住了，面露尴尬之色，可仍不肯善罢甘休，还要再下一盘。那个司书棋艺颇佳，但很不识相，只顾低头下棋，半点没注意到总司令的脸色，结果又赢了第三盘。在他们下棋过程中，警卫员曾两次来请汤恩伯回去吃饭，因为正下得起劲，他都没有理会。下完棋，汤恩伯一脸不高兴，但堂堂司令员又不好因为输棋跟一个司书较劲，回到公馆吃饭，原本就一肚子火的汤恩伯见桌上饭菜都是凉的，立马找到理由借题发作，要把给他做饭的伙夫拉去枪毙。参谋长和他的夫人王竟白怎么劝都不行，身边人员也都被弄得一头雾水。后来，还是参谋长摸到他的脾性，打电话到三一剧团，把汤最宠爱的小演员小三元找来，在美人的撒娇哄劝下，才解脱了那个伙夫的噩运，免除了一场闹剧，真是堂堂总司令只因输棋就要草菅人命。

在汤恩伯看来，要掌握大权，必须残杀立威。他亲笔写了"要有菩萨心肠，要有屠夫手段"作为他的座右铭。然而很不幸的是，在行动上汤恩伯却只记住了屠夫手段。

汤恩伯为了达到称王中原的目的，对上贿通权贵，对下结党营私，每逢过年，不惜花大代价，搞贵重礼物辗转数千里，专车专船送往重庆，博得蒋介石及其身边权贵的好感。对下，他辖五个集团军，以三十一集团军为骨干，形成"中原王"的核心力量，其他集团军的高级将领都由他保荐。他常对亲信说："谋国者（指蒋介石）如此，我不能不如此。"当时他认为论地盘，管辖苏、鲁、豫、皖四省；论实权，拥有几十万武装，上有蒋介石宠信，下有大批亲信护卫，所以每当给官兵训话时，他一副矜持的神态，大言不惭地说："这是老头子赋予我的权力。"

1944 年，汤恩伯去洛阳途经临汝县，县长左宗廉将一个叫阎老五的居民案件报请汤恩伯批示，汤恩伯叫县长略介绍一点情况后，不加考虑，即批上"就地枪决"四字。当时去洛阳同行的李宗仁、于学忠等人对汤的处置表示惊异，汤恩伯碍于面子也觉得不妥，便从县长手里抢过原批呈文，在"就地枪决"四字前加了"奉谕"二字。然而"奉谕"两字添得更为滑稽，汤恩伯原本就是中原一带的"土皇帝"，他还奉谕，奉谁的谕？难不成是蒋委员长未卜先知，从而授意？而不幸的阎老五就被这样糊里糊涂地处决了，至于此人犯的什么罪，也无从考证了。

屠杀百姓冒充军功这些在明清末期兵匪一家的时代出现的事情，在汤恩伯身上却也屡见不鲜。积极反共，是汤恩伯得宠于蒋介石的一个主要原因。1932 年当蒋介石亲自指挥对苏区实行第三次"围剿"时，便派上了得力干将汤恩伯，但积极反共并不代表能成功"剿共"，南口战役中善打硬仗的汤恩伯在"破烂不堪"的红军面前竟然成了光说不练的假把式，被徐向前率红四军打得晕头转向。汤恩伯与红军交战无果，却又好大喜功，不愿就此失败，诬陷红军就地伪装成了老百姓，咬牙切齿杀害手无寸铁的苏区人民，有一次他亲自指挥用机枪集体杀害苏区人民三千多人，并以此为荣，虚报战功，常常津津乐道讲述他具体杀害百姓的经过。

汤恩伯喜怒无常，性情暴躁，他不仅视人民生命如草芥，对其部下亦凭其喜怒随意处死。有次部队里五个排长在一起打麻将，被汤恩伯瞧见了，不加追问，立即枪毙了四个。汤恩伯的一匹马被蚊虫叮咬生疮，他一怒之下就枪毙马夫。甚至包括他手下的高级将领也难逃一劫，汤恩伯的副手第十三军副军长鲍刚因性格耿直，时常顶撞，没有事事顺从汤恩伯心意，他便动起杀机。指使亲信陈大庆，借机设宴招待鲍刚，设法把鲍灌醉，然后送其回家途中预伏机枪手将堂堂十三军副军长杀死。

带兵不严十万兵马祸中原
吃拿卡要层层盘剥糨糊汤

上梁不正下梁歪　杂牌部队害正牌

其实从中国传统历史角度分析，汤恩伯的个人表现虽说让人难以苟同，但毕竟只是一人所为，所为危害也就停留在杀个把人，贪点钱而已。但从另一方面来说，汤恩伯还是统兵几十万的将帅，谁有枪谁老大的道理从古至今没变过。如果这几十万大军在中原地区稍加放纵那么带来的灾祸远比汤恩伯个人下个棋、抽匹马大多了。

从汤恩伯部队在南口战役、百灵庙战斗中的表现其实可以推算出，这样一支能打硬仗的部队，很可能会走两个极端：第一，如同历史上的岳家军、戚家军对百姓秋毫不犯。第二，则恰恰相反，如同历史上曾国荃曾老九的部队，以匪气壮士气，烧杀收敛无恶不作。然而从史料看来，很庆幸，当时的第十三军是前者。在军纪方面，汤系的野战军军风整肃，毋庸置疑。第十三军行军时每连纵队专门设有一军官持"执行革命军纪"小旗压阵于后，专门负责督查军风军纪。

但请注意我的措辞，只是在汤恩伯的野战军，嫡系部队里。入主中原以后，汤恩伯为了扩充实力大肆扩军。当时中国可谓战乱连连，各地军阀、政府早已招兵无数，能招的人早就招得差不多了。于是汤恩伯被迅速膨胀的权力欲望冲昏头脑，早已忘了兵在精而不在多，开始"饥不择食"收编了许多游杂部队、地方土匪和反正伪军。然而就如同往浓汤里兑水，兑得越多汤就越淡。军队的巨大扩充和纪律约束的盲区，使得部队作风大幅下滑，不仅仅是合并过来的乌合之众，包括汤恩伯的嫡系部队也渐渐被同化。

收编之后，这些游杂部队还是没有拨款拨粮，全靠自行筹措，原本就是靠打家劫舍的"山大王"只不过是换了个名字。要提供几十万军队的吃喝用度原本就不是件小事，而且1941年至1943年河南大旱，就如同所有历史档案里记载的那样河南经历了前所未有的大饥荒，农民已经无法生存，有些地区的青壮妇小全部逃荒去了，未能逃走的老弱病残，他们仅有一点点粮食，也被汤部派兵用田赋征收名义尽行抢走。汤恩伯各部像篦子一样从中原大地上过了一遍，路过乡镇，或驻扎乡镇，向当地居民索取军粮军柴。甚至一个营、一个大队的副官，或一个连、一个中队的特务长，手里只要出示一张条子，就可向各乡镇联保直接索取粮、柴。前天还是百姓人人喊打的土匪，今天就拿着条子来要米要粮。这个部队刚走，那个部队又到，百姓往往是交了这边还缺那边。1941年由漯河至周家口的大道两侧的田中，每隔八步十步，即有饿殍尸体数具，无人收殓，被狗争食，肠子流在地上，惨不忍睹。

更令人气愤的是老百姓都饿得没饭吃了，部队在筹粮筹款中竟然还存在巨大的贪污徇私，经手主办者，大秤小称，以多报少，层层克扣剥削，各地方县长、区长与部队长官相互勾结大吃空头。例如在安徽太和时，县长与某师军需处长筹办军粮，条子开的是一万斤，县长当时只给六千斤。仅这一笔，就中饱四千斤，那个军需处长竟然一斤未上缴，全部独吞，诸如此类数不胜数。当时河南民众中有这样一首民谣："麦子黄，泪汪汪，国民党军队来一扫光。"

很多资料上都提到当时河南人民有"水""旱""蝗""汤"四害之说，并且说"水""旱""蝗"都是有时有季的，唯独"汤"灾不分时节，不分地域。其实关于这一说法是否真的存在一直存在争议，因为当时老百姓即使憎恨某一部队也大多直接归结到国民党军队头上，或某部队的编号，很少能记住部队的长官名字。曾有人考证过，称"水""旱""蝗""汤"中的"汤"其实很早就出现了。当时河南人民提到"老汤"就害怕，但这个"汤"并非汤恩伯部而是指土匪。晚清民国年间，在土匪活动最频繁的豫西南山区，常年流动着一支数量相当庞大的青年农民打工队伍，每到冬日的农闲季节，就应募从事梯田、沟渠等农田灌溉工程的修理、养护工作，这些人在当地被称作"蹚匠"。一旦工作减少，无所事事，成队的蹚匠极易变成土匪，以致两者之间的界限变得越来越模糊，所以在鲁山的方言里，土匪统称"蹚将"。同音谐转，也就成了"汤"。蹚——动词，混的意思。在地方上混人物叫作"蹚光棍"，高级一点叫作"蹚绅士"，土匪又称作"蹚将"。关于这个说法到底是否成立，至今还没有一个明确的解释，但可以肯定的是当时汤恩伯部队的军纪确实很差，因为不少"汤"其实原本就是"蹚"。

不仅仅在河南，在整个汤部所到之处无不如此，在安徽阜阳，第七行政督察专区，部队就曾要军麦二十万大包，每包计重二百斤，就是四千万斤粮食。那是1941年春季，正值青黄不接时，七区专员李盛宗把总部命令如法炮制，层层下达到各县、区、乡，督促赶办，毋违军令。当时阜阳的百姓，许多人家只有卖田卖地，卖儿卖女，卖衣卖物，倾家荡产设法交送军麦。交送后，有的生活无着落，逃荒外流；有的死于沟壑，家破人亡；有的铤而走险，沦为匪盗。尤其运送军麦还征派民工，不付工钱，只负责食宿，时正值阴雨连绵，道路中断，泥水没膝，民工车马寸步难行，其苦实不堪言。

在那个"有枪就是草头王"的年代，汤部很多人不仅不能抗日抵外，还干起了土匪勾当，很多部队收编之前就是土匪，现在最多算个兼职吧。1943年一名排长带了两个士兵去抓壮丁。在登（封）洛（阳）公路靠近嵩山路段，他们截住了一辆架子车，车上坐着一位年轻的上海商人。搜查时发现车上带有数两黄金，该队人马遂生歹意，光天化日之下杀人越货，抛尸荒野。后因作案者分赃不均，发生内讧，案情泄露，被人告到了师部。师长金式派人查明案情并报请石觉批准，将该排长执行枪决。当时，汤恩伯部队中诸如此类的图财害命之事时有发生，只是未被发现或有关部队的官长隐瞒包庇而已。

五毒俱全赌毒抢　封口百姓抓壮丁

中原边区赌博成风，当时以汤恩伯中原总部与挺进第二路总指挥部为最甚，大小军官，无人不赌。赌法：以一万元叫"一顶帽子"，打麻将牌不论圈转，只论"一顶帽子"，一万元输光，名叫"进花园"。如再来，再拿一万元。当时安徽省军管区参谋长高长柱，那时他已被李品仙派出来，正在边区新建独立旅当旅长。他要与边区总部高级将领联络，因而他打牌的次数最多，输的钱也最多。有一天，高长柱竟一连输掉三顶帽子（即三万元），只好回到家里偷取黄金。被他老婆发觉，同他打起来，闹得不可开交，整个军管区都沸沸扬扬。每天晚饭后，地区总部的军官们不是打麻将，就是在那儿抽大烟，习以为常了，因为当时吸大烟也成风。边区总部的秘书长李铣、党政分会副主任委员沈克、军务处长钟鼎钧、经理处长胡静如等人都是吸大烟的，又如挺进第二路总指挥王仲廉、军需处长李寿山、第五十五师师长李守正等，也是没有一个不吸大烟的。在大烟铺上谈公事，处理公事，这是经常的事情。其他中下级军官，还亲眼看到他们在办公桌上吸"白面"。

某部队的一位营长骑着飞轮车，服装整齐，途中路过哨卡，盘查哨看他的车子好，非常眼红，当即盘问。该营长拿出护照给他们看，不料他们接过护照当场撕碎，把脸一翻说："你拿假护照，冒充军官。"他们人多势众，不容该营长分辩，连人带车全都解走了。至于弄到哪里去，是死是活，如何处理，那就不得而知了。

汤的一支部队驻在当地某一老乡外院，院内有一间很大的草房，里面堆满了树枝木料。时值冬季，房东打算拿木料加工锯刨，准备明春盖房子。在该院驻的汤部官兵坚决不让动。他们说："征发你这木料，将来做防御阵地的路障，哪能随便动用呢？"一个半月后这支队伍开走了，房东动用木料时竟发现里面掩藏着八具冻僵的尸体，伤痕累累。虽不知道是何时弄死的，但可以肯定他们图财害命，杀人灭口。此事在当地激起了很大的民愤，老百姓怨声载道。

不仅如此，汤部还防民之口，禁止百姓议论部队。一次汤部队伍从驻地开走不久，忽然来了八九个穿长袍马褂的人召集当地老乡们开会，声言是中央政治部派来的，专为调查汤部的军风军纪以及地方的军民感情等，希望大家毫无顾忌地畅所欲言，他们要按情处理。积愤已久的老乡们一听这话，立即争先恐后地抢着发言，愤怒控诉汤部驻扎期间祸害百姓的种种劣迹。来人说："还有说的没有了？"老乡们说："时间不短了，想起来再说吧。"这些人听罢，当即声色俱厉地说："我们队伍才开走，你们便任意造谣，信口诬蔑，仇视国军。"接着便是一阵拳打脚踢，大扇耳光，把老乡们打得四散奔逃。大家这才知道是汤部的毒计。此后真有来调查的人，老乡们只是钳口结舌，绝不敢再谈一字了。

不少汤部官兵平时缺乏训练，缺少管教，整天歪戴着帽子，敞胸露怀，挎着自来得，背着卡宾枪，三三两两，任意放枪，不管机关、民宅随便闯门而进，没人敢惹。见军官穿着旧灰布军衣，当面讥笑是"伙夫式的队伍"，嬉笑怒骂一阵后便扬长而去。

中原会战期间，汤恩伯部节节败退，当时李培基任河南省政府主席，汤恩伯为摆脱责任，嫁祸于人，电报中央说，军民不能合作，地方官不支援军队，袖手旁观，是失败的主要原因。李培基原非蒋的嫡系，因是被撤职。

战后，蒋介石派陈诚来到河南，召集胡宗南、汤恩伯和地方官吏、河南省绅士开会，主要在于联络军民感情。当时会场有新野中学刘校长发言，把汤部祸国殃民、为害地方、残民以逞的典型劣迹据实述说一番。汤恩伯质问刘校长："你说的句句属实吗？"刘校长立即答复："我所说的可以指证指实，条条有据。"并说，"我行年七十多岁，复何所惜，誓当为地方、为人民请命。我所说的如有虚假不实，我敢拿我的头颅做保证；如果件件属实，汤总司令你也敢拿头做保证吗？"汤恩伯听完恼羞成怒，还要强辩。此时陈诚发言："我的使命是听取人民的意见，我们先听刘先生的发言。"弄得汤恩伯无法下台。后来经河南省民政厅厅长方策调停，会议终以无结果而散。会后有人看见刘校长连夜驰回新野县，以防意外危险。

当时在内乡沿路的电线杆子上和路旁标示水平高低的石头上，通通用粉笔写着极度仇恨汤恩伯及其第十三军的标语，许多坟墓的墓碑上则写着"汤恩伯之墓"。

1942年河南遭受百年未有的水、旱、蝗灾，人民以草根和树皮充饥。国民党统治者无动于衷，在所谓"军事第一"口号之下，横征暴敛毫不减轻。难民被迫弃家逃荒，年轻妇女被按体重称斤出售，婴儿被弃路旁，老病者死亡枕藉，中原地区数百里无人烟，树皮早已被剥去充饥，平川上但见惨白的干枯树干，真是千村薜荔，万户萧疏，惨绝人寰。在抗战后方的重庆，达官大贾却仍然酒绿灯红，醉生梦死。此时汤恩伯为了扩充政治资本，还在叶县大兴土木，建造边区学院校舍，向地方征用大批木材及交通运输工具，造成人畜死亡于道上之惨剧。当地人们把蒋鼎文、胡宗南、汤恩伯合称为"糨糊汤"。正是这"糨糊汤"将当时中原地区搞得一塌糊涂。

在中国的陕北当无数有志青年向延安的宝塔山投奔而去时，中原的汤恩伯部队却因声名太臭、军纪混乱而无人参军。抗战中期，各部队因生活艰苦，士兵逃跑者甚多。有人曾在汤恩伯的一些部队中做过统计，每个团每月的逃兵约有五十名。当时上级命令，河南地区各部队的兵员补充一律自行解决。很多部队就曾规定，哪个连、排因逃兵而缺员，就由该连长派人如数抓来壮丁进行补充。面对继续扩充的部队，国民党军队又发挥了他们一向的传统——抓壮丁。面对一个整天从自己身上吃拿卡要的部队，没有人会主动将儿子送去。于是，抓壮丁成了一件集坑蒙拐骗于一身的差事。

石觉，原籍广西桂林，系黄埔三期学员，后来的第十三军军长是汤恩伯的心腹大将之一。他任第十三军第四师第十二团团长时，抓壮丁的方法很是特别。该团常于夜间派一个步兵连将驻地几十里外的某一村子包围，集中所有青壮年男子，从中挑选身材较高者带走，强迫他们当兵。所以这个团的士兵个头都较高，列队时也颇为好看。

用抓壮丁的办法解决部队的缺员问题，弊端极大，其结果只能是抓来的多，跑掉的更多，形成抓了跑、跑了抓的恶性循环。不少人前两天在这个部队放了两枪跑了，后天又被捉到那个部队。这样不但严重影响了士兵素质的提高和军心的稳定，使部队纪律涣散、战斗力削弱，而且进一步加深了河南民众对汤恩伯部的恐惧和仇恨。当时，青年人都不敢在靠近汤部军队驻地的道路上单独行走。

除了抓壮丁外，汤部还干了一件更彻底的事，那就是缴枪。边区五十万大军，约有四十万支枪，皆取之于四省边区各个地方，尤以民风剽悍、盛行习武的皖北为最。汤恩伯搜缴民枪的方法，是利用指挥部、指挥所及各个挺进纵队采取软欺硬骗的手段，向人民搜缴。在日军随时可能袭来、土匪遍地、兵匪一家的乱世下，缴枪几乎就是对民团宣布了，他们即将成为"待宰的羔羊"。就以第十七纵队而论，先后即组军三次。第一次由杨埂深任司令组军，地点在漆园，枪支一千有余，官兵两千，组建尚未完成，即被汤恩伯收编了。第二次是汤来若任司令，地点在涡阳张村铺，官兵四千多，枪三千余，马五十匹。结果，被骗到太和整训，全部人枪被第三十一集团军副总司令王仲廉收编。同时被收编的还有汤建功支队的官兵一千五百名，枪支近一千支，合计共有四千支枪，官兵六千之众。第三次由袁传璧任司令组军，地点也在蒙城，听说有枪两千支，官兵近三千人，未到头，又被王仲廉改编了。仅以一个第十七纵队为例，前后合计枪支八千余，壮丁近一千名。

大兴土木徭役赋税累黎民
横征暴敛国事兴亡百姓苦

大建工程拆民房　庙宇祠堂均遭殃

中国农民被漫长的封建统治磨去了棱角，对苦难有着很高的容忍度，然而汤恩伯却干了一件超出中国农民底线的事，那就是打着"军事第一"的旗号，下令将中原地区的庙宇、祠堂（其中有些是文物古迹）全部拆除。对于中国人来说祠堂是无比神圣的，祠堂里记录了千百年来家族的历史，是祖先的归宿，更是后人的根。而庙宇不仅接纳了很多流离失所的难民，更是人们在现实苦难中的唯一精神寄托，看来连菩萨、佛祖也躲避不了俗世的纷扰啊。而汤恩伯却下令将庙宇和祠堂拆除，得到的砖块、石料则全用于建造所谓的边区学院，对此举汤恩伯还美其名曰"自力更生""建材取之于民，技术取之于军"，不向中央要一分钱，称之为造福万世的好事。所需材料由地方征派车辆运到叶县，押运者的干粮和牲口的饲料均须自备。当时，报纸上经常出现有关各县运送建筑材料的人和牲口因饥饿而倒毙于途中的报道。河南民间流传这样一句话："汤屠夫要盖房子，连龙王宫都要拔掉。"这话一传，"汤屠夫"之名更甚，真的是小孩胡闹都能用汤恩伯的名字唬住。

就在汤恩伯大肆建造学院期间，河南省遭受了空前严重的旱灾和蝗灾，赤地千里，饿殍遍地。绝大多数农民靠吃树皮、树叶、草根活命，亦有吃观音土甚至人吃人的。叶县县城东北 2.5 公里的一个村庄里，地里的庄稼全部被蝗虫吃光了，村里几乎每天都有人饿死。这两年中河南被饿死的人有好几百万，外出逃荒者就更多了。试问在百姓都无饭可吃、面临死亡时，谁还能有心思去上学，去建学校？汤恩伯兴土木修建"中正学院"和"政治学院"，其意图一则向委员长"献媚"、邀功，与中央保持一致，也让汤恩伯大兴办学、重视人才之名为世人皆知。二则是欺骗青年，储备政治资本。正所谓"一寸山河一寸血，十万青年十万兵"。很早以前汤恩伯就认识到只有抓住骨干、抓牢干部才能真正握牢权力。为了与蒋鼎文唱对台戏，争取青年以之作为政治资本是不可缺少的事，大办"学院"，用尽了各种欺骗手段，找来了一千多名学生，严加管控。三则是模仿"西北王"，培植争雄称霸力量。国民党内部派系林立，斗争不断，前天还位极人臣，明天就可能成为阶下囚，因此所有人都十分注重对自己实力的培养和党羽的建立。汤恩伯看到"西北王"胡宗南无数次派人到界首（汤的前进根据地）招收青年学生，使他眼红起来。他曾向其亲信张雪中说："胡宗南今天招收青年学生，明天招收青年学生，实在是欺人太甚，连我控制的四省边区都成了他的招生场所，这还成话？"张雪中很明了他主子的用心，便建议其自搞一套。张雪中还建议，如将战区政治部这个机构掌握到手，那就不只是四省边区的青年不致为胡宗南、蒋鼎文所得，就是整个第一战区的青年也都可控制到手。果然，在1942年前后，张雪中即舍第三十一集团军总司令不干而去做第一战区的政治部主任。办学校，建学堂，正所谓"兴，百姓苦；亡，百姓苦"。

军队在外，专职在于战争，然而除此之外的吃喝用度全是在占用民间资源。因此在中国古代一度出现兵农合一、屯田等现象，就是为了解决军队的供养问题。而汤恩伯的几十万大军，衣食住行除少部分所谓正规军由中央拨款外，其他一切均自行筹措，而所谓的自行筹措无非就是吃拿卡要。就几十万大军的野外驻训、行军而言，毫无就地搭建帐篷一说，更别提像红军那样过民房而不入。他们往往是强占民房，霸占耕地，让不少百姓流离失所。

例如汤恩伯部第十三军军长石觉，就是那个抓壮丁专抓个高的军官。号称治军和用兵都有自己的一套办法，而其所谓的"一套方法"就是"有样学样"，像许多国民党大员一样，也是迎合上级意图，十三军因此被称为"标兵"。1942年全国各部队实施军需独立，考核时第十三军以"成绩最优"而受到奖励，国民党军队所谓的"军需独立"就是不向中央伸手要钱要粮，自行解决。而汤部又没有像红军那样自行开荒生产的传统，所谓"军需独立"无非就是勒索地方、盘剥百姓，"成绩优异"一殊荣就更非什么好事了。

汤恩伯追求排场，讲求表面工作，石觉便投其所好。当时的中原居民房还停留在土墙茅草顶，由于泥土墙牢固度不高，很难打窗立门，因此大部分房屋后墙上不开窗户，每所房内用墙隔为三间。第十三军挑选质量较好的民房进行改造，推倒房内的隔墙合三间为一间，在后墙上也凿开窗户，房外四周的墙壁一律用红土粉刷，再贴上几条花花绿绿的标语，将一个连队安排集体居住，把民房搞成了营房的模样。而房间主人则毫无商量地被"请"出来，安排在马厩、茅房等矮小破旧的房间内居住，看着自己的房间被改得面目全非，却是敢怒不敢言。第十三军的"整齐划一"得到了汤的高度赞扬，而其他各部也不顾当地实际，纷纷效仿，弄得百姓怨声载道。

对于收编的乌合之众汤恩伯觉得最重要的就是强化训练，加强战斗力，以便早日成为自己手上的王牌。因此汤恩伯对部队的训练极其重视，要求军、师、团、营、连，每一级都要有专门的操场，若按每连占地一亩来算，就是上万亩耕地，光团以上单位的操场就要占用几十亩耕地。按当时的规定，被占用耕地的农民与有关部队协商后，可得到一定数量的粮食作为补偿。但面对一个前天还干着杀人越货、强行征粮勾当的部队，又怎么奢望其会按规定给农民补偿，而且即使获得补偿，也远远少于耕种土地所获。

操场征地完毕后，一般还要设立训练器材，诸如木马、单杠、双杠、天桥、障碍超越场。所需的木材、工匠，均是向当地的保、甲征用。所谓招工如同古代徭役只供给膳食，不付工钱。部队运输粮食、被服、燃料、弹药所需的车辆，以团为单位向当地保、甲征用，也是只供膳食，不发工钱。各县政府一竿子插到底，由保、甲长带着如狼似虎的保丁，挨家挨户催出劳动力，要不出就拆老百姓房屋，闹得民怨沸腾。工匠、车夫们的膳食经层层克扣，质量低劣，数量不足，施工辛苦，一时间人民对征召工匠的恐惧毫不弱于抓壮丁入伍。再加上汤部军纪太坏，给老百姓带来的苦难甚至超过日军的残暴，河南的老百姓中流传着这样一句顺口溜"不怕日本军来烧杀，只怕汤恩伯来驻扎"。可见人民恨"汤灾"堪比夏桀、商纣。

1944年初，汤恩伯部所属某团驻临汝县纸坊镇以东的几个寨子里，把所占用的房屋也一律改造成营房的样子。当时天气寒冷，士兵们仍然穿着单鞋，全团通过当地保、甲征得棉鞋两千五百双，分文未付。团部上尉副官李宏赤负责征用牛车、马车运输军需用品，半年内以超额征用的方式勒索了大量黄金，后畏罪潜逃。而更令人生畏的是，该团官兵还大言不惭地称："在汤恩伯的部队中，像我团这样对老百姓敲诈勒索者比比皆是，有些甚至更为恶劣。"

汤恩伯在临泉边区总部先后组织了五十万大军，这些大大小小不等的部队机关和营房密如繁星地分布在边区各地，所占民房，不下几十万间。官兵占住民房，所用的桌椅板凳、床铺碗筷，无一不向百姓征用，甚至一针一线，也都向百姓索取，稍不如意，还横加打骂，人民苦不堪言。尤可恨者，官兵在各个村庄穿房入户，强奸民女，霸占民妇，妇女羞愤而亡者每日数起。

举仿暴君隋炀帝　民服徭役掘深沟

除此之外汤恩伯在河南还做了一件堪比隋炀帝开凿京杭运河的事。如果硬要说有什么不同的话，那就是隋炀帝一时兴起为下扬州看琼花开凿运河是"罪在当代，功在千秋"，而汤恩伯所谓的为阻挡日军战车前进，决定挖掘深沟就是"罪在当代，千秋无功"。

深沟的工程北自郑州附近起，东至开封，再向南到周家口附近为止，两道复线长达一千余里。这项工程，汤恩伯原标榜以兵工为主、民工为辅，但当时国民党部队中很少配备专门的工兵。而且连操场、学校都要民工、百姓出力修建的部队，面临如此浩大的工程又怎可能"躬亲而事"。于是开工之后，民工再度成为施工的主要人员，汤军部队则变成了奴役人民的监工队伍。深沟附近百里内的民工，都在其奴役之下，自带粮食工具，强迫日以继夜地开掘，其中因劳累、饥饿、疾病致死的人民不在少数。郑州附近的一段工程首先完成，汤恩伯还曾亲自前往视察。

为强化对整个中原地区的掌控，汤恩伯下令每段深沟必须与公路系统及临时的军工所筑之路相连通，在整个中原形成一个网状线路。因此原本双向单一的沟渠成为四面开花的通道，纵横交错地兴修了许多支线，这样一来，施工量几乎翻了一倍，人们负担大大加重。当地人民除了出劳力供驱使之外，还要供应木材、石灰一类的材料。材料一时供应不上，汤军又发挥其"就地取材"的特长，不仅对祠堂、庙宇这些祖宗的"房子"不放过，就连附近的民房也毁了许多。

这还不算完，施工区内有许多坟地，汤部便又打起了坟地的主意。在中国即使再不孝的子孙也不愿看着别人将自家的祖坟给刨了，而迁动祖坟更是风水大忌，在传统的中国人眼里，这不仅亵渎祖先还将危害子孙。汤军头目利用这种心理，进行敲诈，不拆祖坟可以，线路改道，工期耽误，说到最后就是一个字——钱，勾结地方上的保、甲长，利用军队淫威趁机勒索。汤军驻扎郑州、中牟附近的两个独立旅旅长彭贵良、黄国书所部，在开掘深沟期间，搜刮的民脂

95

民膏无法计算。

1944年4月日军进攻中原，汤恩伯原以为将"屡立奇功"的千里邝沟，在作战中如同花瓶摆设一般，未起丝毫作用。浩浩荡荡的掘渠工程丝毫无隐蔽性可言，日军在进军之前，早已将地形侦察明白，军队绕过深沟挺进；不能绕过的，也早已做好了越沟设备，只要用一辆坦克填在沟里，然后从坦克顶上架设钢板，后续的战车即可通行无阻。河南人民血汗筑成的"千里邝沟"，在损耗日军一台坦克后完全失去其战略意义，郑州、洛阳、叶县作为日军进攻的三个目标，随即迅速沦陷。

"造桥修路子孙无数"，造桥修路原本是件造福人民、繁荣地方的好事，但汤恩伯部却又将这件好事变成了人民深深的灾难。汤部修路不是为了联通各大城市、交通枢纽、战略要地，而是为了一个边远小县——临泉。临泉是安徽的一个边远小县，交通不便，边区总部设在此处后，立马向外开出多条公路。如由漯河到临泉筑有漯临公路，界首到临泉筑有界临公路，临泉到阜阳筑有临阜公路，临泉到太和筑有临太公路，以及从临泉到立煌中间经过河南固始的临固公路等。又如以界首为中心向皖北方面的蒙城、河溜、龙岗、阜阳、太和等有新筑、补筑、修筑的公路；从界首向河南方面的紫店、槐店、水寨、沈丘等也有新筑、补筑、修筑的公路；还有第二十八集团军以阜阳为中心的阜颖公路、阜蒙公路、阜太公路等，构成了一个以临泉边区总司令部为中心的公路网。所有这些公路，在修筑时，需用的材料，如木料、石子、沙子、砖头等，全是向百姓征工征料。常年徭役，百姓怨声载道。在运送石子、木料、砖头等材料的过程中，有民工累病、累死的，有牛马累病、累死的。这还不算，最可恶的是区、乡、保、甲，层层敲诈。有钱者生，可以免送；那些无钱无势的老百姓，就被逼得叫苦连天了。阜阳、临泉一带，原系沙土平原，没有沙石，没有木料，结果，汤恩伯部队更是手到擒来，干起了老一套，又把安徽人民的祠堂、庙宇、民房、学校等扒拆一空。

记得那时，适逢日军由亳县向界首一带进攻，新四军由涡北向南岸阜颖一带进攻。当时边区总部马上下一道命令,不分昼夜,将各条公路,一律予以彻底破坏。事未两日,为了防御,边区总部又下一道命令,要界首、临泉、阜阳、太和、蒙城、涡阳等地征集民工连天达夜地大挖战壕、交通沟。

与民争利依仗军队狠走私
欺上瞒下经商吸金汤发财

官商勾结只言利　路人皆称"鬼门关"

对于汤恩伯的部队如果之前说是兵匪一家,那么接下来的就是官商勾结。各部队除收税外,尚有大批公开的武装走私,大小单位都公开武装走私。界首警备司令部还特地成立一个武装"缉私"大队,说是"缉私",其实是缉别人的私,保自己的私,专供对敌陷区掩护走私之用,并护送巨商大贾公开走私。如界首巨商饶绍周的三泰店、肖希龄的天泰店等,每次走私,总有数万匹布,大架车要拉几十辆。又如挺进第二路的走私,王仲廉总指挥每次到苏北扫荡时,总要带去几百辆马车货物,到徐州一带出售,回来时,又带回大批烟土、白面、京广杂货等,依仗军队,明目张胆地干起了无本万利的生意来。

此外,还有安徽企业公司界首办事处经理谷养云与汤之船舶管理所所长陈宏毅公开勾结,以"物资交换"为名,把大别山区皖西一带的茶、麻、竹、木、桐油、生漆等运往蚌埠,大批走私,公开资敌。

除了粮食、房屋、器材以外,军队更多的需要是在金钱上,对于武器装备、人员军饷这些民间无法提供的东西全部都得折合成银子,正所谓"枪声一响,黄金万两"。汤恩伯不断扩充部队,尤其是自行扩充大批游击部队后,感到经费困难,维持不易,而能从饭都吃不饱的平头老百姓身上拔下毛来的毕竟是少数。汤恩伯将目光瞄准了获利丰厚的商业界,而且这次不仅仅停留在向富商受贿、勒索

97

上，而是直接利用水路交通便利和军队保障与商争利，直接垄断商业活动。汤恩伯在安徽界首设立鼎泰庄，在上海、徐州、蚌埠等地设立分庄，把后方桐油、茶叶、南阳绸等土特产运到沦陷区出售，然后又把上海等地的化妆品、日用品、汽油等运到后方脱手。当时的界首镇，隶属于太和县，是边区党政分会的驻地，距汤恩伯的边区总部驻地仅十公里。途经河南、安徽两省的沙河，要经过界首，这里成了当时国统区与沦陷区之间物资交流的要地，是抗战期间蒋日伪贸易的最大中心。因而，公司、商店、银行、邮局和其他服务行业在这里很齐全。沦陷区的日伪工业品经过津浦铁路，以蚌埠为转运中心，到达界首。

另一线路是经陇海铁路，以商丘为转运中心，到达界首。大后方的许多紧俏物资，如许昌烟叶、棉花等，都以界首为集散地，从这里分运到陇海铁路的归德和津浦铁路的蚌埠，再转运到沦陷区的各大中城市。有军队保护，汤部常常黑夜装载货物，远销山西、甘肃、陕西等地，或穿过淮远、亳县等地贩运到敌占区。原本两边贸易互动就很少，相互之间物资匮乏严重，加之军队开道，这样一去一来，获利很大。而且汤恩伯在人事安排上做得很有趣，如同蒋委员长重用浙江人一样，汤恩伯令前军需处处长、他的浙江同乡陈铭勋负责经营，让其舅父陈秉宜任鼎泰庄经理，在支援军队的同时，银子也源源不断地流向汤恩伯自己的"小金库"。有一次汤恩伯曾悄悄地令其心腹汇法币一亿元到重庆，代购了黄金五千两，这可真是当之无愧的小"金"库，不同的是这个金库还真不小！

汤恩伯尝到甜头以后一发不可收拾，于是又在界首成立了一个"物资管理处"，由第十三军军需处处长胡静如任处长。这个处长胡静如与前处长陈铭勋可谓遥相呼应，"黑白双煞"。如果说陈铭勋负责的还属"白道"，利用垄断经商盈利，那么这个"物资管理处"的胡静如就是彻彻底底的"黑道"了。他的主要任务就是直接插手、限制普通商人经营商业，保护自己为所欲为。商人想到沦陷区经商，都要经该处许可，还要交一定数目的手续费，才能出入汤恩伯所控制的地方。颇有几分"此树是我栽，此路是我开，要想过此路，留下买路财"的意味，汤恩伯的行庄资金充足，左右行情、涨落由他们操纵，这样双煞联手，黑白通吃，将普通商人逼到了死角，生存空间愈发压缩，不少富商因此负债破产。一些中小商行有的被吞没，有的被挤垮，搞得家破人亡。汤恩伯的下属看到大老板做生意获利很大，纷纷起而效尤。第十三军军长石觉、游击纵队司令陈祖敏等都做起了煤矿、木炭的生意而发财。

汤恩伯还在界首设立了沙河警备司令部及船舶管理处，用以控制水陆交通，保障经营业务顺畅进行。此外，还在漯河开设中华烟厂，在禹川开设陶瓷厂及毛纺厂。可见汤恩伯已经实施了多种经营，只要有钱可赚，他便设法去做。在船舶管理处，手握大权的叶斐然处长，以种种名义进行敲诈勒索，被称为"阎王殿""鬼门关"。许昌当地有个生意人叫周锦堂，开设烟厂两处，即第一制烟厂、第二制烟厂。有一天，大家谈起汤恩伯的残暴、贪婪，周锦堂公开宣称把第二制烟厂无条件地奉送给汤总司令了，该厂的设备、装置、机械、资料、房产等折合成资金为数可观。有人问："为什么这样？"周锦堂低声说："汤总司令的手段毒辣，不这样不但我的营业做不了，还会给我捏造罪名，连生命安全也不能保，何况财产呢？"果然，周锦堂攀高结贵，博得汤恩伯的欢心，不但生命、营业安全无事，而且在各种场合也更显活跃。

汤部派出的驻防部队，只要驻在水路的河口，或陆路的孔道，无不设卡收税。借盘查来往行商有无挟带武器、弹药、黄金、白银、烟土、吗啡等违禁物品为名，以敲诈勒索。如查到有违禁品时，即予没收。但如能托人花钱，也就万事大吉。税征了之后，名为补助部队菜金，实则多为主管人与经手人分层中饱。如四县联防，祀东、祀北，把守的河口很多，每天经常有两三万元甚至四五万元的收入，并有黄金、白银、烟土、白面等缴来。除发极少数为部队奖金、菜金外，绝大多数都被挥霍掉了。

联手汉奸制伪钞　臭名远扬汤发财

军队和政府的加入使得中原地区经济紊乱，物价飞涨，法币贬值，因此由重庆运到河南的法币时常短缺。见此场景汤恩伯又请求国民党政府准许自己在前方印发钞票来解决这个问题，其实汤恩伯此举无非是想通过疯狂印钞榨取人民手中的积蓄。但汤恩伯几次请求，均未获批准。然而他还是令界首物资管理处印发"信用票"，强迫河南等地老百姓使用。

汤恩伯不满足于仅仅做做运转生意，胃口大开的他又与好盟友"特工王"戴笠联手。戴笠、汤恩伯为了使合伙的贪污买卖做得更加顺利，由戴笠派人在美国印制了华北日占区的巨额"联钞"和汪精卫汉奸政权的各种伪钞，成批地运到界首，分发给经济特务携带到日占区去抢购套购物资，不论布匹、油盐、五金、百货，一律高价收购。两人还勾结汉奸张岚峰（军长），在日占区武装走私。张岚峰何许人也？豫皖地区的伪军司令，汪精卫手下干将。他曾就读于日本陆军士官学校，与汤恩伯同属校友，为冯玉祥的外甥女婿，先后在冯玉祥、日军特务组织、汪精卫手下效力，抗战胜利后又转入蒋介石旗下。此人可谓八面玲珑、奸诈狡猾。与这样的人合作，三人凑在一起又能干出怎样的好事呢？

张岚峰大量接受由美国印制的"伪钞票"，去骗取当地商人、居民和日本人、朝鲜人经营出售的物资，然后转售给汤、戴，作为尔后"效忠党国"的考验。当时界首货运分处，经常有一百五十辆以上的载重卡车，无分昼夜，川流不息地来往于川陕豫道上。一时间各区物资奇缺，物价飞涨，货币混乱。

汤恩伯在这些"买卖"当中究竟捞了多少，自然不为外人所知。据马励武提供的材料，曾任汤恩伯的办事处长的同乡葛天承认，仅在抗日战争期间，他经手为汤恩伯搞的金条，折成现洋就有五百万元之多。马励武感叹地说："这不过是指这一时期这一件事而言，恐怕还是最少的说法。这样的贪污，还是明显可见的，其他不显明的还多着呢！"

至于汤恩伯部下大小官吏之贪污，例证不胜枚举，几乎人尽皆知。1943 年，第十九集团军代理第九军军长霍守义，部队驻在阜阳附近，他竟令他的军需高凤鸣在阜阳勾结县田赋管理处向该县人民强行征收 1942 年度的军粮，有二十余万斤。真是没吃的要交上来，吃下去的还要吐出来。随后又征用民间小红车，由皖北双沟运至敌方盗卖，再叫他的军需到深河买金条。第三十一集团军第二十九军军长陈大庆，1942 年交卸时，在叶县兵站仓库存有公粮七十余万斤，陈大庆并不曾移交下手，也不缴"公"，竟将公粮盗卖肥己。又如第十九集团军暂一军军长王毓文，驻皖北董家集时，也曾指使其军需处长与第十九集团军兵站分监骆东藩勾结，向地方征集军粮，然后串通汉奸军长张岚峰将军粮运日占区出售，再买盐回来卖出，从中牟取暴利。

1944 年，重庆报纸刊登过一幅漫画，几笔勾勒出汤恩伯的那张胖脸，他手上捧着鼎泰公司出品的五十支装的"中山门"牌香烟，肩上扛着从敌占区进货的阴丹士林布匹，满脸堆笑地在招揽生意，嘴里吐出"价廉物美"四个字。此时，汤恩伯的声誉不仅在民间很糟，就连腐败贪污成风的国民党内部集团也觉得汤恩伯做得太过。

有一次，冯玉祥到汤恩伯的部队视察，和蔼可亲地在肃立路旁的欢迎队伍面前缓步而过，当走到汤恩伯面前时，冯玉祥突然站定。就在所有人都愣住时，冯玉祥一本正经地连声对汤说："恭喜发财，恭贺汤将军发财！"众目睽睽之下，可谓把汤恩伯争财夺利的事抖了个干干净净，弄得汤恩伯面红耳赤、不知所措，只得讷讷地说："副委员长不了解我啊！"

第五章　从抗日走向反共

倭敌示弱汤戴联手齐反共

特务横行影子组织布中原

武汉会战见曙光　三王结盟图霸业

1938 年一场注定将会被历史铭记的战争在长江中游九省通衢的武汉爆发了。这场从 6 月开始的战争整整打了四个月，从武汉的难耐酷暑，走到了血染的秋天。

此役中日双方均派出了最强大的阵容，国民党军队方面由当时的全国最高领导蒋介石亲自统领，号称"土木王"的国民党军队名将陈诚指挥。日本方面也毫不示弱，由后来担任侵华日军总司令，位列中国共产党战犯名单第一号的冈村宁次亲自指挥；由旧日本帝国最后一位受封元帅的陆军大将、1941 年任侵华日军总司令的畑俊六主要指挥。双方投入兵力超过百万，长时间的大规模激战令双方伤亡惨重，消耗巨大。尤其是对日本方面，战争开始时不可一世的蛮横已经渐渐淡出了高层指挥的头脑，资源、兵员不足，补给乏力的问题愈发暴露。武汉一役日军虽然最终取胜，但国民党军队方面的狙击使抗日战争终于到了比拼双方"耐力"的相持阶段。

然而也正是从此开始，日军对国民党方面的态度开始慢慢转变，由当初的"穷追猛打"变成"边拉边打"。而一向宣称"攘外必先安内"的蒋介石当然不会放过这个绝好的机会，先后煽动三次反共高潮。尤其是 1941 年的皖南事变，在日军大军压境，先后两次被人端了老家（南京沦陷、武汉失守）的情况下，公然偷袭新四军，让共产党方面一代将才——项英就此陨落。自此国共矛盾也愈演愈烈。

作为蒋介石的得力助手，号称"中原王"的汤恩伯从一开始就是坚定的反共分子，"围剿"苏区时就用共产主义者的鲜血铺开了自己的仕途。此刻更是按捺不住，开始了一系列的反共行动，其中最早开始的就是建立各种特务机构。提起汤恩伯在中原范围内建立特务机构就不得不提到国民党的一个传奇人物，号称"特工王"的戴笠。提起戴笠，无人不毛骨悚然，军统的"带头大哥"，被人称作蒋介石佩剑、中国最神秘的人，手下的特务、间谍无孔不入，让中共、日本乃至美国方面头疼无比。他所统领的军统机构，曾软禁张学良、杨虎城，成功刺杀上海青帮"三大亨"之一的张啸林，提前破译日军偷袭珍珠港的阴谋。一直到今天，在南京汤山某地还有一个以此人名字命名的大楼，关于这座大楼的种种传说至今还困惑着后人。

汤恩伯这个"中原王"在中原地区成功建立特务机构还多亏了戴笠的帮忙。1943 年，世界反法西斯战场进入转折阶段，日军在中国战场也是日渐乏力，明眼人都能看出来日军的败退是迟早的事了。因此很多国民党将领开始着手准备抗战胜利之后的事，一方面是像汤恩伯这样反共嘴脸暴露无遗，更多的则是考虑抗战胜利以后在国民党内部的势力分化和集团利益。其中最有代表性的就是戴笠。相比于汤恩伯、陈诚这样称王称雄的一方"诸侯"，戴笠虽然也有自己的一个独立王国，但他始终没有忘记自己的王国是永无见天日的"影子组织"。他们的存在不被别人知晓，也就决定了他们的覆灭没有人会去关心。因而，戴笠未雨绸缪，一方面加紧实施夺取海军大权的计划，尽早拥有一支属于自己的军队；另一方面，设法把军统组织改造成为政党一类的政治组织，让原本的"影子组织"生活在阳光下，一旦走上政坛，也成为自己的一支政治力量，以便适应战后可能出现的民主政治形势。最后就是与汤恩伯、胡宗南等实力派结为盟友。

自抗战以来，随着时局的发展，蒋介石的手下逐渐形成了以陈诚、胡宗南、汤恩伯为核心的三大军事集团。胡宗南任第八战区副长官，拥有三个集团军、十二个正规军、四十多个师，加上副长官部的直属部队，不计其数的警察、宪兵、地方团队，再加上自己属地的空军，共有四十五万兵力。据军政部军需署署长透露，胡宗南部使用的经费，占到全国军事支出的四分之一。在蒋介石蓄意培育下，胡宗南在西北地区日益壮大，掌握了陕、甘、宁、青地区的军政大权，被称为"西北王"。陈诚，则无须多费笔墨，第六战区司令员，手下"土木系"战功显赫，蒋介石的绝对亲信，有"小委员长"之称，光其王牌部队第十八军就有五个师、二十九个团，约三十万兵力。而继陈诚、胡宗商之后崛起的汤恩伯军事集团，正规军兵力已达五个集团军，共二十五个师又三个旅。拥有四十万兵力，人称"中原王"。"特工王"戴笠与陈诚不和，但与胡宗南、汤恩伯有很深的关系。因而，他在1943年秋，以出席在河南临汝风穴寺举行的中美第三期特种训练班开学典礼为遮掩，牵头举行了同汤恩伯、胡宗南的结盟仪式。"三王"结盟仪式在龙门石窟举行。关于这次会谈的内容，史料上毫无记载，无案可查，几乎可以说是一宗历史悬案。唯一保留下来的就是由胡宗南执笔起草，汤恩伯、戴笠参与修改定稿的一首《盟誓诗》：

> 龙门阙下三尊佛，
> 眼底烟云理乱丝。
> 但愿乾坤能入掌，
> 危舟此日共扶持。

这首诗浅显易懂，却又寓意深刻，或多或少地泄露了他们结盟的一丝诡秘心机。明眼人一看便能知晓这首诗歌所透出来的天机和密码。这无疑是他们试图抱成一团共谋国民党统治集团最高权力的政治宣言和历史性的总纲领。汤恩伯、胡宗南、戴笠结交成盟友，无非是出于各自的政治目的，尤其是汤恩伯自从有了"特工王"戴笠的指导，不愁自己的特务机构建不起来。戴笠利用自己的有利地位，及时将国民党政府高层的内部情况及时地传递给汤恩伯。有时，戴笠则利用陪同梅乐斯及中美所的美军特务赴西安和河南等地视察的机会，把汤恩伯介绍给梅乐斯等美国特务，并积极为他们在美军特务面前吹捧。汤恩伯为了取得美国特工人员的支持，以增强自己的国际背景，对梅乐斯等美国特务极力逢迎巴结。至于戴笠与两人合作反共，成立各种反共特务组织，与汤恩伯一起谋划策反伪军将领，共同进行经济走私等，更是数不胜数。

蒋汤合拍共挞伐　有样学样反共行

除了戴笠之外，还有一个人也是汤恩伯的反共好搭档——蒋鼎文。作为第一战区的主官和副官，蒋鼎文和汤恩伯两人之间积怨很深，从蒋鼎文上任开始，两人的利益争夺和权力斗争就没有停止过，然而就是这两个连如何对付日本军队意见都无法统一的人，在对待共产党的态度上却是惊人的一致。其实之前第一战区司令官并非蒋鼎文，而是卫立煌，说到"换帅"一事，说到底还是跟反共有关。1941年冬，第一战区司令长官卫立煌被免职而以蒋鼎文接替，表面上是由于卫立煌在中条山对日作战的惨败，但知道内幕的人才清楚，其实真正作祟的还是在反共的问题上。卫立煌，国民党中少数擅长带兵打仗的将领，一心抗日，对共产党态度多少有几分暧昧。1938年到延安时，曾受到高规格礼遇，在西安时还曾自作主张拨给八路军一百万发子弹、五万五千颗手榴弹、一百八十箱牛肉罐头，在当时可谓数量庞大，蒋介石对此曾十分气愤。在卫立煌被免职之前胡宗南向蒋介石发了一封密电，密电里说："卫立煌与八路军首要有所往来，思想立场不稳。"在国民党的高层阵营中，蒋介石可以允许你是败军之将，甚至丧家之犬，却无法忍受你向共产党和社会主义表露半点同情。这就使得蒋介石不得不改派他认为最忠实可靠的人蒋鼎文前往接替。蒋鼎文的授意，再加上有汤恩伯的庞大武力的配合，1942年至1944年间，两人在这一地区采取了一系列的措施，矛头都是针对共产党的。

自古以来，中原便是兵家必争之地。日军侵华后，中原地区更是夹杂了日军、伪军、国民党军队、共产党军队等多方势力，当时中原地带处于四战之区，豫北、鲁西、鲁南是八路军的根据地，淮南、苏北及豫南、鄂东地带为新四军的根据地，在蒋鼎文、汤恩伯看来，中原地带已处于共产党武力三面包围之中，共产党的敌后抗日根据地总有种"闷声发大财"的感觉，在不知不觉中将最广大的土地和人口最多的农民牢牢握在手心，共产党占领区正在日益发展之中。蒋鼎文到河南的前后，关于如何对付中国共产党的武装力量及其地下组织的问题，曾与胡宗南、汤恩伯、戴笠有过缜密的计划与布置。之前中原地区的特务反共活动几乎是一片空白，但自从有了"特务王"戴笠的支持，汤恩伯自己的特务机构在日渐成熟，更重要的是大批军统人员打入中原地区，帮助汤恩伯完成反共工作。因而蒋鼎文到职不到两个月即逮捕了新五军副师长共产党员任靖秋，并企图逮捕新五军的副军长共产党员邢肇棠，幸邢事先得报，逃脱了虎口。

接着，约在1941年末至1942年初，蒋鼎文又查封了八路军驻洛阳办事处，并通过汤恩伯勾引该办事处主任袁晓轩叛变革命。根据袁晓轩的材料，又逮捕了共产党员和进步人士八十余人，如共产党员张振寰、河南大学文学院院长秘文甫，都是那时被捕的。河南省建设厅厅长张广舆（又名张仲鲁）也是那时被迫下台的。赵寿山在第四集团军因政工处长龙冠军告密而被免去军长职务。还有其他许多危害人民的事，都是在这时发生的。

在戴笠的指示下，蒋鼎文、汤恩伯与胡宗南分工合作行动起来。胡宗南在西北以西安为中心，全力封锁陕北。蒋鼎文与汤恩伯则各就其势力范围扩大特务组织，统一反共阵营，控制反共工具。卫立煌任第一战区司令长官时的政治部主任王以常调走后，由胡宗南推荐的陶峙岳接任，后又由汤恩伯推荐张雪中接替陶峙岳。此后胡宗南的反共走卒源源而来，都充当了要职，其中胡的忠实部下卞德恭即充当了该部的中共科科长。共产党员任靖秋、邢肇棠案件就是卞德恭一手制造的。胡宗南专门反共的"劳动营"随之也派来了以刘亚哲为首的大批反共分子，在河南地区到处横行。汤恩伯则在四省边区地带，设置"四省边区党政分会"，亲自担任分会主任，副主任为沈克，秘书长为李铣。"党政分会"在叶县成立了"青训班"，也是汤恩伯自己担任主任，在班里负实际责任的陈霖，是胡宗南推荐来的。"青训班"是专门"训练"中共党员和进步人士的反动组织，知名的民主人士秘文甫等即关押在该"青训班"里。汤恩伯还在临泉成立了"临泉特别训练班"，班主任也是他自兼，副主任周麟祥、教育长刘庆升、秘书王蔚轩以及队长教官等，几乎全是清一色的军统特务分子。该班第一、第二两期的毕业学生，都充当了汤部反共人员；第三期的毕业学生后来改编成为"豫鲁苏皖边区党政工作总队"，由周麟祥任总队长，在四省边区专干反共反人民的活动。大约自1942年前后到1944年为止，汤恩伯更是"有样学样"，以界首做中心，模仿戴笠手下的国民党政府军事委员会调查统计局即我们熟知的军统，成立了三十一集团军调查统计室及界首警备司令部稽查处等特务机构。而戴笠也十分支持地先后派周兆其、周麟祥等人充该调查室主任，并派周兆其、刘国宪任界首警备副司令兼稽查处处长（刘国宪也是军统特务分子）。

　　军人出身、军队立身的汤恩伯，十分了解仅仅靠一两个特务机构和数得过来的散兵游勇就想对付一向"狡猾无比"的共产党，还是远远不够的。于是在加强内部的特务机构，布置了特务网以后，又重点在军事上采取了很多反共措施。汤恩伯于1941年春，也曾派其三十一集团军副总司令王仲廉率其所兼八十九军由平汉路西移驻皖北太和县及其附近，深入腹地，将部队散开驻扎，全面强化对当地人民的控制。汤恩伯之所以命李仙洲和王仲廉两部进驻皖北、豫东，目的在于利用李仙洲是山东人、王仲廉系江苏人的地域关系，先在皖北阜阳、太和附近招兵买马，积草屯粮，伺机向鲁苏腹地进犯，企图破坏人民政权，消灭人民抗战力量。李仙洲当即在阜阳吕大寨设立军校及"驻鲁干部训练班"，用来培养军政干部，并拉拢山东地方豪绅地痞，以壮声势。1942年，他们认为时机到来，遂率其九十二军等部向山东解放区进犯，但进到鲁西，即遭八路军回击而惨败，退窜到阜阳附近。王仲廉也曾在太和县设立江苏中学，收集江苏流亡青年，同样也豢养大批苏北地区的豪绅地痞流氓，扬言"收复失地"。所有这些，都是汤恩伯整个反共反人民计划中的一部分。

李仙洲进犯山东解放区受挫之后，汤恩伯野心不死，乃于1942年冬季，又加强王仲廉部的军事力量，阴谋进犯苏北解放区。1943年初，汤恩伯保升王仲廉为十九集团军总司令，所辖部队有暂一军、八十五军、暂九军。以河北游击队段海州部改编的暂三十三师、鹿邑地方团队改编的暂二十九师及三十师编成的暂一军（军长王毓文），驻皖北蒙城董家集附近整训；又以由苏北撤退之顾锡九部改编的八十七军，驻皖北临泉县附近；以旧东北军———师、——二师改编的暂九军（军长霍守义），驻皖北太和县和界首附近。这些部署和扩军的阴谋，都是为了进犯解放区做准备。狂妄的王仲廉当时甚至叫喊："打回老家去。"只是由于日军进攻中原急迫，部队顾此失彼，而暂时有所放松，便搁在了一边。

汤恩伯收编游杂部队和地方团队改为挺进军的，前后约有八十个纵队之多。他公开叫嚣说："蒋委员长叫我自力更生，要在这里成立一百个团。"那时，蒋鼎文在洛阳以反动透顶的张荫梧充当"冀察战区党政分会"副主任，开办了大规模的"党政干部训练班"，编组两个"战地服务团"，以荆宪生、阴耀武分任第一、第二团团长，企图深入解放区开展特务活动。由于1943年4月日军发动对太行山区的"扫荡"战，演成了三十四集团军总司令兼河北省主席又兼国民党河北省党部主任委员的庞炳勋及其指挥之下的新五军军长孙殿英和二十七师师长陈孝强等投敌做了大汉奸的丑剧，迫使蒋鼎文苦心训练出来刚刚开到太行山区的两个特务组织（即"战地服务团"）一并成了俘虏。

1944年春，特务头子戴笠到河南临汝风穴寺主持"中美合作所"主办的"中美特种技术第三班"的毕业仪式，又曾与蒋鼎文、汤恩伯密谋，计划成立两个更大规模的党政工作总队。三人几度密商的结果，决定在蒋鼎文直接指挥之下成立"豫晋冀鲁边区党政工作总队"，在汤恩伯直接指挥之下改组和加强原有的"豫鲁苏皖四省边区党政工作总队"。蒋鼎文指挥下的"豫晋冀鲁边区党政工作总队"，队里的头目由戴笠一手包办。他保荐乔家才充当总队长，并将当时在洛阳附近所有的特务行动队，如军统局豫站指挥之下的行动队、晋东南站指挥之下的行动队、刘艺舟特务头子指挥之下的行动队、平汉北段破坏总队、军事委员会华北督导团（这一组织是由天主教教会人员组成，由陈仙洲指挥之下的新乡教区美国籍的主教米于领导，一般称为教会特务）等，藏垢纳污地编在一道。

明火执仗大举进攻新四军
里应外合血腥制造"南召门"

上下一气图不轨　重兵进攻新四军

当日本军队的侵略行径渐渐遍布全国时，各个地方的人民都不约而同地自发组织起来保卫自己的国家，有东北的抗日义勇军、华北的八路军，还有华东的新四军。每当提起中国共产党领导的抗日斗争时，人们第一个想到的往往是黄土高原上扎着白头巾的游击队，在土炕和高粱地里穿梭，浓重的陕北口音和黝黑的面庞。然而在八路军英勇抗战的同时，在江南八省还有着一群吃着米饭、操着吴侬软语的南方汉子用他们百折不挠的韧性与侵略者进行着更加残酷的抗争，他们就是后来的新四军。

关于新四军的建立颇有一段曲折的历史，1937 年西安事变和平解决后，国共双方开始就两党合作和红军改编的问题进行会谈。经历长征考验的北方红军展现出了令世人惊异的顽强和斗志，即使是仗着长枪重炮的国民党方面也不敢再对其打上几分主意。但对于这样一群所谓的"赤匪"总归是少一点好一点，于是国民党方面又动起了南方红军的心思。在红军游击队整编问题上，国民党方面坚持"北和南剿"，在西北基本上停止了对红军主力的进攻，在南方则调集重兵加紧对南方游击队的"清剿"。直到七七事变爆发，日军发动全面侵华战争，国内形势的紧迫已经不允许国共双方再有丝毫的犹豫，关于南方游击队的问题才正式开始协商。但即使谈判达成协议以后，国民党方面仍旧背地里使软刀子，变着法子想消灭这些"眼中钉""肉中刺"。闽粤边红军游击队根据协议进驻漳浦县城后，1937 年 7 月 13 日，国民党驻军以点名发饷为名，将红军游击队包围，缴去所有轻重武器。与此类似的还有逮捕谭震林等四十余人的"瑞金事件"和将闽中红军游击队包围缴械的"泉州事件"等。

"八一三"事变后，在全国人民强烈要求团结抗日的巨大压力之下，国民党终于同意将南方八省十四个地区的红军游击队编成一个军开赴抗日前线。由江西、福建、广东、湖南、湖北、河南、浙江、安徽八省十四个地区的红军游击队从 1937 年 10 月起陆续改编而成，以 10 月 12 日为建军纪念日。该军军长叶挺，副军长项英，参谋长张云逸，副参谋长周子昆，政治部主任袁国平，副主任邓子恢；下辖四个游击支队、十个团、一个特务营，共一万零三百二十九人。1937 年 12 月 25 日在汉口建立军部，1938 年 1 月 6 日移驻南昌。同年 3 月和 4 月，根据中共中央关于向敌人后方发展的指示和国民党政府军事委员会关于集中整训的命令，军部和第一、第二、第三支队先后到达皖南歙县岩寺地区，第四支队在皖西霍山地区集中后向皖中开进，随后即在长江南北做战略展开。第一、第二支队相继进入苏南，开辟了以茅山为中心的抗日游击根据地，并将丹阳县的抗日武装改编为新四军挺进纵队。第三支队留在皖南担任长江防务。第四支队在皖中、皖东以游击战频繁打击日军。

对于这支队伍的领导者，中共方面可以说也是煞费苦心，最终选择了北伐名将——叶挺。叶挺，原名叶为询，字希夷，号西平，广东惠阳区客家人。七岁入本村小学读书，1911 年入惠州府立蚕业学校。因剪掉辫子反对清朝统治、支持广州黄花岗起义而被捕，获释后转入惠州府立中学。同年 10 月在武昌起义的鼓舞下，立志走军事救国的道路，先后就读于广东陆军小学、湖北陆军第二预备学校和保定军官学校。在校期间刻苦攻读军事课程，积极参加反对袁世凯复辟称帝的斗争，并广泛研读进步书刊，探讨哲学和社会政治学。曾给《新青年》杂志写信，提出"道德根本之基"在于"觉悟"，

110

并表述其"振污世，起衰溺"的革命理想。1918 年冬从保定军校毕业，次年初到福建漳州投身孙中山领导的"援闽"粤军，在第一支队任副官，同年加入中国国民党。所带领的叶挺独立团可谓百战百胜，曾英勇保卫孙中山护送宋庆龄。在北伐战争中担任左路急先锋，在汀泗桥和贺胜桥以一当百，获"北伐名将"之美誉，第四军亦有"铁军"之称。

中共让叶挺领导这支部队，一则希望这位悍将能带领南方游击队在日军的正面"围剿"和国民党军队的暗地手脚中顽强壮大，二则叶挺不是共产党员，这样可以消除国民党方面的顾虑，也表示了中共的合作诚意。叶挺希望这支新编的部队能够继承国民革命军第四军的优良传统，提议命名为国民革命军陆军新编第四军，简称新四军。1937 年 9 月 28 日，国民党政府军事委员会任命叶挺为新四军军长。1940 年 10 月 19 日，何应钦、白崇禧以国民党政府军事委员会的名义，强令长江以南的新四军、八路军在一个月内全部撤到江北。中国共产党从维护抗战大局出发，答应将皖南的新四军调离。1941 年 1 月 4 日，新四军军部及所属的支队九千多人由云岭出发北移，两天后，当部队行军到皖南泾县茂林时，遭到国民党军八万多人的伏击，新四军在几乎十倍于己的敌人面前，奋战七昼夜，弹尽粮绝，除约两千人突围外，近八成的战士被俘或牺牲。叶挺与国民党军队谈判时被扣押，项英、周子昆被杀害。皖南事变发生后，周恩来在《新华日报》上愤然写下了"千古奇冤，江南一叶；同室操戈，相煎何急？"的题词。而对新四军动歪脑筋的不仅有国民党中央，地处中原的汤恩伯也想拿共产党部队开刀，自然不会傻到大老远跑去向八路军的主力部队挑衅，于是他也将目光投向了在自己防区内的新四军队伍。

1941 年春天的一个晚上，细雨蒙蒙，十五集团军第二骑兵军军长何柱国命令时任骑兵第二军第三师师长的徐梁带领他的第三师并附步兵一营、山炮一连，消灭新四军驻在永城县境内的彭雪枫支队；商丘县、夏邑县的自卫队均归徐梁指挥，协力消灭彭雪枫支队。其实这次对新四军的进攻一直很让人疑惑。何柱国，1917 年考入保定陆军军官学校第六期。毕业后留学日本军士官学校经十一期骑兵科。1922年任东北讲武堂战术教官兼骑兵科主任，后一直在东北军中效力。东北易帜后，成为国民党军队将领。1939年秋，何柱国的骑兵第二军由晋北调到豫皖边区，归汤恩伯指挥。反观何柱国本人的从军历程和政治立场，虽然1934年、1935年曾率部去湖北、陕北两地"围剿"中国工农红军，但一直以来坚决抗日，支持张学良西安事变的做法，拥护中国共产党关于和平解决西安事变的主张。时任商丘县县长的耿子祥曾回忆："何柱国向来主张和八路军合作，处处避免摩擦。记得军队在晋北时期，为了征兵，他派我到各村庄做宣传工作，还让军部秘书主任胡中丞嘱咐我，千万不要与八路军摩擦。我被派到商丘任县长，他又嘱咐我要和彭雪枫支队密切联系。"

其实关于这件事的原因，最后还是要牵扯到复杂纷乱的国民党内部关系上来。受蒋介石非黄埔系、浙江人不重用的思想影响，整个内部派系林立，嫡系和杂牌观念盛行。何柱国由东北军转入国民党军队行列，与所谓嫡系注定无缘，而且之前对待西安事变以及中国共产党的态度暧昧，真要清算起来，恐怕不会有什么好果子吃。因此在国民党消极抗日、积极反共的大潮中，加上长官汤恩伯的授意，手下鹰犬的唆使，何柱国因势而动，进攻新四军为自己日后升迁攒下政治资本。徐梁接到何柱国的命令以后，连夜找到当时在城外游击的商丘县县长耿子祥。让耿子祥用县长的名义给夏邑县县长祁炎勋和商丘县自卫团副司令蒋心亮写信，让他们连夜赶到师部，共同谋划了关于进攻新四军的事情。当时商丘、夏邑两县的自卫团合在一起也就六七百人，而且战斗力不强，别说日常训练，很多人就连枪都没打过几次。徐梁手下骑三师下辖三个团，徒步战有一千五六百名的战斗力，此外步兵一营有七八百名，再加上两县兵力，与新四军彭雪枫支队比较是超过彭支队的兵力。但是彭雪枫支队训练抓得紧，熟悉地理环境，加之在长期战斗中磨炼出来的各种战斗战术，以当时国民党军队的实力要想消灭这支新四军队伍可不是件容易的事。但当时新四军彭支队的内部出了状况，让国民党军队钻了空子。彭雪枫手下的刘子仁团受了贿，整个背叛了彭支队。刘子仁团在彭支队里是一个劲团，一旦打起仗来，反过来帮国民党军队打彭支队，这样整个支队的战斗力就会大大削弱，霎时间如同缺了"左膀右臂"。

关于这次进攻就军事角度来说，国民党方面的行动其实较为失败。徐梁关于此次进攻的部署大致如下：刘子仁团承担左翼进攻任务，步兵营攻右翼，骑兵第三师和蒋、祁两部及炮兵连攻正面，徐本人带特务连在正面的后方跟进指挥，企图包抄。上午8点钟，他们三路并进，向彭雪枫支队进攻。起初，徐部进展很快，正面在上午9点多钟进至一个寨子附近，寨子地处偏僻，四周土围，易守难攻。寨内的新四军官兵们英勇抵抗，猛烈射击，抵抗住了国民党部队的进攻。徐梁命令正面的部队向寨子进攻，要迅速把寨子攻破，以便协同两翼前进。然而事实证明，正面的徐部大大轻视了这个小寨子，虽推进到距该寨约三百米处，但因遭到顽强抵抗丝毫无法推进，徐部伤亡的官兵向后陆续被抬走，前进不得，后退不能，双方相持胶着。

仗一直打到下午3点多钟，经过七个小时的激战，徐部正面伤亡惨重，寨内新四军射击稍缓，左、右翼的战斗已停顿。徐师炮兵连向寨子里打炮，打的是燃烧弹，几炮就把民房打着了火。徐梁命令左、右两队各抽调一部援助正面攻打寨子，并许诺攻下寨子有重赏，先进寨者特赏。徐部官兵个个穷死鬼投胎，一听"赏"字，就在炮火掩护下向寨子猛攻，而伤亡的官兵又被抬出不少。只因寨内兵力很小，不能全面顾及，被徐军爬进寨去。战斗结束后，令人惊异的是被俘的新四军仅有男女三十多名！都是被火烟熏得满脸墨黑，可个个仍是精神抖擞，毫无惧色，有的还面带微笑，好像是在说：我们就凭三十多人和你们打了一天，大部队已经安全转移了，你们虽然俘虏了我们，但不仅没打胜，还败得很惨很惨。就连当时在场的国民党官员都不得不感慨："中国军队要是都像这样，日本还能亡中国？"徐梁派部队将被俘的新四军官兵送到何柱国的驻地沈丘县去了。紧接着，徐梁命令各部队用快速步伐向后撤二十里，各找可以据守的宿营地并互相联络。

果然，过了不到两个月，传来了何柱国升任第十五集团军总司令、徐梁接任骑兵第二军军长的消息。不久，汤恩伯在临泉成立了一个指挥所，指挥苏、鲁、豫、皖边区的军队，汤恩伯为主任，何柱国、陈大庆为副主任，徐梁被提升为第十五集团军副总司令。虽然此次何柱国得到提升，但由于他原本是东北军，蒋介石对何根本不信任；同时，蒋介石派去的政治工作人员在他的面前也从不给何柱国进好言。由于何柱国很健谈，无形中被汤恩伯器重。汤恩伯就时常向蒋介石介绍何柱国是有用人才，是日本士官学校毕业，认识日军很多重要将领。蒋介石也想利用何柱国，电令何到重庆与他会晤。何柱国与蒋介石会面时，蒋介石打头问道："你对你的部下好不好？"何柱国回答："我对他们不错。"蒋又问："你既然对他们好，为什么他们还控告你呢？"何说："那我就不知道了，我想我对他们是不错的。"蒋介石对何柱国诈唬之后，又安慰了一番，并鼓励他帮助汤恩伯，与汤同心协力去干。何柱国怀着高兴的心情回到沈丘军部，从此对汤恩伯表现得更加忠诚，竭力靠拢汤恩伯。在何左右的一位老朋友曾说过："要不是打了新四军彭支队这一次表现，哪有何柱国的十五集团军总司令呢？恐怕连保住军长地位也有问题。"

地下党员施威能　巧妙化解"南召门"

南召，一个位于河南省西南的小县城，北靠伏牛山，南临宛襄平原，古有"北扼洛阳，南控荆襄咽喉"之称，绿水青山，历史悠久。然而在日军侵略者的铁蹄下，中国哪一片大好河山又能幸免呢？而对于南召县来说，历史还让它见证了国民党罪恶的一面。如果说进攻新四军还只是何柱国为迎合汤恩伯反共意图而做的，那么南召事件就完全是汤恩伯遥控指挥，手下鹰犬实施的一场对共产党人的不成功的屠杀。关于此次南召事件，其实不管是策划者汤恩伯还是实施者吴绍周都下了极大的决心，但最终还是没有遂了他们的心愿，这其中不得不感谢一个人——廖运周。

廖运周，黄埔五期生。1927年春加入中国共产党，参加过北伐战争、南昌起义等多次我党我军的重要行动。1928年在周恩来的安排下秘密潜入国民党三十三军从事兵运工作，成为一名地下党员，长期战斗在敌人内部，曾先后任团部副官、师部副官长、团长等职。1933年，因为地下工作巨大的危险性和不确定性与党组织失去联系，但廖运周却一直坚持着自己的信仰，在国民党内部渐渐深入。台儿庄战役后，汤恩伯为直接控制第一一○师，将张珍调往第十三军任副军长，派其亲信吴绍周接任师长，廖运周升至该师副师长。1942年，吴绍周升任第八十五军副军长兼豫西警备司令，廖运周又被调升为师长。

南召县早在1933年就建立了中共支部，1938年组建县委。在抗战以前，宛西民团司令别廷芳鼓吹地方联防自治，在方圆十几个县里威信很高。刘峙当河南省主席的时候，他就抵制南京政府的指令，不用中国银行的钞票，制定了一整套"地方自治条例"，发行并使用自己的钱钞，地方秩序井然。别廷芳因病去世后，自治派首领之一李益闻受到南召各界拥戴，他思想开明，很有学问。中共地下党与自治派合作，掌握了很多地方武装，并公开了中共的外围组织——战地服务团，全县抗日救亡运动很活跃。这些情况引起了国民党当局的注意。1942年夏天，蒋介石在西安的一次军事会议上曾示意汤恩伯要"注意南召情况"，通晓领袖心机的汤恩伯自然迅速领会意图，着手实施行动。果不其然，9月下旬，从叶县汤恩伯总部赶回来的吴绍周迅速在方城县独树镇召集所有师团领导开紧急会议。会上吴绍周说："南召县地方武装被共产党把持了，汤副长官叫我带一一○师两个团同廖师长一起，去收缴该县地方团队的枪支。但是，对外只能说是去构筑国防工事，以免发生问题。"身为地下党员的廖运周迅速意识到了事态的严重性，虽然没有了上级党组织的指示，但他仍决定要尽其所能帮助南召的共产党员逃过此劫。

会后，吴绍周命令廖运周和两个团的武装及部分师直人员，同他一块儿于10月2日到达南召县。廖运周和吴绍周带一个团驻城内（今云阳镇）的一所中学，参谋长任盛廉带另一个团去李青店（今南召县城）。国民党河南省党部也派"伏牛山工作团"到南召给予"配合"。其实此次南召事件出力最多的、最让人畏惧的，恰恰是这小小的"伏牛山工作团"。"伏牛山工作团"是中统在河南省的组织的别名，省设团，县设分团。他们网罗了一批自首叛变分子，专门从事搜捕、监视共产党人及进步人士。它的权力驾于政府之上，上可直通南京中统局，下可达左右各区、镇，可不经过地方政府，直接捕人、杀人，时至今日翻开河南省各县的县志，每一次反共行动中都能看到"伏牛山工作团"的出现，比起只会傻打硬上的国民党军队，"伏牛山工作团"如同一支隐蔽在黑暗里的毒蛇，随时可能让人毙命。在南召，他们既有"总裁"命令，又有军队撑腰，不仅可以对付共产党，还可借机整垮自治派，气焰十分嚣张，手段也非常狠毒。

吴绍周如此热心去南召，除了为贯彻"总裁"命令外，还有着不小的私心。吴绍周由第一一〇师师长到豫西警备司令，看似升职，手中却没有枪杆子，解决了南召问题，他也想就此捞一把，以扩充实力，让自己脚跟子站得更稳点。在大部队到达南召之前，汤恩伯的机要科长高树人已先到达，他把汤恩伯的电报交给了吴绍周。次日，吴绍周在南召县民众教育馆召开会议，参加的有中统南召分区主任安国钧、助理贺连璧，伏工团第二组组长李品清，南召县长张从虞，国民党南召县党部书记长杨庆昌和第一一〇师师长及副师长刘国勋、参谋长任盛廉等十余人。会上吴绍周首先宣读了由汤恩伯签署的命令，全文是："南召地方团队抗拒军令、政令，危害抗战后方安全，着豫西警备司令吴绍周迅速收缴该县全部武装，不得有误，此令。"接着听取了安国钧和张从虞关于南召地方民团团队的分布和活动情况的介绍。他们拿出一份《南召共产党员名册》，边读边做些解释，如担任什么职务、有多少武装等。名单中的第一个就是李益闻，还有袁宝裕、袁宝岱、县公安局长及一些区、乡、镇长，联保长的名字，共有一百多人。而此份名单也是经"伏牛山工作团"潜伏调查出来的。

原来 1942 年夏天，中共地下县委统战部长傅真如自首叛变，把南召县中共组织内的一切情况都暴露了出来。国民党特务随即逮捕了张超然等三十多人，叫他们办了自首手续，使南召中共组织遭到严重破坏。此后国民党河南省党部又派"伏牛山工作团"进驻南召，

116

在李青店、马市坪等地设工作组，并增设了豫西警备司令部，以拉拢反动势力，打击革命力量，酝酿制造事端，会上安国钧读的名册就是他们编制的。

那次会议上研究了收缴地方武装采取的方法问题。吴绍周提出利用"双十节"庆祝大会检阅全县武装的机会，用军队包围会场，强行缴械收编。张县长则害怕万一地方部队不服从命令，双方开起火来，必然造成混乱。于是他建议在召开"双十节"大会前，以开会为名，把全县区、乡、镇及各部门主事官员都找到，先行扣押起来，造成群龙无首的局面，再去收拾部队。由于意见不一致，吴绍周提出要请示长官部，第一次会议就这样结束了。

幸有这次分歧的存在，让身为地下党员的廖运周有了喘息之机，共产党员的责任感驱使着廖运周，必须设法把捕人的消息透露出去，他开始想方设法帮助南召的共产党。但由于与党组织失去联系已久，与南召地下党组织又素无联系，冒昧行事只可能让局势更加恶化。为了进一步摸清情况，廖运周带了一名亲信，首先到张县长家里。寒暄之后，假借要彻底清查共产党，叫张县长为他提供哪些人是真正的共产党，哪些人是激进分子，因为安国钧宣读的《南召共产党员名册》中很多人并不是共产党员。随即又找到被认为是共产党的民团副团长袁宝崧，意味深长地说，自己来南召是为了构筑国防工事，但部队成分复杂，地方要多注意，避免发生误会！但见袁宝崧并不表态，廖运周又进一步告诉他"伏牛山工作团"来了，因为有人密告县武装被共产党把持着，他们是来清查共产党的！该说的话都说了，能做的事也做了。

然而没想到的是，即使如此谨慎还是被人捕风捉影了，吴绍周多少预料到了点什么，在事先没有通知廖运周的前提下，就提前抓人了。10月6日午后，吴绍周命令召集全县各界负责人，在县民众教育馆开会，研究庆祝"双十"大会问题。廖运周和师政治部主任陈舜卿先到会场，接着张县长和各界主要负责人都到了，但等了很久吴绍周仍迟迟未到，廖运周就先主持开会。会议正进行时，军副官主任沙子云带着全副武装的士兵包围了会场，声言共产党要暴动，参加会议的有共产党分子，喝令大家举手交出武器，扣押审查，说着就挨个搜查武器。之后，又把所有参加会议的人都送到县政府的几间房子里，门口戒备森严，院子里架着机枪，如临大敌。"伏牛山工作团"的人拿出名单逐一进行审查，名单上有名字的人就留下来，名单上没有的就放回去。当时李益闻、袁宝崧都被留了下来。

对此廖运周十分气愤，同张县长一起去吴绍周的住处质问他，为什么提前行动也不通知他们。吴绍周解释说："汤副长官来了急电，来不及同你们商量了。"与此同时，他还直接调动部队，收缴了县公安局和县大队的枪支，并由国民党县党部的人引路，按黑名单开始在城内进行大逮捕。"伏牛山工作团"还向吴绍周发号施令，叫吴派兵抓人，叫廖运周派兵到内乡去逮捕县大队长袁宝岱（袁宝崧的兄弟）的侄女。廖运周没有理睬，他们就向长官部密告廖运周"派兵不力"，廖运周因而遭到长官部训斥。10 月 7 日下午，廖运周看黑名单还在特务手里，大逮捕仍在秘密地进行。如何打乱他们的部署，拖延时间，这一问题紧紧地困扰着廖运周。经过再三考虑，决定派人冒险去把县党部及"伏牛山工作团"的办公室砸掉，这样必然震动大，打乱他们的脚步。当晚雷雨交加，天空漆黑，廖运周叫来了警卫阎金锡，要他挑选几个可靠的人以追捕逃犯为名，闯进县党部，把县党部及"伏牛山工作团"的办公室砸掉，行动快，不伤人，没有留任何痕迹。此事一出，南召震惊，县政府及"伏牛山工作团"第一时间向河南省政府和战区长官部报告，汤恩伯立即指令吴绍周追查，吴绍周一时慌了手脚，没想到共产党员没抓住几个，自家的"窝点"先被人砸了，无奈之下扣押了谍报队的全体人员，关于审判共产党的事情也就暂时放在了一边。

李益闻被捕后关押的地方极其秘密，10 月 10 日那天，吴绍周告诉廖运周："李益闻想逃跑已就地正法。"但是李宗仁并不知道李益闻已惨遭杀害，于次日打电报给吴绍周，电文中说"李益闻是本部高参，着押老河口（李宗仁指挥部在此）"，吴绍周回电："奉一战区及省府命令已就地正法。"李宗仁虽然很为不满但也无可奈何。李益闻在宛西办民团推行地方自治，得到李宗仁桂系的支持，他们曾有过相互声援的历史，因此关系密切。吴绍周深知这些，所以在廖运周撤出南召后，派廖运周专程到李宗仁的住处，向他赔礼道歉。

师参谋长任盛廉带队伍到达李青店，将袁宝岱扣押了起来，袁所领导的县民团闻讯分散上了山，任盛廉派兵"追剿"，发生了战斗，结果一支枪也未缴到。任盛廉命人到处搜山、到处打人，把李宗仁驻防部队的枪也缴了。这些人到洛阳去告任盛廉纵兵殃民，李宗仁打电话质问汤恩伯，汤恩伯不得已电令将任盛廉撤职查办。在此之前，任盛廉在李青店逮捕关押了一百多人，在马市坪枪杀了十几人，其中包括战地服务团团长郭二嫂。任盛廉被撤职后，收缴地方武装的行动也就停止了。

"伏牛山工作团"要枪毙袁宝岱，廖运周到吴绍周处说明袁宝岱已交了武器，为他辩护，使他得以脱险。"伏牛山工作团"又密告魏峻卿拥兵千人负隅顽抗，吴绍周即派兵"进剿"，打死打伤数人，魏峻卿本人亦阵亡。

"伏牛山工作团"在军队配合下抓的人中，有真正的共产党员、进步人士，也有仅是自治派并不是共产党的。监狱里、县党部、公安局，均人满为患。吴绍周指派廖运周配合地方处理善后，参加由县政府、"伏牛山工作团"及部队联合组成的审讯组。起初廖运周不愿参加，强调队伍正在调整，请求回方城带队伍，但未获批准。后来廖运周又考虑，参加审讯组，或许可利用自己的地位和权力做些营救工作，如不参加而派别人去事情会更糟，因此就同意了，审讯后有的"要犯"送省政府，有的释放，有的留县扣押，做进一步审查。在整个审讯处理过程中，廖运周只参加了对袁宝崧一人的审讯，其他审讯都由张县长和"伏牛山工作团"、公安局负责，高树人及师部政治处政工科长吴孝先代表部队始终参与此事，他们经常向廖运周汇报情况。

廖运周单独提审了袁宝崧，首先例行公事地问了一些问题，他不做正面回答，廖运周再一次借介绍情况向他泄露机密，交还了他的被没收的手枪，在手心中写了个"杨"字给他看，提醒他县党部杨庆昌出卖了大家，并悄悄地告诉他大权握在吴绍周手里，自己当不了家，但争取保一个是一个，请他谅解。最后廖运周以没有口供、证据不足为由，将袁宝崧交保释放。当时还抓了张超然，经审讯后押送至河南省政府，但没隔几天又被释放出来。原来他是豫西地下党负责人之一，在南召事件前已叛变自首，当了国民党特务。张超然回到南召后，与"伏牛山工作团"配合，组建了一个小组织——军事工作队，他自己被委以队长，到处抓人，被廖运周释放的人，有些又被他们抓了起来。

廖运周利用审讯组副组长的身份和一切机会，以种种理由，把无"证据"无"口供"的一部分人交保释放。其中有几个妇女，廖运周因担心她们再遭到意外，就派人将她们送到自己妻子的住地，为她们安排食宿，给每人几块钱，又派可靠的老炊事员把她们送出城。有人说刘坤铎是中共地下党负责人的妻子，廖运周还特别派了炊事员老田把她送到安全地方。临行时天气较凉，送了她一件棉衣御寒。10月25日，廖运周离开南召回到方城，奉命开往前线，参加对日的中原战役，无力插手南召事件。后来，由于张超然等的出卖，豫西地下党组织又一次遭到严重破坏，南召地方自治运动也就烟消云散。

反共亲日双管齐下入迷途
日军伪军边打边拉多野心

野心膨胀始亲寇　抗日铁汉再难寻

汤恩伯态度的转变不仅仅体现在积极反共上，还有就是消极抗日，在对待日本的问题上他的态度也发生了极大的转变。从当年与日军血战到底的抗日铁汉，到后来消极抗日、积极反共的顽固分子，是野心改变了当年那个意气风发的汤恩伯。萨苏在《黑白汤恩伯》一文中写了如下一段文字，对于入主中原时的汤恩伯的分析，是有一定道理的：

从襄阳战役，我们看到那个血战南口的汤恩伯已经渐渐淡出了我们的视线，从抢打硬仗（百灵庙）到勇打破仗（南口战役），再到软硬结合（台儿庄），喜打巧仗（随枣战役），到专打巧仗（襄阳战役），汤恩伯在慢慢发生变化，而他的骄横，却在一步步升级。不能不说，作为一个军事将领，这是一个负面的发展趋势……那就是对政治的痴迷，以及因此导致的对于实力的重视。

因此为了扩充实力，汤恩伯可以由当初的抗日铁汉发展为向日本人示好，拉拢日伪。他本身是蒋介石手下拥有雄厚实力的大军阀，就具备了与日军、汉奸相勾结的条件。

关于汤恩伯的野心到底有多大，无数史料中都曾提到。汤恩伯常常会说到古今豪杰人物，他所谈的古代人物，离不了春秋战国时期的"五霸七雄"、秦始皇、汉武帝、成吉思汗等帝王人物。他对日本武士道精神也特别崇拜，由此还认为，日本军国主义即由此产生，日本将士因为有了这种精神，才凶猛善战。对于中国近代历史人物，汤恩伯特别赞赏的有三个人：曾国藩、胡林翼和左宗棠。甚至为曾国藩、左宗棠未能利用手中所掌握的军事实力推翻朝廷而深感惋惜。

1943 年，汤恩伯的势力范围已经遍及鲁苏豫皖四省边区，而这里正是汉光武帝刘秀的发祥地和三国时期枭雄人物曹操创立帝王之业的地方。当时的叶县，县城狭小，交通不便，经济落后，没有一家工业企业，是很不适合驻扎大军的。然而汤恩伯挥部进入河南后，虽然在漯河、临泉设立总部，但最后他还是选定了叶县。因为他了解到发生在公元 23 年的著名的昆阳（今叶县）大战，对刘秀日后推翻新王莽政权，建立东汉王朝，具有决定性的意义，将总部设在叶县城西的大林头村会有吉祥之兆。至于兴业中原的曹操，更是汤恩伯所崇拜的人物。他喜爱谈论有关曹操的故事，喜欢有关曹操的京剧，喜爱读《三国演义》，他甚至打算在安徽亳州或许昌为曹操建立一座永久性的纪念塔。还在亳州等地追访姓曹或姓夏侯的居民，以寄托他对曹操的爱慕之心。可见，汤恩伯梦想在中原效法刘秀击败

121

政敌而成就其大业，至于是不是还有效法曹操迁都许昌挟天子以令诸侯的想法，我们不得而知，但是其中的野心是明眼人所能够看穿的。

1944年中原战争之前，汤恩伯并不满足于自封的"中原王"，一心想做刘秀、曹操，称王称霸。他既然能由北洋军阀方面投到蒋介石的怀抱，那么只要对他有利，能实现他的野心，任何人的怀抱都可投。而因此投向日本方面也不是不可能。最开始汤恩伯是与伪军慢慢接触，与伪军的相交还要提到一个老熟人——戴笠。当时戴笠亲自到界首与大汉奸张岚峰勾结时，张岚峰也化装来到了界首，戴笠、汤恩伯、张岚峰三人聚首一堂。戴笠赠送张岚峰两支美造名牌左轮手枪和金表等物。这在戴笠来说，是想通过张岚峰由敌占区捞到大批物资，市利百倍地运到大后方去出售。这样既可在蒋介石、孔祥熙等人面前抬高自己的身价，为四大家族开辟财源，同时又可补充庞大的特务经费及其个人的挥霍。而在汤恩伯方面，除了分肥的目的之外，其他打算就不同了。他认为：如果日本战胜中国，他是日本留学生，就可倒向日本方面，不怕没有出路；如果日本失败了，他那"中原王"的美梦就能做得更好一些。他与汉奸交往甚密，一旦日本战败，即可收容形形色色的汉奸部队以壮大自己的力量。

汤恩伯这种打算，是唯恐外人知道的。1944年3月前后，戴笠与汤恩伯到界首盘桓了将近半个月，通过张岚峰驻南京的办事处处长王向荣，张岚峰化装到界首与汤、戴两人见面。戴笠向他保证准在蒋介石面前备案，如果日本失败了，张岚峰可作为"曲线救国的将领"对待，要他安心以处。但张岚峰认为这个飘忽不定的特务头子说的话恐怕没几分是真的，于是暗中又去见汤恩伯，认为汤恩伯是实力派，说的话也许可以作数。汤恩伯很明了对方的心理，不但满口"保证"，并且还亲笔写了一通"手谕"，派张岚峰为"先遣军总指挥"。这个秘密直到日军投降之后才被揭露。日本投降之前，蒋介石派熊斌为华北宣抚使策动张岚峰反正时，张岚峰唯恐不能摇身一变做到蒋记军人的大官，便把汤恩伯的"手谕"取出来张扬。其实熊斌自重庆出发时，早已将起用汉奸的委任状盖好了蒋介石军事委员会的国防印信，并已内定张岚峰为"华北先遣军总司令"之一，事情也就顺利办成。后来熊斌问到汤恩伯有无写过"手谕"给张岚峰这回事，汤恩伯只好含含糊糊地说是"权宜从事"，于是这个秘密也就被揭穿了。在与张岚峰勾结的同一时期，在界首出现有汉奸孙殿英的代表谭松艇、汉奸庞炳勋的儿子庞先正和汉奸孙良诚驻开封的办事处处长李子铎等，都成为汤恩伯座上嘉宾。除此之外，还有大汉奸毕泽宇（又名毕逢春），为汤恩伯所密派，经常来往于南京、上海之间。个中内情虽然不知，但后来汤恩伯又要毕泽宇到重庆去见蒋介石，蒋介石于见面后将毕委命为军事委员会中将参议，交给戴笠任用，派为华北策反专员。从这一系列的事情来看，汤恩伯与汉奸的勾结，已经是一种"通天"的做法了。

此外曾有一个扬言为日本军方与汤军方面交换物资的日军代表黄某，系热河人，常常往来于日军方面和汤恩伯军部之间，并通过这种关系，派遣一名日军中将来临泉总部与汤恩伯勾结。这个日本军官，系第十五集团军总司令何柱国昔日在日本士官学校读书的同学，据闻日军通过这种关系对蒋介石进行诱降。

不重抗日重反共　敌后工作终破产

敌后工作委员会是抗日战争中建立起来的一个特殊组织，国共两党都设有此类组织。不过中国共产党方面的敌后工作委员会更为世人所熟知，大多为敌后武工队，利用人民武装在敌后根据地开展反"扫荡"、反"蚕食"、反"清乡"运动。由于很多成员就是土生土长的老乡，乃至田间地头的农民，因此敌后武工队的传奇故事也一直在百姓中口耳相传。

同样国民党方面也成立了类似的组织，而汤恩伯在自己管辖的中原地区也设立了同样的组织，不过其主要工作对象是伪军。关于伪军恐怕一直是抗日战争中的一大"奇观"，以至于在抗战后期的很多战争中歼灭、俘虏的大多数不再是日本侵略者，而是我们中国人自己。根据中国共产党在抗战结束后的统计，在华伪军中百分之六十二左右是原国民革命军部队。其中除了部分伪军驻扎在城市负责占领区治安维护外，绝大部分的伪军被调往华北地区共产党的抗日根据地进行"扫荡"，其中还有不少伪军参与了在华北地区对平民的大屠杀活动。1945 年日本无条件投降后，经过中国军方统计，除伪满洲国以外所有驻华伪军的数量大约是 118.6 万人，但目前广泛流传的版本中也有逾二百万伪军的说法。这个数量的伪军几乎与在华日本军队的数量相当，但指挥伪军的却是日本军队。根据统计，中国是唯一的在第二次世界大战中伪军数量超过侵略军队数量的国家。这个比例造成的奇异现象一直是战后被中国人民诟病的问题之一。

官方解释日伪军指抗日战争时期协助日本军队进行军事活动，由被占领国家人民组成占领区军队，不同时期各地的伪军名号各不相同，较为著名的有"皇协军""保安队""警备队"等称呼。而在民间说起伪军可能很多人并不知晓，但提到"汉奸""二狗子""二黄"这类词大部分人往往恨得牙根儿痒痒。伪军是一切汉奸队伍的总称，包括汪精卫的伪国民政府的部队、华北自治政府等汉奸组织的队伍、伪满洲国的队伍等。由此可见对于伪军的斗争和工作难度丝毫不亚于对待日军，而在对待伪军的态度上汤恩伯却也颇显暧昧，虽然成立了敌后工作委员会来专门处理敌伪问题，但事实证明所谓的敌后委员会不过是个花架子，没几天就被政治风雨吹得七零八落。

1941 年秋，国民党政府军事委员会战地党政委员会鲁苏皖豫边区分会敌后工作委员会（主任汤恩伯，副主任何柱国、沈克）驻界首办事处成立，主任由第十五集团军政治部主任李纯华（字净尘，辽宁海城人）兼任，张海涛任总干事。处内工作人员和派往敌后的工作人员均取得各级干事的名分。

界首办事处的任务是：一、策动伪军，晓以民族大义，同仇敌忾，奋起杀敌，及时反正，投向祖国；二、打入敌伪军内部秘密活动，争取中坚分子和爱国志士，组织武装力量，待机协助国军反攻，歼灭敌人；三、参加敌伪组织，监视侦察其重大措施，搜集敌伪重要情报及时汇报；四、潜伏敌伪内部，瓦解其组织，破坏其建设，以利长期抗战获得最后的胜利。

当时，办事处遴选派赴敌后工作的人员，有由各方面推荐的，也有由李纯华邀请而来的。先由这些人员自己提出在沦陷区敌伪组织内部的社会关系、工作对象、工作方法及预期能达到的目的，再由办事处加以审查研究，认为确能胜任该项工作者，再转报请敌后工作委员会审核备案后，即按照所订计划派出。办事处成立之初，汤恩伯对办事处的工作很重视。他曾强调：敌后工作不要局限在边区的范围以内，只要对工作有利，对抗战有利，随便什么地区都可以去工作。1941年9月中旬，汤在河南叶县第三十一集团军总司令部召集李纯华及其他有关人员开会研究工作时，再次强调工作要放大眼光，不要局限在他的边区。会后吃饭时，他又对李纯华和张海涛说："你二位都是东北人，又搞过抗日救亡工作，对家乡情况当然特别熟悉，社会关系更不要说了。如果把我们的工作推进到东北区域，那就更有价值了。"由汤恩伯这些谈话中，认识到他有日后向东北发展之心。办事处成立不久，各方面推荐和投效来的人日渐增多。因审查需时，处内大有应接不暇之势。当时办事处派出去的人员确实不少，但因年久，加之记录不足，史料缺失，能考究出来的仅有李绍白（政客）、侯万里（文职）和杨亚超、吴汉民（军人）等。其中大部分被派往华北、平津等地。刚开始派出工作都能按照原计划顺利进行，时常向办事处写信汇报具体情况，有的表现还很突出。

1942年4月20日，汤恩伯电召界首办事处主任李纯华去叶县开会，随后便将李纯华扣下。当时整个办事处可谓群龙无首，一片混乱。总干事张海涛经过众人推荐作为代表向两位副主任何柱国、沈克分别询问过，但得到的答复却像事前商量好的一样：这几天内可能与汤司令晤面，得到确信再通知你，自己曾与李共事多年，相知甚深，不会有什么大问题。一直到十多天后的一个雨夜，李纯华借上厕所的机会越墙逃出，一路狂奔回到界首，所有人才从他的口中知道了事情的真相。原来汤恩伯扣押李纯华是事先准备好的，也就是欲加之罪。至于具体罪名，仅仅给扣上一顶"私通共产党"的帽子，不容分辩就被拘押在一间优待室里，几天也没见审问。

想到汤恩伯的屠夫手段，李纯华没敢多做停留，写了封信便辞去界首办事处主任一职，远走他乡，后来他终于转移到大后方，还做上了兰州华侨银行经理。信中他说，他自己在工作上奉公守法，没有不利于抗战的言行，此次被诬是有人蓄意陷害，并述及出走的原因是迫不得已，唯恐陷害他的人横加污辱和残害。最后声明，他现因高血压宿疾复发，已入许昌某医院治疗，申请开除他的本兼各职，以便长期休养；至于被诬之事，要求依法调查以期水落石出，如需要对质当随传随到等语。

有李纯华的这段前车之鉴，办事处的很多人开始岌岌自危，工作还没开展几天，日伪没有收编几个，先给主任带上了个"私通共产党"的罪名。今天是他，明天是你，后天就找到自己头上，还是早离开这潭浑水为妙。于是很多办事处出现了与前不久人人报名参加相反的场景，人员纷纷前来辞行，办事处一度无法运转，陷入瘫痪。至7月中旬，面对这个"食之无味，弃之可惜"的鸡肋，边区终于看不下去了。边区总部正式下发命令：敌后工作委员会驻界首办事处着即撤销，人员遣散。

撤销办事处、遣散人员是很多办事处人员最大的愿望。处内现有人员的遣散是容易的，东西打包，人员遣散。然而一个更加可怕的问题出现了，就是那些被派往敌后方的工作人员。他们都是抱着救亡图存、不怕牺牲的巨大决心而去的，冒着很大的危险、费了许多的周折才打入敌人的内部，整天在敌人的监视下生活，许多人甚至去了就没打算活着回来。而现在却由于办事处的内部问题，所谓的"莫须有"罪名，让所有人的努力功亏一篑。于是嘀嘀嗒嗒的电报暗语由界首办事处那部老旧的发报机上发出，长长短短的波段传到了大江南北每个身在龙潭虎穴的敌后工作者手中："生意倒闭关门，伙友遣散。希望今后自谋生路或返回，各听其便。"

接信后，一些人还未打入敌伪组织中，变卖了行李垂头丧气地跑回来。一些有血性的人来信大骂，谴责这种行为背信弃义、丧心病狂、以存亡大事当作儿戏，并坚决表示："有你们这些僵尸支持我们要干，没有你们这些僵尸我们也要干，将来有和你们算账的那一天。"同时，也有人来信谴责不应如此虎头蛇尾、有始无终，说只好另谋生路。一些意志薄弱、生活无着的人，甚至投敌去当汉奸，反被敌用，真是"偷鸡不成蚀把米""赔了夫人又折兵"啊。其中最令人痛惜的是派赴北平拟打入伪华北组织的侯万里，他曾担任过张学良将军的秘书和北平军分会秘书等职，人极能干，也颇有才华。因他到了北平就病了，所以拟定的工作未能实现，办事处就及时给他汇去生活费和医疗费，直到办事处结束他的病还未好。然而办事处解散，经费便也随之断绝，但他仍在病中。想回原籍东北吧，伪满当局不准入境；回界首吧，不仅不能行动，事实上回来还是没办法。进退维谷，陷入困境。起先办事处的一些同僚还从私人方面想些办法接济，最后自顾不暇，他就陷于贫病交加的绝境而死于北平，只可惜好一位热血青年，志在报国，最终却落得如此下场。而汤恩伯辖区内的敌后伪军工作自然也是虎头蛇尾，不了了之。

遣将入敌为经商　勾结伪军孙良诚

如果说界首办事处的失败只是汤恩伯在对待伪军工作上的失误，将反共罪名扩大化，功过是非还容商榷的话，那么公然勾结伪军孙良诚就是不容分辩的亲善日伪。

孙良诚，1893 年出生，字良臣，天津静海人，少投军伍，入冯玉祥军幕，参加过北伐战争中的多次战役战斗。为冯军"十三太保"，又号"五虎将"之一。冯玉祥中原大战失败后，又改投蒋介石门下，被任命为军事参议院上将参议。抗战军兴，担任冀察战区副总司令兼游击总指挥、第三十九集团军副总司令，率所部万余，又投奔汪精卫旗下，成为实实在在的伪军。从他先后多次易旗变节可看出此人毫无军人操守、礼义廉耻，完全是唯利是图。

1943 年，汤恩伯任第一战区副司令长官兼苏鲁豫皖边区总司令。其嫡系部队第三十一集团军驻河南叶县、沈丘，总部设在皖北临泉县，以黄泛区为屏障，执行蒋介石的消极抗日、积极反共政策。汤恩伯为了巩固其"中原王"的统治地位，不择手段地实行"三抓"，即抓军队、抓政权、抓钞票。抓军队的办法是，对其他部队或地方团队，只要进入他的辖区之内，即用威逼利诱的办法进行拉拢，继之则以"大官升""编部队"的手段达到汤记一色的目的。冀察战区游击总指挥孙良诚率部退到鲁西时，怕被汤恩伯吃掉，即投降敌伪。抓钞票的办法是，以走私跟敌伪大做生意。汤恩伯派他的军需处长胡静如在界首组织庞大的物资调解处（胡兼处长），通过人事关系与蚌埠、归德、开封敌伪地区进行物资交换。他用鼎泰庄的名义垄断土产品的输出，朱忠民被派担任这项工作的一员。

朱忠民曾多次往来于界首边区和伪军之间，帮助汤恩伯与当时任汪伪和平救国军第一军军长的张岚峰和当时任汪伪第二方面军总司令兼开封绥靖主任的孙良诚进行贸易往来、货物交换。

界首距临泉五十里，由敌占区上海、南京、华北运来的轻工业品经这里转往洛阳、西安等大城市，汤恩伯辖区内的土产品亦由此汇集运销出去，当时被称为"小上海"。双方确定对敌区以鼎泰庄商号名义进行交易；又根据边区交通及运输能力，通过协议与张岚峰在涡阳义门集附近，孙良诚在扶沟对面，各开一个河口。朱忠民还作为派驻代表曾一度常驻敌伪占区开封，住开封城内乐观街一号，有时也回临泉办事。这时他对外的所谓合法身份是汪伪开封绥靖公署少将参议，实则是协调汤恩伯与孙良诚以及绥署日本顾问井福少佐之间的合作关系。

第六章　"中原王"惨败中原

中原会战汤恩伯无奈战败

日军铁骑无遮拦马踏河南

重兵把守黄河岸　冈村宁次连叫苦

1943 年，同盟国反法西斯战争转入战略反攻和进攻阶段，日军在太平洋战场上屡遭失败，使南洋（东南亚）各地军队的海上交通线受到威胁。日本大本营为保持本土与南洋的联系，决定打通从中国东北直到越南的大陆交通线，同时摧毁沿线地区的中美空军基地，以保护本土和东海海上交通安全，遂令中国派遣军使用累计约五十一万兵力，发动打通大陆交通线的作战，也称"一号作战"，因为主要战场涉及河南、湖南、广西等省份，所以中国方面又称为"豫湘桂会战"。

对于双方来说这场战争都是志在必得，日本方面必须拿下这场战争以缓解当时全球日军面对的尴尬局面，此次一搏如果成功，日军还有可能重整旗鼓，一扫萎靡之势。而国民党方面，全球反法西斯战争都进入了关键阶段，美国和欧洲方面对此都十分关注，罗斯福、丘吉尔等人曾多次通电蒋介石一定要守住防线，堵死日军，将其最后一线生机也彻底扼杀。蒋介石等国民党高层更是太需要一次战役的胜利来鼓舞全国人民士气。因此，在这场中日角力中，双方都是无所不用其极，日军可以说是东拼西凑组建了五十一万大军，

129

用上坦克、飞机、山炮等重武器。而国民党军队方面更是使上了全部的家底子，在兵力上总共组织了近一百万军队，真正可以称为是"百万雄师"。

而在此次会战的第一阶段，便是"豫中会战"，因为日军作战是打通京汉铁路，所以日方称该阶段为"京汉作战"或"河南会战"。顾名思义，此次作战的主战场就是河南。自1941年"豫南会战"之后，时隔两年"中原王"汤恩伯终于又将在自己的防区与日军进行一次面对面、硬碰硬的较量。此时的汤恩伯，作为第一战区副司令长官，虽有蒋鼎文在上，但却手握军队，真抓实权，整个中原地区说一不二。手下统领的人马已陆续由一个集团军经营、扩充为四个集团军，即何柱国的第十五集团军、陈大庆的第十九集团军、李仙洲的第二十八集团军、王仲廉的第三十一集团军，共二十五个师又三个旅。三年多来的"鲸吞蚕食"，陆续掌握收编鲁苏豫皖冀地方民众潜伏武力共两个指挥部、五十八个纵队、十一个支队、一个独立团，总人数约三十万。再加上收编各地的伪军、地方团武装、散兵游勇，全盛时期兵力五十至六十余万人，几乎抵得上日军投入"豫湘桂会战"的全部兵力。

当日本大本营一个参谋上校把命令下达到华北方面军司令冈村宁次那里，就连一向善打硬仗、恶仗的冈村宁次也当即拒绝，直截了当地说这个仗没办法打。对此冈村宁次给出了两点理由：

第一，黄河铁桥没有恢复，黄河之水无法飞渡。关于黄河铁桥的炸断可以说是中国历史上为数不多的政府制造的历史惨剧。这个悲剧要回顾到1938年武汉会战中国民党军队的兵败山倒，当时为了阻滞日军的进攻，无奈之下蒋介石下令将黄河桥炸毁，黄河决堤。1938年6月9日，历史的天空注定要布满阴霾，在郑州北郊的偏僻地带——花园口，黄河大堤正式爆破。从这里转向东南的黄河，又在中国大地上划出了一片用特有名称标注的区域——黄泛区。奔涌而出的黄河水如同凶猛的野兽，并非任何人力所能控制。几日大雨之后，赵口的豁口也被猛涨的黄河水冲开了。两股黄河水下泻后，西边一路沿颍河下泻淮河，东边一路沿涡河到安徽怀远流入淮河，黄、淮合流后涌入洪泽湖，最后合流长江入海。黄河水所过之处，皆是一片汪洋。

关于当时的场景作为没有亲眼目击的我们永远无法想象，更加难以描述，但在《豫省灾况纪实》中有一段文字勾勒出黄河决堤之后的洪灾惨景：

> 当时澎湃动地，呼号震天，其悲骇惨痛之状，实有未忍溯想。间有攀树登屋，浮木乘舟，以侥幸不死，因而仅保余生，大都缺衣乏食，魂荡魄惊。其辗转外徙者，又以饥馁煎迫，疾病侵夺，往往横尸道路，填委沟壑，为数不知凡几……因之卖儿鬻女，率缠号哭，难舍难分，更是司空见惯。而人市之价日跌，求售之数愈伙，于是寂寥泛区，荒凉惨苦，几疑非复人寰矣！

滔滔黄水一泻千里，广阔平原沦为泽国。豫、皖、苏三省四十四个县89.3万人命丧黄泉，一千二百万人流离失所。到1946年黄河回归故道，八年间，豫东大地饥荒连年，饿殍遍野。"百里不见炊烟起，唯有黄沙扑空城。无径荒草狐兔跑，泽国芦苇蛤蟆鸣。"这就是劫难后黄泛区的真实写照。

自残自戕的御敌之策，在中国人的身上留下了深深的创伤，同样也深深噬咬着马不停蹄的日军部队。6月9日决堤之后，突入豫东地区的日军对奔涌而至的黄河水猝不及防，有的被洪水淹没，有的为伤病所累而被丢弃，还有一部分为中国军队所歼灭，其他的只好停止追击，集结于黄泛区以东。

东史郎那时是侵入豫东的日军第十六师团第二十联队上等兵。在他出版的《东史郎日记》中记载，6月14日早上，他刚支上锅准备做早饭，军队中便传来了"敌人炸毁了黄河堤坝，大队及时疏散"的命令，士兵们紧急转移，没跑两步，便发现湍急的浊流滚滚而来，冲走了一个个村庄……在此后十几天的日记中，东史郎详细记载了日军和后勤部队失去联络、给养断绝、被中国军队紧追不舍的情形。

"这是一条因黄河决堤而形成的河，走在我前面的士兵在夜色中过了河。渡过河之后，却不知该向哪个方向前进。不知哪边是浅滩，但总之必须过河……""士兵们一发现一点食物，就像猫叼着鱼探到角落里那样，隐藏起来一个人独自享用。我们到处转来转去找食物，旱田里开始还有土豆种，不过，没几天就被吃光了。把南瓜秧弄来煮着吃，但马上就被各分队抢光了。很快田地里没有一点可吃的东西了。洪水又切断了我们前后的道路，一连过了好几天，粮食都没有送来。"直到 8 月 8 日，惊魂未定的东史郎等士兵们才登上火车，一路退到了安徽境内。

花园口决堤之后的一个月内，中国军队开展了反攻，豫东地区的日军基本得到肃清，日军被迫逃往豫皖交界处。后来，在谈到黄河决堤所带来的战斗人员伤亡时，日军承认"曾受相当损失"。从中日双方所披露的材料来看，这个数字从七千人至两万人不等。黄河决堤给日军带来的重创不仅仅在占领区的缩小和部队减员上，更为深远的影响是，日军预期的进攻路线被打破。豫东战场渐渐冷却下来，穿越豫东大平原的新黄河就成为军事分界线，把日军阻隔在黄泛区的东面，中国军队沿西岸据守，沿新黄河以西修筑起"防范西堤"，而日军也在对岸修筑起"防范东堤"。当年武汉会战没有夺下来的郑州，今天扔给了冈村宁次，而飞渡难越的黄河难题也抛给了他。

第二，担任防守的汤恩伯部队数量庞大，极具战斗力，十足是块硬骨头。当时日军的部队大约只有十万出头，具体数字无法考究，但最多不超过十五万。而汤恩伯兵团却有足足三十万，在人数上是日军的两倍多。其次汤恩伯军队从当年的百灵庙恶战、"南口血战"，到辅助台儿庄战役，再到巧战随枣、襄阳，哪一仗不是崩掉日军一口牙，可以说是屡建战功。1941 年参加豫南会战，重创日军，更是被日军称为"天字第一号大敌"。这样的部队经过在中原沃土几年的休养生息，实力恐怕只会更恐怖。别说日军京汉线打不下来，即使打通京汉线，汤恩伯还有三十万大军摆在那儿呢；别说是拿枪扛炮的正儿八经编制部队，就是三十万拿锹扛锄头的民工，也随时可以把这条交通线切断。

　　最后经过反复斟酌，冈村宁次提出，要打可以，但要答应两个条件。第一就是把黄河铁桥修好，然而黄河水滔滔不绝，汹涌而上，日军不是没有试过在上面架桥，但都以失败告终。要是那么容易就能架桥成功，当年国民党军也不必冒着断子绝孙的风险去炸什么黄河大堤了。但对于此事也不是没办法，冈村宁次其实就是在打日本大本营那个"国宝"的主意，原来日军当时有一架专门的"架桥机"，但全国独此一架，宝贵至极，起先是准备关东军打苏联渡鸭绿江用的。另一个条件是把部署在内蒙古的第三战车师团调来，加强兵力的同时，利用全线战车和重武器在平原地区发挥战力。再把关东军的航空兵拨一部归其使用，利用国民党军没有有力的空军力量这一弱点，空军部队可以畅通无阻为地面部队开导，充当掩护，弥补在兵力上的不足。

　　迫于形势日本大本营同意了冈村宁次的要求，架桥装备于1944年元月抵达。此前，日军曾多次试图在黄河上架桥，但都被中国军队打断，有人还看到过光屁股修浮桥的日军被国民党部队挨个"点名"，打得扑通扑通往水里跳的场面。但日军的架桥机来了以后，情况就不同了。这部架桥机架出来的桥上面都有钢架保护，而且所用钢板极厚，国民党的"七五炮"打到上面都无济于事。同时，日军调了重炮部队进行火力掩护。一个大队的150毫米榴弹炮、一个中队100毫米加农炮每天轰击两个小时。在这两个小时里，中国部队被打得在山洞里出不来，就是黄河对岸的土都被打翻了个身。日军利用架桥机的优势，修复了黄河铁桥。在修复黄河铁桥的同时，日军加紧抢修新乡小翼镇至黄河南岸的铁路，在邙山桥头堡增派兵力，加固工事，在黄河北岸聚集了十几万军队和大批渡河器材，准备对中原地区发动大规模的进攻，打通平汉线南段。

两昼夜黄河失守　十二军城破许昌

　　在1944年3月间，蒋介石亲自召汤恩伯到重庆见面。汤恩伯到重庆的当天，就由军委会委员长侍从室侍卫长俞济时陪同，到曾家岩去见蒋介石，并在他家吃晚饭。会见期间蒋介石多次嘱咐要汤恩伯注意，防止日军打通平汉铁路的阴谋得逞，同时在大战前夕蒋介石还念念不忘"剿共"工作。对鲁苏皖豫边区总司令部打共产党的任务不能如期完成表示不满，并严厉责成汤恩伯迅速将该地区新四军彻底肃清。然而汤恩伯对日军将大举侵犯一事却毫不在乎，信心满满地对下属说："几年来日军在这个地区都没有多大活动，我想不会有什么较大的战事。据最近情报，知道日军有一个机械化师团要开到河南来。不管怎样，我有办法对付，你放心好了。"过了两天，蒋介石又召见了汤恩伯，决定调拨一批新式武器装备汤恩伯部队，还令汤恩伯亲赴昆明去参观美国军官主持的训练班，为下一步对付日军做好准备。当汤恩伯回到河南叶县以后不久，前、后方都纷纷传说日军将要打通平汉线。

当第一战区发现豫东北的日军大量集结并修复黄河铁桥时，狙击无效，争夺黄河防线一仗是在所难免了。五年前，武汉会战中牺牲无数生命才守住的黄河南岸是否会失陷在自己手上，这千古骂名是谁也担当不起的。于是第一战区全线部队开始着手军事部署。讲到军事部署，很多人可能会想到像渡江战役那样，部队沿黄河一线平行铺开，其实这里还必须说明一下，日军此次进攻其实分两个方向，因为他们要渡的其实是两条河，在很多史料记载上关于日军为何兵分两路都没有详细说明，有的称日军要从两个方向过河，有的称日军要渡过新黄河，其实日军真正要渡过的不仅仅是黄河，还有人称"小黄河""新黄河"的贾鲁河。

在河南境内有一条流淌了两千多年的河流，它就是贾鲁河。翻开河南地图，可以看到贾鲁河呈南北走向，是河南省境内除黄河以外最长、流域面积最广的河流。因此日军此次作战兵分两路，一路集结于新乡，在黄河北岸，欲从南北方向强渡黄河，对中原实施占领，而另一路则集结于开封，已到达黄河南岸，但被贾鲁河阻挡，欲从东西方向强渡贾鲁河，面向中牟、武昌等地。两军分别从东、北两个方向，呈合围之势，双向推进的同时随时可能首尾相连，收缩阵形，对中原部队实行围歼，强占中原。

因此国民党部队在部署上也相应呈弓背状，突出部面向日军，面对黄河铁桥、中牟方面部署防御，准备由正面迎击沿平汉路南进的日军。先将汤恩伯四个集团军（第十五集团军、第十九集团军、第二十八集团军、第三十一集团军）部署在黄河南岸，其防线先随黄河沿岸后又向南延伸，再改沿贾鲁河沿岸，整体呈圆弧状，面对黄河铁桥、中牟方面部署防御，准备由正面迎击沿平汉路南进的日军。第一战区其他四个集团军（第四集团军、第十四集团军、第三十六集团军、第三十九集团军）及第四十军，则由战区直接指挥，沿黄河南岸东西走向，占领河防阵地，与第八战区右翼成首尾呼应之势。就总体部署来说，应该是攻防结合、因势而动，但就如同在解放战争中无数黄埔名将带领的部队败在解放军手下一样，在具体的人员布防上存在着极大的漏洞。就汤恩伯军团来说，汤恩伯摆在河防第一线的部队除吴绍周第八十五军的两个师外，其余则是装备低劣、战斗力弱的陈又新泛东挺进军和萧劲暂编师；而预定为决战地区的襄城、禹县、许昌以及第一战区长官司令部指示亦应划入决战地带的登封、密县，每地最多也只部署了一个师。后来虽有所调整，但为时已晚，上述"决战地带"反而成了汤部被各个击破和惨遭围歼之地。

1944年4月17日，中原会战打响，拉开了豫、桂、湘大作战的序幕。为进行河南战役，完成作战准备，日军集结十四万余人，由华北方面军司令长官冈村宁次负责指挥，并于1944年4月上旬集结于新乡和开封附近。4月17日夜，中牟方面日军首先从东面发起进攻，经三王、中牟、傅庄强渡贾鲁河，国民党军队守军暂二十七师奋起应战。战斗至18日凌晨5时许，正对中牟的第二团阵地被突破，守军被迫南撤。此时日军方面由傅庄顺利渡过贾鲁河，占领界马，于是展现在日军面前的是无遮无拦的中原大地。日军随即沿贾鲁河西岸南下，向泛东挺进军柴桥阵地进攻。同时分兵一路向西进攻郑州、新郑、洧川、尉氏等城市，欲与强渡黄河的日军会合。进攻郑州的日军派遣一个大队，于19日拂晓即以急行军秘密进至郑州车站，在守军疏忽大意的情况下偷袭占领了郑州北门附近城墙一角。

同时南下日军主力则于 19 日晚成功进至尉氏以北。国民党军队守军遂突围南退，至薛店集结整顿。自此贾鲁河方向阵地全失，已被日军成功占领。

对此有必要对抗日战争中日军的部队编制稍作解释，日军的部队单位从小到大分别为班、小队、中队、大队、联队、师团，大致实行"三三制"。在人数上一个班十三人，小队下辖三个班，五十四人。中队下辖三个小队，共一百八十人。大队下辖四个中队，共一千一百人。联队下辖三个大队，共三千八百人。师团，下辖三个步兵联队，及其他工兵、通信、运输等各专业联队，大约一万六千人。反观强渡黄河方面的日军，第十二军主力在中牟方面日军开始进攻后，乘守军注意力集中于中牟方面之机，于 18 日夜利用夜色掩护，逐次经黄河铁桥潜至南岸邙山头桥头堡阵地，接近攻击准备位置。为解除主力部队渡河南进时的侧背威胁，19 日晨，日军以一个大队的兵力向邙山头西侧高地上的汉王城据点发动猛攻。正式进攻开始前，日军利用火力优势，几十架日机开始对国民党军队阵地狂轰滥炸，日军炮兵也进行了猛烈的炮击。守军预十一师第三十一团（团长王翰）与敌展开了激烈的争夺战。激战至上午 11 时，王翰团伤亡惨重，汉王城阵地失守。虽然阵地失守，但这场战斗值得被铭记，因为守军王翰团一个营的营长王鑫昌以下三百余人在日军优势兵力前全部英勇牺牲，无一生还。当天，汤恩伯下令：对作战不力的干部随时随地以军法从事，将王翰就地枪毙。当时有人编了一段歌谣："王翰守汉王，汉王失，王翰死。"

守军当即令预备队三十三团向汉王城反击，同时令工兵营增援摩旗岭，令特务营增援牛口峪，以加强防守力量。当时在摩旗岭断崖下的一个排，此时充分发挥了侧击作用。其观测所设在摩旗岭上，对敌我双方在汉王城、霸王城以东的邙山岭和黄河铁桥上的行动看得很清楚，能准确、有力地指挥射击。该排筑有洞炮阵地，不怕日军炮兵还击。从早晨到中午，六排共发射一百多发炮弹，杀伤了大批日军。因为断崖的正面太小，只能容纳两门炮，否则将五排的两门炮也放列于此，战果将会更大。但由于日军后续部队不断增加，反击部队伤亡极重，团长余子培身负重伤，反击失利，摩旗岭高地亦于当夜失守，国民党守军被迫撤退。摩旗岭高地失守后，日军邙山头右侧已无顾虑，守军炮兵失去设于该高地的观测所，炮火威力无从发挥，使得日军渡河过程中阻力减小很多，对战局有着不小的影响。

20 日，守军第八十五军奉令撤退。于是日军第六十二师团沿平汉路及其西侧地区直趋郑州，第一一〇师团则向密县突进，战车第三师团及独立步兵第九旅团等其他后续部队均于 20 日拂晓进至黄河南岸，五年前国民党军队千方百计阻挡的日军部队，至此成功渡过黄河。到 22 日，郑州、新郑、尉氏、洧川、荥阳、广武、汜水、塔山、万山等黄河南岸一线城市全部沦陷。河防争夺战国民党部队输尽全局，然而失去黄河天险的国民党军队在接下来的战斗中将更加艰难。在许昌地区，暂编第十五军、第二十师等部队均奋起抗战，成为豫中会战中中国军队顽强抵抗的英雄部队。中原会战，由日军发起，日军始终处于主动进攻的地位，掌握着作战的主动权。日军突破黄河防线，占领黄河南岸平汉线上的一些重要据点后，其预期打通平汉线的第一阶段作战任务已经完成。

1944 年 4 月 23 日，日军在打通平汉线后认为"铁路以西的警备已有很大加强，因而决定沿铁路继续南下攻占许昌"。日军派遣两支部队分由北、东两面向密县进攻，于 24 日占领密县，并继续向西南方向推进，企图占领位于嵩山和马驹山之间的登封。其实经过长时间的高强度渡河战斗，此时的日军实际立足未稳，后勤补给困难，后续部队尚未集结完毕，日军没有强大的地面可组织力量。日军部队暂取守势，但汤恩伯却坐失了这一稍纵即逝的反攻良机，命所有部队就地防守，等着日军去打。

25 日至月底，参加反攻的只有第十三军的两个师、第二十九军的一个师、第八十五军的一个多团，而且战斗的规模也不大，仅收复少数据点，对于反攻的重点密县县城也只不过以"监围"而告终。25 日，日军攻占虎牢关。日军第十二军主力在新郑以南地区集结，做下一步进攻的准备。26 日，日军第十二军在新郑战斗指挥所召集师团长、旅团长开会，讨论进攻许昌、鄢城及向左迂回的问题。27日晚，正式下达了作战命令，令日军一师团进攻至许昌西南一带，阻截守军向西南山区撤退，切断由西南方向向许昌增援的通路，而后准备向禹县进攻；令第三十七师团从北、西、南三个方向攻击许昌城，而后以主力向舞阳进攻，另派联队攻占鄢城，令骑兵第四旅团在许昌战斗后向临汝前进；令战车师团辅助攻城，主力在攻占许昌后准备向临汝推进。其实日军这一部署十分阴毒，汤恩伯部队大部分集中于登封，而现在日军已经占领虎牢关一带，处于登封向北；占领密县，位于登封以东；再占临汝，位于登封西南，这样一来，一旦日军部署成功，汤恩伯军团就成了"瓮中鳖""笼中鸟"，被日军团团包围，插翅也难飞。

当日军部署进攻许昌时，第一战区组织反击，令汤恩伯"以第二十九军全部、第十三军两师击灭密县之敌"。汤恩伯令一部北上向密县实施反击，企图解除东面威胁。这次反击虽然使日军守城部队暂时转为守势，但对日军第十二军主力围攻许昌并未产生影响。29日夜，日军展开行动，迅速攻占第二十师防守的颍河两岸阵地，掩护其他部队进入攻击出发地位。30日拂晓，在炮兵、航空兵火力支援下开始攻击。许昌城内守军深知丢掉此城，中原大地就会赤裸裸地暴露在日军的铁蹄之下，依托工事顽强抗击，与敌血战，日军伤亡甚众。激战至17时30分左右，守军伤亡惨重，后援不足，日军的两个联队分别由许昌城西和城南突入城内。经巷战后，新二十九师于当夜在城东北角突围，残部逐次向叶县方向转移。1944年5月1日许昌正式沦陷。新编第二十九师保卫许昌之战，可以说是中原会战中汤恩伯部打得最为惨烈的一仗。由于兵员及装备远逊于敌，5月1日许昌城即告失守，师长吕公良、副师长黄永淮及团长杨尚武、李培芹等许多官兵壮烈殉国。

日军齐下围登封　四面楚歌灭汤军

日军在占领许昌后，向西迂回企图消灭部署在登封一带构筑抵抗阵地的汤恩伯部的主力。5月3日先占禹县、襄城，4日攻占临汝，从西南切断了汤恩伯部的退路，形成了对汤部的包围圈。这样在日军的包围和进攻下，汤恩伯部阵脚大乱。主力部队从临汝以南、以北的叶洛公路溃逃，日军进行追击。由于登封篙山一带地势复杂，不利于日军机械化大部队展开，汤恩伯部才免于被全歼，但至此登封、襄城、民县、宝丰、叶县均被日军占领。此后日军又沿平汉路继续向南进攻，信阳的日军也沿平汉线北攻。5月9日，两军会师于确山。因为平汉路信阳至武汉段日军于1938年10月已占领，这样，日军就达到了打通平汉铁路的作战目的。在围歼汤恩伯部的同时，一部日军沿陇海铁路运动，目标是围歼在洛阳的蒋鼎文部主力，拉开了洛阳会战的帷幕。

在击溃汤恩伯部后，另一部日军从临汝由南向北也向洛阳方向进攻。为了配合日军在河南战役中的作战，山西日军一部分部队也从垣曲强渡黄河南下，抢占洛阳西面的渑池县，切断陇海路，然后再东进新安，从西向东配合从东、南方向进攻洛阳的日军，形成了三路夹攻洛阳之势。洛阳的蒋鼎文部见势不妙，抢在日军之前经新安、宜阳向洛宁逃窜。至此，蒋鼎文、汤恩伯的几十万大军全线溃败，逃至豫西伏牛山区深处才得以喘息。

这期间，溃败的汤恩伯部队抓住一切机会使军队比较完整地撤退，保住有生力量，在嵩山脚下汤恩伯军团还险些被日军围歼。从临汝到洛阳有一条公路，日军一百余辆战车就在这条公路上来回穿梭，构成一条封锁线，阻挡了汤恩伯军团向西的退路。日军另外三个师团从三个方向将汤恩伯的第十三军以及第二十九军、第八十五军一部等主力部队压迫到洛（阳）叶（县）公路附近，准备一举全歼。被围部队在第三十一集团军司令王仲廉的带领下，把部队开进临汝附近的嵩山。5月10日午夜，各军把部队以连为单位分散，准备突围。到了半夜两三点钟，战车来回巡逻的次数减少，每次总有一两分钟的间隔。炮队把炮先拉到路边隐蔽好，等战车之间一出现空当，立刻加鞭打马，一下冲到马路对面小山坡的林子里。日战车发现后马上开炮，但炮队已经成功跳出了包围圈。全营十一门炮，无一受损，一起往卢氏县开去。三个军的人马也是这样成功地跳出日军封锁线。冈村宁次合围全歼的计划宣告破产。

日军"华北方面军"认为"当时在重庆军当中，第八战区的第一军和第一战区的第十三军是各该战区中的精锐核心兵团。重庆军的特点之一，是核心兵团一旦被打垮，全军就要支离破碎，因此打垮第十三军，就等于打垮汤军"，因此整个溃逃过程中汤恩伯军团无奈地成为吸引日军火力的活靶子。当得知汤恩伯的第十三军正在登封地区反击密县日军第一一〇师团的情况后，日军认为围歼第十三军的良机即将到来，华北方面军参谋部于是不断以电话、电报指示命日军十二军务必"赶快咬住第十三军，予以围歼"。日军第十二军根据指示，不待许昌攻下，就于30日10时30分下达了攻占许昌后向登封转进，寻歼第十三军的命令。攻占许昌后，日军一部于5月1日夜由许昌向南推进，5月5日下午攻占漯河和郾城。国民党军队守军向东撤走。武汉地区日军根据上级命令，在日军一部占领许昌时，派独立步兵旅团北上与中原会战的日军会合。武汉地区日军于5月1日夜由信阳北上，2日至明港，3日拂晓至新安店，一路如入无人之境。在到达确山一带前，担任防守任务的第五战区国民党部队竟然不战而走，日军北上部队兵不血刃，当日占领确山。

同样，日军参加中原会战的南下先头部队仅受国民党守军的轻微抵抗，即于5月7日占领遂平，9日进至确山，与北上的日军成功会合，平汉路南段被日军打通。当日军一部南下时，驻于上海地区的日军奉命派出一部师团于4月25日开始从安徽方向向西进攻河南地区，以牵制位于平汉路以东的国民党部队，策应日军南下部队的作战。该师团的师团长因害怕孤军深入而被围歼，27日占颍上后即缓慢前进，至5月6日，九天时间仅前进约三十公里，每天行军不过三四公里。8日，日军南下部队占领遂平，在京汉路基本打通后，返回原防。日军第十二军主力于1944年5月2日开始向聚集着汤恩伯军团的登封转进，欲与"中原王"在中原大地正面血战一次。

根据日军的意图，围歼汤恩伯第十三军的作战指导大致为：兵分四路，北面由虎牢关方向，东面由密县方向各派一步兵师团担任主攻任务，与汤恩伯部正面对垒，呈合围之势，包围歼灭汤恩伯部。

再派战车师团和骑兵旅团，由临汝从西面接敌，截断汤恩伯部西撤后路，一旦国民党军队逃窜，战车实施封锁，骑兵负责追歼，让汤恩伯部无路可逃。此外，派战车师团部分兵力和一步兵师团主力负责南面，确保临汝至长埠街道路附近要冲，防止汤恩伯部强渡交通实施逃脱。由此看来日军两面主攻，两面封锁，步兵、骑兵、战车交叉使用，将汤恩伯大军牢牢锁在登封小城中，如若此次作战成功，不仅中原地区将全部落入日军魔爪，更可怕的是，一段时间以内中原地区将不再有能力组织起几十万的有生力量抵抗日军，整个中国战场的抗战都将显得无比吃力。同样，对于汤恩伯来说，如果说之前的战斗仅仅是丢面子、丢地盘的话，那么这次战斗的失败丢的将是自己的全部家底乃至身家性命！

5 月 3 日，南面的日军战车师团已向北逼近，汤恩伯急令第八十五军将登封防务移交刚到的第九军，迅速增援临汝，协同守军守备城防，阻击北上日军。与此同时，守军第三十八军亦令部队向从东面逼近的日步兵师团进攻。但在守军部署尚未就绪之际，日军一一○步兵师团已于 5 月 4 日突进至登封西北约十六公里处的圣水附近，切断了登封与偃师的交通线。日军部队距离汤恩伯兵团驻地仅仅十六公里的距离！汤恩伯部东面阵地的侧背已经完全暴露在日军的枪炮下。同样在此生死存亡时刻，国民党军队南下部队仍未能意识到战局的危机，全然不知临汝守军正面临日军战车师团的狂轰滥炸，在行军过程中毫无紧迫感，反倒是北上日军战车师团彻夜行军，在国民党军队守军南下到达临汝之前，已于 5 月 4 日拂晓强行攻占临汝，国民党守军部队与前来支援的第八十五军在向临汝以南逃窜的路上会合了。日军战车师团继续西进，当晚即进抵伊川以东附近渡河，在登封南面拉开了一条封锁线，切断了汤恩伯部队的后方联络线。其下属一战车联队配合步兵联队，实施协同作战，于当晚突进至龙门附近。龙门位于洛阳和伊川之间，犹如插入汤恩伯兵团正中的一把尖刀，将守军两个集团军完全分割，而登封守军更是陷于重重包围之中，整个战局形势急转而下，所有国民党部队都处于深深的恐慌中。

5月5日，登封守军第九军开始突围，向颍阳镇撤退。在守城中国民党军队都已不是日军对手，况且此时国民党部队是被迫撤离，途中遭日军节节截击，全军已失去抵抗信心，近乎溃败，损失重大。撤退途中才得知颍阳一带也被日军占领，又于6日夜向西退向嵩县东北收容整顿。与此同时，原在告成、白沙地区的守军部队也于5日黄昏前突穿日军白沙以南的封锁线向临汝方向撤退，沿途亦遭日军战车部队的不断冲击，损失奇重，后在第八十五军掩护下，才得以穿越临汝以东封锁线南下，向半扎附近集结。其他防守地域的国民党部队突围溃退后已形成孤立突出，旋奉命西行，向洛阳西北地区转移。至此，汜、登主阵地全部被日军占领。

防守洛阳的国民党军队共七个团的兵力，分为"城厢"、"邙岭"（城北）、"西工"（城西）三个守备区，三个师各担任一个守备区，即一个方向上的守备任务。日军在主力部队追击第一战区各部期间，对洛阳采取了"封锁"措施，分布在洛阳周围的部队和炮兵等，凡属不参加洛河追击的部队，全部配属给菊兵团，负责攻克洛阳城。连同菊兵团本身的十个大队，总计十四个步兵大队、一个重炮兵大队。1944年5月17日，菊兵团各部队全部到达洛阳周围。兵团长野副昌德决定18日开始进攻洛阳。当天，除城北邙岭区仍为第六十五师防守外，城西、南、东三面日军均已迫近城垣。守城国民党军队拼死抵抗，顽强作战，日军的多次突击均被击退，激战终日，毫无进展。华北方面军于20日晚下达命令："应以目前态势继续进攻，并纳入第十二军司令官指挥。"21日至23日，日军先后攻占邙岭区内后洞、上清宫、苗家岭等各要点，守军退入城中。1944年5月24日13时，日军在航空兵、炮兵及坦克支援下，对城垣发起猛攻。激战约一小时，日军战车第三师团及其机动步兵利用重武器优势，突破城西北角。17时，第六十三师团亦突破城东北角。18时20分左右，日军的坦克冲入城内，守卫国军寸土不让，中、日双方军队展开激烈的巷战。第十五军军长武庭麟下令各部队各自夺路突围。黄昏后，大部撤出，未接到命令及未及撤离的官兵仍英勇地进行逐屋争夺战。激战彻夜，至25日8时，国民党军队残余官兵血溅洛阳，日军完全占领洛阳。

兵败有因汤蒋之争祸军队
出师不捷祸害中原终遭弃

部署失误乱阵脚　将帅不和难齐心

中原会战仅三十余天，日军即打通了平汉路南段，并占领了沿线各要点及古城洛阳，击溃了第一战区的主力部队，实现了战役企图。第一战区的军队损失严重，第三十六集团军总司令李家钰在撤退中牺牲。据日本防卫厅防卫研究所统计，日军伤亡三千三百五十人，中国军队阵亡三万两千二百九十人，被俘七千八百人，国民党军队对日军的伤亡比例竟然高达十比一，实在令人难以想象。第一战区在战役结束后所做的《会战之检讨》中说："此次中原会战，挫师失地，罪戾难辞。"确是事实。为此，第一战区司令长官蒋鼎文和副司令长官汤恩伯均被撤职。回顾整个豫中会战，国民党军队守军在战役中确有死守狠打，宁可战斗到最后一个人也不放弃阵地的热血男儿，但是从战争推进上来看，很多国民党军队守军部队形同虚设，日军进攻步伐几乎势不可挡，大片中原土地和严密的防守并没有很好地阻挡日军的前进。

失败的原因有很多，首先日军成功破译了中方的通信密码，汤恩伯与蒋介石等的很多电文被日军破译，使日军了解了中方的动态。其次，在装备上存在着巨大差异，此次日军出动了坦克装甲车六百九十一辆，并集中使用快速突击，而河南又为平原地区，使中方难以招架。在兵力上汤恩伯部队虽然占了优势，但汤恩伯部队自扩编以来，可以说是鱼龙混杂，庞大的军队除了直属军外，其他部队的军饷装备均需自行筹措，因此很多部队不要说重武器，就连单兵武器都无法保证。而且中方第一战区的一少半部队都是新兵部队，如精锐第十三军中的第一一七师，暂编十五军中的暂二十七师、新二十九师、暂五十五师，或是新编战力尚未养成，或是无作战经验，也无装备补充。在国际援助上一向大手大脚的美国此次也着实不给力。武器来得太少，其中百分之九十又都被史迪威投入滇缅战场，直到 1944 年 9 月，国内国民党军队获得的美援陆军武器仅火箭筒五百零六具、迫击炮三十门、战车防御枪六百一十八挺、山炮九十六门、步枪一千支、机枪五百三十一挺。除了地面作战外，空中火力对战也让人大失所望。由于油料等原因，中美空军于豫中会战出动仅四百架次，而日军出动则有一千七百架次，日军出动架次是中方的四倍多。对于中日当时实力的差距我们不得不承认，即使换成其他指挥官，战役可能一样会失败，但不同的是战争的进程恐怕不会结束得那么快。因为在此次战役中仍然存在着很多我们原本可以把握、可以改变的因素，但就这样悄然逝去。

反观汤恩伯，表现得太让人失望，似乎那个血战南口的抗日铁汉、台儿庄大捷的军事奇才都在远离我们，在中原会战中布防失误，错失战机。甚至连最基本的防御重心都没能仔细审视，就中原会战来说，国民党军队守军部队采取依点死守的办法，但殊不知进攻就是最好的防守。中原地势平坦，均系旱田，便于日军的机械化部队和骑兵的运动。面对装备精良的日军的攻击，中国军队理应扬长避短，在利用黄河防线滞缓日军的同时，应将主力放在嵩山、伏牛山等山区与敌人决战。但中国军队在日军左突右冲的攻击面前，首先在平原耗尽了战力，等到退到山区已经溃不成军。而且关于防守地域的选择，嵩山、伏牛山等山区可以说是"一夫当关，万夫莫开"，如此险地舍弃不要，反而在河南诸城如郑州、许昌、新郑等大都无险可守的城市坚守，第一战区却都投入师以上的部队并下令死守，这样既分散了兵力，又徒增伤亡。

此外国民党军队之间的派系、党羽斗争在日军压境前仍然难以避免，汤恩伯与蒋鼎文的矛盾使得将帅不和。在大敌当前，蒋鼎文与汤恩伯之间仍在争夺指挥权。

1944 年战争伊始，日军盘踞在洛阳、郑州以北及黄汛区以东地区，与蒋军隔河对峙。日军发动进攻，自然首先选择郑州、洛阳为其攻击的两个重点。汤恩伯早将重兵布置在以叶县为中心的半圆形周围，置洛阳以北（东起灵宝，西止洛阳）的正面阵地于不顾。这就引起了蒋鼎文的日夜不安，因而向蒋介石请准，抽调汤恩伯驻防禹州附近的二十九军马励武所部开往灵宝一带防守，监视对岸茅津渡的敌军，而策洛阳的安全。不料当马励武部开赴灵宝防守之后，汤恩伯疑心蒋鼎文会吞吃掉他的这一部队，千方百计向蒋介石要求调回。加之由于马励武是蒋鼎文在黄埔第一期时的区队长，有师生关系；又因马励武未能取得十三军军长的衣钵，早已不满意汤恩伯，因之使蒋汤之间的争斗更加错综复杂。汤恩伯为了这事，曾到重庆向蒋介石申诉。他借口防线太长，兵力不敷分配，而蒋鼎文拥有五个集团军的兵力（即刘茂恩、李家锺、孙桐营、高树勋等杂牌部队），又有胡宗南在关中的支援（事实上蒋、胡之间早闹不和，潼关以内的部队胡已拒绝东调），硬将马励武部要了回去，开到南阳附近。

日军进攻许昌时，守军以一个师的兵力在许昌与绝对优势之日军打了将近四天，死伤惨重，全师殆尽，却不见其他部队前来支援。日军发动进攻的兵力有五六个师团，附一个装甲旅团，总兵力不到十二万人，装备比较优良。而蒋军参加会战的兵力超过五十万，即三四倍于日军，又多经过两年以上的休整训练，但是整个中原战役从头到尾不到半个月，即以蒋军的全部崩溃而结束。当时日军如入无人之境，蒋军一触即溃，闻风丧胆，都往高山里钻。蒋军的腐败情形，在这一战役中暴露无遗，连日本军阀也没有想到在世界形势不利的关头，会这么容易先打通了大陆动脉线最北的一段。三十一集团军总司令王仲廉所率的总部直属部队，被地方团队包围在一个土寨中缴了械，损失很大。王仲廉虽然逃脱了，但他指挥的部队因此失去联系，官兵各自逃命。马励武率部从临汝以南突围，同时也看到十三军石觉部于同夜整队从临汝东北突围，通过叶洛公路向大营方向集结。进占临汝县城的日军发现汤军突围偷进的征兆后，便派出了六七辆坦克用照明灯搜探，并分途截击马、石两部。其实当时日军除了六七辆坦克之外，并不敢在夜间出动部队。然而马励武、石觉这时各有一个军的兵力，而且都有战车防御炮，却不敢使用，反而互相惊扰，慌乱不堪，行李弹药失落很多，连一个山炮营和军部的联络电台也完全损失了，军部对上对下都失去了联系。在整个中原战役中，不仅马励武所部如此，汤军其他各部也大都如此。

许昌失守后，日军转身打击集结在河南登封的十三军，配有十万坦克炮兵的日军对付十三军，可想而知，又得跑，日军追，追没追上，但原先战区交给十三军侧击日军的任务也告吹。这时渡过黄河的日军主力部队全被十三军和许昌城吸引，此时黄河沿岸还有十几万的国民党部队，若能及时出动，前后夹击不说让日军全军覆没，但至少也是铩羽而归，也就没有日后的围堵登封了。然而不可理解的是，这十几万国民党部队竟然丝毫未动，原地踏步，似乎打起来的是两支外国部队，原地等待着日军占领许昌，打完十三军后去打他们。

此外八十五军附属一个炮兵营的经历充分体现了当时部队与部队之间相互推诿、见死不救的情形。1944年4月21日，荥阳、把水（今为荥阳县把水镇）及新郑等县城均告沦陷，八十五军主力向南后撤，当夜到达崔庙附近。军长吴绍周以野炮营行动不便，不易发挥作用，令野炮与军部部分轴重车辆经登封撤往嵩县八十五军留守处；如果守卫登封的守军第十三军（军长石觉）留用，则暂时配属该军作战。4月23日，野炮营到达登封卢店以西的十三军前沿阵地。守军派人通知说："通过我阵地山上的公路已被破坏，并埋有地雷，不能通过。"当时守军对野炮营既无留用之意，又不愿为其营行进提供方便，吴绍周只得给石觉打电话说："敌人相距还远，且不一定经这条路进攻，请将公路上的地雷、路障暂时收起，让我军炮营车辆通过后再设防。"

但石觉只是强调公路已被彻底破坏，修复不易，地雷撤起危险太大，实在无能为力，说来说去就是不放行。无奈之下野炮营只得将人员、火炮、车辆、马匹分散隐蔽在阵地附近的村庄和小树林中。由于有汉奸和日军侦探指示目标，三架日机飞来狂轰滥炸了一阵。全营人马死伤了不少，车辆也多被炸毁，幸而火炮无恙。在山上的守军官兵见此情景，无不摇头叹息。

146

直到晚上，十三军才来人通知说：阵地附近的河底没埋地雷，可以通行。那一带的河流均为颍河的支流，属季节河，当时正值枯水季节，可见河床里的石头大者如斗，中者如碗，小者如卵。但即使明知此路难行，也只能走这条路。十二门火炮和几十辆大车排成一队，在凹凸不平的河床上艰难地行进，驭手驱赶骡马在前面拉，官兵们在后面拼命推，时走时停，行进速度很慢。一天上午9时许，野炮营在行军途中又遭到日机空袭，被炸毁了三门野炮、十多辆大车，人员、马匹也有伤亡。一个好端端的野炮营，在前线几个月，屡经激战，完好无损，没想到在转进途中，竟会因友军不配合而遭此惨重损失，真是自毁长城，可悲可叹啊！

其次汤恩伯以贸易养军，商业气息腐蚀了部队战斗力。1941年后，汤恩伯为扩大自身实力、防止游杂部队投日和抑制中共力量的扩大，大量扩军，为保障扩编后部队的日常支出需要，汤恩伯已经实施了多种经营，只要有钱赚，便设法去赚。长期的贸易经营让军队疏于训练，善于偷奸耍滑、钻营奉承的人往往在部队中能够高升。1940年以后，汤恩伯屯兵中原，一连三年没有经过大的战斗，到1944年日军进犯河南，汤部溃不成军。这就是汤恩伯积年以来，以数十万大军休养生息所得到的结果。

这一战役的混乱情况，仅从八十五军的遭遇，便可概见。当日军进攻迫在眉睫时，八十五军在荥阳，既没接到总部的作战计划，也没听到召集什么会议，收到总部转来的一些情报，又都是些"敌人骚扰"或"捣乱"一类的消息。以致日军以一部由黄河铁桥附近渡过，与荥阳的八十五军和中牟的新十五军展开激战时，因敌机械化部队已由开封经禹县、临汝绕向洛阳对守军威胁很大，新十五军即先撤退，八十五军亦被迫退守密县，再守登封，回头又去争夺临汝，最后转到密县。因县城已失，同日军发生约三小时的战斗后，退守该县以西的山地。在这一迂回转战过程中，不仅友军失掉联络，总部电讯亦告中断。在烽火连天之中，形成前后失据、左右不明的盲目行动，汤恩伯本人也不知在何方。后来得悉他在洛阳参加蒋鼎文的紧急会议后，根本没有驻定自己的指挥位置。

汤恩伯作为一个统军将领也有着不可逃脱的责任，由于长期的安逸，忙于扩张势力，在战役的指挥和筹措上也出现了极大的问题，几十万大军完全没有发挥出其应有的作用。会战前，汤恩伯曾召集各军军长开军事会议，但他仅是极简单、极草率地发表个人的作战计划腹案，说："当前敌人企图由许昌进犯洛阳，我们就在许昌、襄县和敌人决战，你们都要准备打垮他。"更令人惊异的是，他竟然说："你们不要听参谋处下发的计划。他计划他的，咱们打咱们的仗，就这样办。"草草数语，就此散会。当时汤恩伯指挥数十万大军作战，据所知者，计第十五、第二十八、第三十一等三个集团军，第十二、第十三、第二十九、第八十五、第八十九、暂编第九、暂编第十五等七个军和骑兵第二军、两个暂编师、五个暂编旅，及所有鲁苏皖豫边区游击部队和地方团队等。他不仅不谈作战计划，且始终没有下达过合同命令，故各军既无从明了战区全般情况，也不知道彼此关系位置，如何能够协同作战？

欺压百姓愧为军　狼狈而逃尝恶果

在解放军中有句话：军队打胜仗，人民是靠山。中原会战，日军属于客场作战、境外作战，在人文、地理上都处于劣势，而且物资、兵员补给上也很难为继。因此汤恩伯自称"中原王"，中原是其发家之地，中原会战又是保卫人民、抵抗侵略者的正义战争，原本应占很大优势，但实际上在战争中我们看到的却并非如此，主场作战的有时丝毫没有发挥，有时反而成为掣肘。

从1938年6月至1944年3月，郑州成了死角，未曾沦陷，豫西半壁也取得一时的苟安。就在这期间，河南的半壁河山战乱孑遗，暂时免于日军铁蹄的践踏，然而汤恩伯部对民众的祸害却是变本加厉、明目张胆，千千万万人死于天祸和兵灾。5月初在登封作战时，某连因有二十多名士兵受伤，一些士兵开小差，便抓了十几个民夫为连里搬运东西，吓得附近村庄的老百姓纷纷逃跑。

向豫西溃退途中天降大雨，士兵就闯入民宅翻箱倒柜，把值钱的东西装进腰包，用老百姓的衣裳当雨具，淋湿了扔掉再闯入另一家抢来干的，沿途都是被丢弃的老百姓的衣服。溃败途中部队走到哪里，就吃到哪里，强取老百姓的猪、羊、鸡、蔬菜、燃料，分文不给。强征的粮食由部队主管人员出具借据，上书某部队某月某日在某村某家食用多少斤粮食，对老百姓说凭此条可少付征购粮，至于这种借据是否管用则不得而知。有些老百姓牵着牲口带着贵重物品上山躲避，部队搜山时一旦发现，就强行拉走牲口以作军用，并抢走贵重物品。军队行至山区时，溃不成军的汤恩伯部在山区里乱窜，见日军即逃，可是见了山区的人民则凶狠至极，烧杀抢掠，鸡犬不宁。起初还有一些老百姓为部队送开水，以示慰问，但竟然有官兵喝完水后非但无感谢之意，反而将茶碗摔烂，河南人民对国民党的愤恨达于极点。

当时，豫西土皇帝别廷芳遗留的武装力量，以"地方自治""守望联防"为名，纠合地方人民，袭击汤军。由于汤军自溃乱之后，纪律荡然，人民恨之入骨，这样就被地主豪绅武装头目所利用。汤军各部已成惊弓之鸟，溃乱的部队也闹不清情况。

蒋鼎文、汤恩伯统率的数十万大军不战而溃，蒋鼎文首先掠夺大批物资、布匹，分装数卡车，逃之夭夭，汤恩伯的指挥部一直向西逃到陕西商南。豫西的地主武装趁机组织，群起而攻国民党军，大部分枪械被地方武装缴获。在郏县、临汝之间，所有村庄都响起了激烈的枪声，有些人还大喊"缴械"。这一段路上到处都是汤恩伯部丢弃的枪支、弹药、骡马、装具、车辆、通信器材甚至火炮，次日老百姓纷纷前来"清扫战场"。

但请注意，所有的百姓只不过是来"清扫战场"或恐吓恐吓，虽然说汤部在中原战役中完全没有发动百姓，撤退中多少也有些狼狈，但事实并没有像一些材料上记载的那样，许多百姓自发起来缴了汤恩伯部队的械。不少书籍中提到很多豫西"百姓"趁势拿起锄头、大刀，成群地向国民党部队发起攻击，而且专打十三军；又传言汤恩伯警卫旅被缴枪，汤恩伯本人化装成伙夫逃走，并说汤部遭袭击是因为汤部平时欺压百姓所致。但依据史实分析，这样的观点是站不住脚的。第一，汤部平日驻守在豫中和豫南，豫西并不是汤部的驻扎区，虽然汤部平时压榨百姓，但也压榨不到豫西百姓。即使在汤恩伯部驻扎的豫南、豫中，也并无当地百姓袭击汤军的记录。第二，在豫西攻击国军败兵并缴其枪械的，并非"普通百姓"或"农民"，而是原豫西"土皇帝"别廷芳遗留下的地方武装李杰卿及别廷芳之子，以及地方土匪上官子平等人。稍微思考一下也可以想到，汤恩伯部队在日军飞机、大炮的连番轰炸下都能坚守城池数日，虽然最终战败，但毕竟是成建制的军队武装，还保留几十万的有生力量、枪支弹药。凭着河南老百姓所谓的锄头、大刀就想把成建制的部队缴械，多少有些戏说的成分。

"汤恩伯遭袭击化装成伙夫逃跑"也是子虚乌有之事，实际上，当汤兵团主力在嵩山一带被日军包围的时候，其本人并没有跟随大部队，而是在洛阳一战区长官部开会。实际情况是当时国民党军队第三十一集团军被日军包围在嵩山内。第三十一集团军在艰难的突围中，电话无法联络，汤恩伯不得已派出总部之第三电台在一个班的陪护下到前方指挥所发电，后来这个电台班在嵩县被地方团队缴获，护卫班寡不敌众，全部被缴械，与第三十一集团军联络亦告中断。后来不得已，委托弃军归乡的原第二十路军七十五师师长宋天才出面协调，直到 8 日下午，电台才被送回来。这就是现在流传甚广的汤恩伯被河南民众缴械的真实经过。

这些地方武装和土匪武装，袭击的也并不仅限于汤部，隶属于第一战区司令长官蒋鼎文的新八军胡伯翰部、第三十六集团军李家钰部、第三十八军张耀明部，甚至连从第八战区过来支援、之前从未驻扎过河南的第十四军等部，都受到了豫西土匪、地方武装的包围、袭击。

第一战区司令长官蒋鼎文不敢坐汽车，到洛宁西张村雇个小毛驴骑着跑了。新八军军长胡伯翰，随身佩带的何应钦赠送的白金左轮小手枪也被群众给缴了。当时漫山遍野尽是国民党溃退军，到处抢劫。被激怒的豫西老百姓，为了保全性命，不得已起而攻打国民党军。这样一来，国民党军队不敢进村庄，钻空子逃窜。天空中是敌人的飞机在侦察扫射，地面上是溃退的国民党军混乱不堪。南犯的日军仅三百多人、两挺重机枪、两门迫击炮。炮声一响，国民党军七个军就如炸了群的羊一样溃散了。因山沟要隘都被堵死了，所以重武器车辆都不能通行，尽委弃以资敌。

千方百计蒋老总偏袒部下
貌合神离李宗仁较劲陈诚

众口相向再难辩　自我检讨十四条

关于战后责任及失败原因的总结，国民党方面也做了不少工作。第一个遭殃的无疑是统领大军的汤恩伯。蒋介石大发雷霆，撤去蒋鼎文第一战区司令长官一职，撤去汤恩伯第一战区副司令长官一职。同时特命陈诚为第一战区司令长官，将第八战区的陕南地区划为一战区，命胡宗南任第一战区副司令长官，设战区长官部于西安。6月初，陈诚接任第一战区司令长官后，为了确保西安、巩固陕南，对一战区防御态势进行了确认调整。以伏牛山为根据地，固守豫、陕边境交界处的潼关、朱阳关，西峡口、荆紫关等各要点兵力以豫陕公路为轴，呈辐射状纵深配置于山地。并借机拆散了汤恩伯的第十三军、第二十九军、第八十五军等基本部队。汤恩伯积攒多年的身家老底就这样被遣散得一干二净，当年叱咤风云、一手遮天的"中原王"兵败中原。真可谓脚下无寸土立身，手上无一卒保命啊！

兵败的汤恩伯在被撤职后搬到了豫陕边界附近的西峡口驻扎了下来，后又搬到了商南县的清油河镇，等待下一步安排。就在汤恩伯驻扎后不久，新任第一战区司令长官陈诚就策划了在此召开中原会战检讨会。于9月上旬（农历八月初）在清油河街小学操场召开。检讨会规模较大，由第一战区师以上长官和河南省专员以上行政官员参加，检讨豫中会战失败的原因。将官在台上，校官在台下，会场四周布满标语横幅，内容大都是悼念中原战役牺牲的将士等。望着会场四周一个个陌生的名字、台上台下一张张哀痛的面庞，此时汤恩伯心中多少有几分辛酸和不安，几万人的生命就因为自己的指挥不力而丢掉了，自己是踩着无数人的尸体苟活下来的。

在检讨会上，陈诚拉下老脸，丝毫不顾及汤恩伯的脸面，也借着整顿一战区部队战斗作风为名，对汤恩伯严加指责，把豫中失守的责任尽都归咎于汤恩伯兵团的"四不和"：一是将帅不和，蒋鼎文与汤恩伯争权夺利，不仅同一战区指挥不能统一，而且实际形成两个战略集团，并相互钩心斗角；二是军政不和，作战时地方不支持，且多掣肘；三是军民不和，作战和溃逃过程中不忘搜刮百姓，沿路受到当地百姓围攻；四是官兵不和，大量士兵是硬抓来的，不仅官压兵、兵恨官，而且逃亡率极高，当然影响士气、战斗力。

会前陈诚做了精心的布置与准备，安排了方策、鲁涤平、马乘风等写了检举控诉书，指控汤恩伯在河南会战中的"十大罪状"，在会上当着很多汤恩伯老部下的面公布于众。陈诚的老部下、原第六战区（司令长官为陈诚）的"党政"工作总队总队长刘培初（军统特务，但与陈诚的关系很好）写了一份报告，指出汤恩伯在河南"四不和"的许多具体事实。刘培初向陈诚提出报告，一方面是献功，一方面是表示他虽然暂时调离第六战区到汤恩伯手下做"四省边区党政工作总队长"，但他的心仍然是向着老长官的。陈诚在那次检讨会上，将方策、鲁荡平、马乘风等人的请愿控诉书当众公布，也将军统特务刘培初写的报告交给了汤恩伯。汤恩伯后来到了重庆见到戴笠，一开口就说："雨农（戴的别号），你派的刘培初为我帮了倒忙。我有什么过错，尽可由你来规劝我，为什么反而给人家借刀杀人呢？"汤恩伯这番话弄得戴笠一时摸不着头脑，直到汤恩伯将刘培初所写的报告给他看了之后，才明白汤恩伯发牢骚的原因。戴笠除了当面赔罪道歉之外，后来还把刘培初骂得狗血淋头，从此冷淡不加理睬了。

河南党政代表团的一些政治嗅觉很灵敏的人物，也在检讨会上跳了起来，义愤填膺地控诉汤恩伯的"十大罪状"，不少人还联名写请愿书，要求蒋介石严办汤恩伯，这些人中有真心认为汤恩伯罪不可恕的，也不乏政治上的投机者，见风使舵，想趁机扳倒汤恩伯这座大山。在陈诚的胁迫下，汤恩伯只好硬着头皮当众检讨交代错误和罪行。但是，当大会一完，汤恩伯就翻脸不认账，跳起脚大骂："陈矮子，这回整得老子好苦，妈的浙江人还整浙江人，总有一天整到他自己头上去！"可悲，一位国民党高级将领竟然将作战失败的检讨会当成派系间的相互斗争的地方，丝毫不见其对战局的关心。不过汤毕竟曾是一位带军血战的军人，一个曾经位极人臣的政客，在短暂的怒火后，失去了军队和地盘的他同样也非常痛心和惭愧，觉得自己责任重大，难辞其咎，中原检讨大会上他向众将领和士兵做了《中原会战检讨》的长篇发言。

第二天，汤恩伯继续在会上做检讨发言，从其发言中我们能看出，在失去一切时汤恩伯头脑清醒地认识到了这些年自己到底做了些什么，失去了些什么：

在这次会战中，体现了我们部队有着许多严重的缺点，现在仅就个人所观察到的对大家提出如下的意见：

一、战斗意志低落。这次会战，各部队所表现的最显著同时也是最严重的缺点，就是官兵战斗意志的低落，有许多干部甚至有避战行为。这种现象，不仅在突围的时候发现，就是在突围以前，如像八十五军在邙山、廿九军在禹县都有这种现象。昨天讲过，当年我们在南口抗战的时候，常常只有十几个士兵坚守一个阵地，但是我们始终是那样的坚强，达成上级所给予的任务。尤其是守阵地、守据点，最要紧的就是坚强的战斗精神、高度的战斗意志。现在我们的部队就没有这种精神，缺少这种战斗意志。

大家知道，现在的战争，不论装备怎样好，如果没有坚强的战斗意志，始终是没有用的。在欧洲战场上，法兰西是装备优越的一等强国。因为战斗意志低落，很快地就被敌人屈服了；而另外许多装备劣势的小国家，却全凭着坚强的战斗意志造成了许多光荣的战绩。再看看我们自己过去的战斗精神，不要说很远的，就说高城的冬季攻势吧，我们以几个残破的队伍攻击敌人强大的第三师团，我们下决心非胜利不可，结果还是击溃了敌人，占领了高城。这次中原会战，民众没有抗战意识，部队没有战斗精神，让敌人长驱直入，这是最可耻的事！

二、部队掌握不确实。这次会战，各级干部都没有能确实把握自己的力量，确实掌握自己的部队。还有少数官长甚至脱离了他们的队伍。掌握不了队伍，如何能达成任务，如何能打胜仗呢？诸葛武侯是最善用兵的，但是司马懿兵临西城的时候，因为手中没有掌握部队，也只有拼着老命摆空城计了。不能确实掌握部队，什么人也谈不上打胜仗的。

三、牺牲精神太差。从这次会战里，我们看出一般干部的牺牲精神太差。为什么没有斗志？为什么不能确实掌握部队？就是因为干部没有牺牲精神。从这次会战开始起，一直到结束止，除新二十九师吕师长成仁外，我们没有几个部队在战斗中表现出可歌可泣的事迹，这是事实，这就明显地证实了我们的干部牺牲精神太差。

四、命令不能贯彻。各级干部大多不能切实贯彻上级的命令，甚至有阳奉阴违的。例如这次十二军在鲁山附近奉令进攻龙门，贺军长竟会延迟到三天不遵令前进。命令是最神圣的，各级干部玩忽命令，实在是这次失败最主要的原因。在这次会战前，我曾经命令各部队应该如何如何准备，规定得很周密，更有平时禁令、战时禁令等等许多详细规定，只是你们不能彻底地执行。

命令的执行，是要靠各级干部层层节制、级级负责的，命令不能贯彻，各级干部都要负责。委员长解释"命令"说："令"就是令，为什么要加上一个"命"字呢？那是说"令"是要命来保障的，要用生命去保证命令的达成，命令不能贯彻，只有牺牲生命。胜败本来是兵家常事，但是打败仗也要取得代价。过去，南口、台儿庄、上海、吴淞、武汉、徐州乃至常德、衡阳等地的战斗，最后结果固

154

然都是撤退转移了，但是都曾经取得了相当的代价，而我们这次会战失败，大家没有能向敌人取得相当的代价，大家没有贯彻上级的命令，没有达到任务，这样的失败是可耻的！

五、协同互助精神不够。这次听到二十九军的官兵告诉我，部队和军长失了联络的时候，部队马上就混乱了。师长与师长都不能互相协同维系部队，同一军内尚且如此，对于友军的协同，自然是谈不上了。过去我时常对大家讲，协同友军，要有自我牺牲的精神，对友军要隐恶扬善，非仅战时要如此，平时也要如此。从来大家只知道责备别人不好，不知道责备自己，这就是为什么别人批评我们干部骄傲的原因。平时我们不知道协助友军，战时却来怪友军不协助我们。友军不协助我们，民众不协助我们，我们要反问自己，我们过去有没有协助友军、协助民众。凡事都要先从自己头上想起，这是我们大家应该有的觉悟。我们自己失败，仍要希望友军成功，忌功和幸灾乐祸，都是最卑鄙的思想，只有牺牲自我去协助别人的才是革命的精神。记得在天河口冬季攻势中，第二集团军担任守桐柏，当敌人攻击桐柏告急的时候，我们并没有奉命令，自动派遣八十九师驰援助战，结果把敌人击退了，当时在第五战区传为美谈。后来敌人又转回头来攻击我们的阵地的时候，第二集团军也曾自动派部队来协同我们作战，这才是协同互助相依为命的最好表现，大家都应该养成这种精神。这次会战，我们各个部队所表现的协同互助精神太差，如果我们这种精神再不积极转变的话，我们事业的前途是不会有希望的！

六、没有注意战地救护。大家要知道，战场的救护责任，不全是后勤机关负的，而是应该部队自己负的。伤亡是在战地，并不是在后方的，在战地，自然应该部队负责。弟兄们为国家民族而流血，为贯彻命令而流血，他们受了伤而不能给他们以适当的救护，就是各个部队长的残忍，更是各个部队长的严重过失！平时各部队对于卫生的机构组织、人员设备，一点也不重视，一旦到了战时，怎么谈得上战地救护呢？这不是你们部队长的责任是谁的责任？今后大家一定要觉悟到这个问题的严重性，平时多注意卫生组织设备的整饬充实、卫生人员的训练，要健全战时救护工作，必须从部队本身着手。

七、战地补给不确实。昨天讲过，我们没有准备在伏牛山区作战，因此这地区内没有一点兵站设施，此次我们部队一旦转移到伏牛山，一切补给都感到十分困难，这是事实。但是，在登封密县禹县一带，我们是有粮弹屯备着，为什么在那里作战的各部队还是感到补给的困难呢？我们总不能到处都囤积粮弹，在战场上的补给，仍是要靠部队本身的努力的。比如仓库在城内，部队在城郊作战，要想叫兵站把仓库搬到城郊去接应，事实上是办不到的。这次作战，各部多半把骡马和输送部队开到后方去了，这样战地的补给怎么会不感到困难呢？说是为爱惜公物吗？爱惜公物不是这样爱惜的。军队的武器骡马和一切运输力，都是为战斗用的，平时要爱惜，战时到了，战地就该完全拿出来使用、消耗，完全牺牲。

这次作战，伏牛山区虽然没有兵站设置，但如果各部队的干部对于补给问题，在平时有准备有计划，确实控制了运输力，到临事的时候，又能够设法应付，比方向民间好好交涉借粮等等，部队在伏牛山区的补给也不会十分困难的。这就证明我们干部的疏忽和低能。如果各个部队长事前有计划有准备，临时有办法，办法周到，我相信各部队的战时补给就不会这样困难了。

八、平时对民运工作疏忽。我们各部队平时对于驻地的民运工作都太疏忽。我们不但没有与民众联络好，就是对少数的士绅土劣的工作也没有做到。我们只知道打击土

156

劣，但我们又没有能确实掌握群众，非但不能掌握群众，同时也不能掌握土劣。掌握土劣和联络群众的方法多得很，问题只是大家肯不肯去做。比如廿九军在禹县驻扎了两年多的时间，竟对地方民间情形毫无所知，结果是吃了民众的大亏，这都是自己造成的恶果。平时不注意，到我们稍为失利、稍露破绽的时候，马上敌伪奸匪来攻击我们，连地方政府、士绅和民众都会来攻击我们，这就是说明我们平时工作的疏忽。我们平时疏忽民运工作，战时得不到民众的帮助，服务队甚至吃民众的亏，都是我们自己造成的恶果。这也是这次失败的重要原因。

九、幕僚不健全。我们各部队的幕僚业务都差得很。比如这次会战吧，直到现在，敌人究竟使用了多少兵力，敌人究竟有多少伤亡，我们自己究竟有多少伤亡，还不能提出确实的数字。有人说，这次临汝突围，是我们这次会战胜败的关键。实际上，临汝突围的失败责任，就在幕僚身上，幕僚的作战计划不严密。我本来是命令几个部队反攻临汝的，因为幕僚的计划不周密，结果各部队拥挤紊乱，乃至被围；而到突围的时候，又是混乱不堪，这都是没有周详计划指导的过失。如果我们现在来问问几个参谋长，洛阳现在有多少敌人？工事构筑情形怎样？洛阳的敌情如何？我相信没有几个人能够正确地答复出来的。我们每次作战行动的错误，错误的根源大半都在于幕僚业务的不健全。部队的幕僚不健全，就犹如没有灵魂的躯壳！这是大家应该深深了解的。

十、赏罚不严明。一直截至现在，对于这次会战，只有十三军提出了对所属各级干部应赏应罚的报告，其余的部队都没有提出关于赏罚的报告，这就是证明各部队的赏罚不严明。功过不分、是非不明，是不足以振作士气的。说起来这也是幕僚业务的一种，应该由幕僚负责的，有人常说我多少年来很少为我的部下向上级报过功、请过奖，这就是我的幕僚人员的疏忽。大家要知道，好生恶死，人之常情，要他为国家民族而死，要他为贯彻命令而死，必须要加以鼓励，如何鼓励呢？就是要赏罚严明，大家要特别注意这一点。

十一、通信不秘密。各部队非但通信本身不完备，联络不确实，尤其对于保守秘密一点不能确实注意到。通信兵平时没有训练，乱挂线，乱叫，乱报番号，妨碍通信，泄露机密，莫此为甚。失败的原因是多方面的，看起来这好像是一件小事，实际上影响却是很大的，今后大家必定要切实整饬，并且重视这一点。

十二、后方人员平时欠训练，眷属平时没有安顿。这次作战，我们的军誉不好，大半都是由后方人员和眷属造成的。对于眷属，这次只有十三军事先比较有些安顿，其余都是临时慌乱移动，到处扰民。据报告，我们的部队这次在河南各地征用的牛车很多（另有统计数字），但是我们凭良心检讨，其中有多少是运输公物的？可以说绝大部分都是输送眷属的！你们想想，这样地方民间会有多大的损失，老百姓怎么会不恨我们，我们的军誉怎么会不坏！这都是事实，我们问心有愧，我们对不起河南的老百姓，老百姓骂我们是应该的。过去，对于各部队眷属的安顿，我再三再四下命令，要安顿在远后方，并且我还在西康西昌建设了新村，又在陕西安康布置了住所，为安顿大家的家眷可以说无微不至，但是，你们却始终没有人能遵照命令往后方送。现在我已经下命令严格地规定了，以军为单位，指定后方眷属住宅区，眷属限期后移。

说到后方人员，各部队平时根本就没有注意到，训练就更不用提了。听说有许多不肖官兵，在后方不守纪律，也是败坏军队名誉最主要的原因。平时前方工作人员要训练，后方工作人员同时也要有训练的，后方工作应该选些什么人，该做些什么工作，该注意些什么，都要给以切实训练才行，就是仓库的一个库兵，都应该经过严格的训练。这次作战，因为大家平时对于后方工作人员不注意，没有训练，对于眷属事先没有适当的安顿，结果是加重了地方民间不少的负担，同时也就是败坏了我们的军誉。这个道理，大家都要深切地体会到。

十三、不爱惜武器公物。不爱惜武器公物，也是我们部队最严重的一个缺点。这次作战下来，各部队的炊具与粮袋，差不多丢了一半，廿九军的枪支也丢了不少，这些武器公物都到哪里去了？都是被敌人缴了？都在阵地打毁了？我不相信！身为军人，武器可以丢，那么国土也可以丢？国家也可以丢了？这样的部队这样的干部，怎么能够作战？简直是可耻，不配做人！

有人问我，这次会战后为什么不向中央请求补充武器？我自己觉得惭愧，没有脸向上级呈报。这次会战，我们各部队武器和公物的损失很大。各部队长、军械官、军需，就没有人过问，没有谁查究过，这简直是没有灵魂，麻木不仁！甚至还有少数人乘机报销，简直等于军阀！幕僚人员要忠于部队，忠于全体官兵，不能片面忠于主官，帮助主官舞弊的参谋长、军械官、军需，都是反革命！这种习惯、这种行为，如果不能即时纠正过来，部队的前途就没有希望了，国家的前途也会败坏在你们的手里的！这样下去，我们过去革命多少年，流汗流血，都是白流了！国家到了这样困难危急的时候，我们还这样不知道爱惜公物武器装备，大家扪心自问，怎样对得起我们的领袖，怎样对得起国家！

十四、纪律不良。刚才上面所讲的各点，都是纪律的问题。我们有着这许多缺点，这是证明我们部队的纪律不良，战斗意志低落，部队掌握不确实，没有牺牲精神，命令不能贯彻，协同互助精神不够，不注意战地救护，战地补给不确实，与民众情感不好，幕僚不健全，赏罚不严明，通信不秘密，后方人员和眷属紊乱没有秩序，不爱惜武器公物，还谈得上什么纪律呢？这些缺点不能彻底纠正，纪律永远也好不了。要彻底纠正这些缺点，必须要从干部本身做起，所谓"兵随将转"，要部队长能够以身作则，痛改前非，才能够谈到整饬部队纪律。

此外，我还要附带讲一讲我们干部本身的缺点，据我近来的观察，我们干部的缺点归纳起来有三点：第一，思想差；第二，品德差；第三，体格差。简单一句话说，有了这三个缺点，简直就危险极了！我们要知道思想腐化的人，品德一定堕落，体格自然亏弱。老实说，有了这三项缺点的人，根本就成了废物，等于行尸走肉。我可以说，这是我们的干部现在一般的通病，也是我们的致命伤。这并不是我侮辱大家，你们大家可以扪心自问一下，看我的话过分不过分。别人指责我们，攻击我们，正是我们的医生；不然，我们犯了绝症，直到快要死无葬身之地时，自己还不知道哩！现在我们既知道了所犯的病症，就要追究为什么会犯这样的病症。简单一句话讲，就是大家不能自治、自强、自觉。近两年来，我们部队驻扎在河南，没有什么大规模的战斗，生活安逸，专讲享受，各种不良环境的引诱，再加之大家的意志不坚、认识不清，于是就无形地堕落了。

今后，我们大家务必要兢兢业业，脚踏实地地去努力改正部队和本身的缺点。要改正这些缺点唯有自强自治，不要专靠上级来监督责备，尤其要各人站在自己的职位上反省自觉，以身作则，从自己本身先做起。如今，我们虽然犯了这样深重的病症，我们要起死回生容易不容易呢？容易的！简直是易如反掌，只不过是在大家一念的转变而已。

今天我所讲的话，听起来好像是太严厉了一点，但是为着我们部队的生命，为着我们国家民族的生命，为着我们要报仇雪耻，我实在不能不忍痛向你们讲出这些话来。同时，为着我们部队的生命，为着我们国家民族的生命，为着我们要报仇雪耻，我有权力要求你们有一念的转变！希望你们大家能诚恳地接受，并且深加警惕。

最后，我诚恳地希望你们大家能够即刻有这一念的转变。更诚恳地希望你们大家从今天起，能自觉、自治、自强。

委员长法外开恩　汤恩伯终逃一劫

汤恩伯在中原惨败后，发电报给机要人员，要他们就近告诉国民党政府军委会有关人员，把惨败罪责推到共产党和河南民众的身上。其随从人员即遵命照办，在给军委会所属各部人员的报告中谎称：共产党煽动河南民众尤其是组织农民起来反对汤恩伯，向汤军开枪攻击并缴汤军的枪，乃是这次中原会战汤军所以失败的根本原因，希望中央负责人不要把这次失败的责任归到汤恩伯身上，然而事实真相是无法掩盖的。1944 年 9 月，国民参政会第三届第三次会议在重庆召开时，参政员郭仲魄等一百零三人提出《请申明军令严惩失机将领以明责任而利抗战案》，控诉汤恩伯于参政会，要求国民党政府把汤恩伯撤职查办。这一正义的呼声得到了进步人士和后方人民的支持。他对汤恩伯控诉的罪状中有克扣军饷，"各部队领不到给养，向民间借食……因此惹起人民反感，使军民无法合作"；中原会战所部"望风逃窜……窜逃劫掠，民众悲愤，起夺其枪械，以图自卫"；蒋鼎文、汤恩伯等利用职权经商，"大小军官腰缠累累，战斗意志消耗净尽"等内容。

面对其他人的控诉，汤恩伯可以说是使尽浑身解数，首先请参政会秘书长邵力子、副秘书长雷震出面和解，使事态不要扩大。当时汤恩伯因为受不了舆论压力并不在重庆，正在外暂避。但还是以电报形式遥控指挥部下，其发去的一份电报大致内容如下：第一，表白他一生忠于国民党，忠于蒋介石，他的所作所为都是秉承蒋介石的意思，问心无愧；第二，辩称这次中原会战失败，不是败于日军，而是败于河南民众，因为河南民众被共产党利用起来反对他，使他不能按预定计划同日军作战；第三，说现在蒋介石决定派陈诚到河南调查真相，候陈诚到后决心辞职不干；第四，关于郭仲魁等国民党官员在重庆控诉他的问题，要妥善办理，多花一点钱在所不计。

因此汤恩伯部下一干人等一度在重庆大造言论，煽风点火，试图引导政局：第一，诬蔑共产党乘中原会战之机煽动河南民众反对汤恩伯，使河南战事归于失败；第二，吹捧汤恩伯过去在反共、"围剿"等打共产党的问题上功劳很大，在后来南口、台儿庄、豫南等抗日战斗中功劳也不小，此次若被豫籍参政员控诉而发生问题，是党国无可弥补的损失，希望多方考虑阻止控诉行为，如能成功，他们都将得到好处（即要钱、要官都可以）；第三，郭仲魁等人控诉汤恩伯的罪状并不是事实，是党派斗争和政治投机。当时国民党政坛汤恩伯的贿赂满天飞，连浙江旅渝同乡会也得到他的三十万元的捐款，特务头子戴笠也积极在蒋介石面前为汤洗刷。然而流言掩盖不住事实，正直的脊梁在哪里都存在，郭仲魁的态度非常坚决，不怕威胁，拒绝利诱，而且所言证据确凿，因而得到大多数参政员的同情和支持。当时国民党上下很多人或是对汤恩伯在此次战役中的表现大为不满，或是对其"中原王"一向蛮横焦躁的态度无法容忍，总之均希望严办汤恩伯。

此时，汤恩伯又通过努力，找到了国民党中央党部秘书长吴铁城，打算说通蒋委员长，做最后的努力。在与吴铁城的谈话中，汤恩伯属下首先重弹了诬蔑共产党乘机煽动河南民众反对汤恩伯的老调，并反复提醒吴铁城注意：这次攻击汤恩伯不仅是他个人的问题，而是关系到国民党政府，如汤恩伯被他们打垮的话，蒋介石就失去了一个有力的支柱，这样无异帮助了共产党。经再三请求，吴铁城火速将意见当面向蒋介石汇报。通过层层关系和大量的金钱，汤恩伯把国民党上下层内外关系逐步打通，企图"以功抵过"，掩盖兵败事实，达到大事化小、小事化了的目的。

然而，汤恩伯最终的命运说到底还是掌握在一个人手中，那就

162

是蒋介石。当时国民党所谓议院、民主往往抵不过蒋的一句话。然而对于这个曾经军功卓著，而今却兵败山倒的"中原王"，蒋介石到底是什么态度呢？蒋介石当时远在重庆，原来指望一手培植起来的汤恩伯多少有点表现，不料竟会如此不争气，苦恼得一星期睡不着觉，逢人便骂，两眼发赤。他所气的不但只是培植起来的亲信不争气，而且担心日军继续西进，若一旦打入渡关，胡宗南不见得会比汤恩伯要强些，万一西北山区不保，连躲在山上观虎斗也观不成了。

而使蒋介石更为焦虑的是中国共产党解放区的日益迅速扩大，他将无立足之地。蒋介石暴跳如雷地骂了几天之后，只好将蒋鼎文撤职，又将汤恩伯调开，改派其头号亲信陈诚前往河南西峡口接任第一战区司令长官。但最后对汤恩伯的处理并非像别人想象的那样，说到这里其实不得不佩服汤恩伯自己所做的上下"打点"，因为蒋介石在听了吴铁城的报告后，对汤恩伯的问题非常着急。他为汤恩伯宴请参政员，把一切责任都担在自己身上，并说军委会军风纪巡察团不负责任，嘱何应钦将第五巡察团主委成光耀调回另派，并修正巡团组织条例，加重职权。

蒋介石还知道利用国民党籍参政员围攻郭仲魄等的办法不能奏效，只有亲自出面为汤恩伯辩护，于是就在参政会闭幕的前一天亲自到军事委员会礼堂参加会议。快要讨论汤恩伯问题时，蒋介石怒气冲冲地为汤恩伯辩护，说汤恩伯在河南扩充部队（包括游击队）都是经过中央批准的，在前方做生意是经过蒋介石本人许可的，特别强调汤恩伯在河南所做的一切工作都是按照中央指示办理，甚至还说："今天你们要求严办汤恩伯，那就办我好了。"蒋最后表示：为了顾及参政会议的威信，中央决定慎重处理这个问题，"希望各位不要被人利用，破坏抗战"。他讲完以后离开会场时仍面红耳赤，怒气冲天。

会议闭幕后，军委会一面决定把汤恩伯撤职留任，一面又发表汤为第三方面军司令官的任命，并将汤的嫡系部队第十三军调到贵阳。轰动一时的查办汤恩伯案件就这样结束了。

其实从个人感情上蒋介石恨不得把汤恩伯大卸八块，因为中原会战中部队的节节败退让国内外舆论群加指责，作为中国战区总司令的蒋介石，对于国内的小打小闹或许还可以睁一只眼闭一只眼，但对于来自同盟国的讥笑就忍无可忍了。1944年7月中旬，美国总统罗斯福致电蒋介石，豫湘战事大大降低了中国的信誉，拟令中国战区参谋长史迪威，一个美国人跨过所有中国人来指挥中国军队，包括当时的共产党军队。这使一向要面子的蒋介石深感耻辱，在高层会议上把桌子拍得噼里啪啦响，他曾感慨地说："自从这次中原会战和长沙会战失败以来，我们国家的地位、军队的荣誉，尤其是我们一班高级军官的荣誉，可以说扫地以尽。外国人已经不把我们军队当作一个军队，不把我们军人当作一个军人！这种精神上的耻辱，较之于日寇占我们的国土，以武力来打击我们、凌辱我们，还要难受！""1944年对中国来说是在长期战争中最坏的一年"，并自称，"从事革命以来，从来没有受过现在这样的耻辱"，"我今年五十八岁了，自省我平生所受的耻辱，以今年为最大"。而受此奇耻大辱的蒋介石对待汤恩伯是恨不得将其臭骂一顿，发配边疆，安置闲职，永不重用！但为何又突然来了个三百六十度大转弯，突然如此维护汤恩伯呢？

其实，汤恩伯在为自我辩护时很好地掌握了蒋介石心里的一个担忧，那就是——中国共产党。虽然在日军侵略的强大压力下，国民党被迫与共产党合作，但即使在中原会战爆发前一刻蒋介石也没忘记叮嘱汤恩伯要肃清境内的新四军。因为他深深地感受到，抗日战争结束，日军的撤退只是时间的问题，然而日军撤退后自己能不能顺利地消灭共产党和红军从而坐稳江山，是他不得不面对的一个问题，多年的"剿共"经验告诉他，共产党绝对不是什么好对付的角色，汤恩伯败于日军固然可恨，但他在反共问题上却丝毫不含糊。如果蒋介石此刻要严办汤恩伯，那无非是自毁长城，痛失左右手，也是因此，汤恩伯才得以在万夫所指之下全身而退。

福将充当老好人　陈诚狠心下黑手
关于汤恩伯的其他处理工作就具体交给陈诚和李宗仁。李宗仁，字德邻，广西桂林人，国民党军队陆军一级上将，桂系首领，抗日战争爆发，任第五战区司令长官。说起李宗仁这个人来其实很有意思，作为一个地方派系军阀却可以步入一向排外的国民党政治权力的核心。他是中国近现代史上一位关键的"福将"，中国历史上从来不缺少悍将、猛将、虎将，但能成为"福将"的人却是少之又少。而李宗仁之所以能被称为"福将"，一是因为他个人历经战场炮火和政坛暗箭，屡次大难不死；二是因为在重大历史关头，李宗仁及其代表的桂系，作为具有决定意义的中间力量，几乎总是能有意无意地做出明智的抉择。他的抉择虽然有的出于派系斗争，有的是迫于时势无可奈何，但终究顺应了"不可阻遏的革命浪潮"，促使国家民族走向良性方向，也为自己留下"青春戎马，晚节黄花"的身后评价。曾为李宗仁撰写回忆录的唐德刚认为，李宗仁"匹夫一人系天下安危"，他是"近代中国这座高楼大厦的一根主要支柱，没这根柱子，则今日这座大厦，可能又是另外一栋不同的建筑了"。无论是在地方派系、国民党内部，乃至晚年回到大陆在共产党方面，李宗仁都受到了高规格的礼遇，都给予了他很高的评价。说白了，李宗仁这个人是谁也不得罪，在我们今天看来，多多少少有点"和事佬"的意味。因此可以推断在处理汤恩伯的问题上他是不会做出太过激的行为，但他做不出来不代表陈诚做不出来。

说起陈诚，就不得不谈谈李、陈、汤这三个人的三角矛盾关系。李宗仁和陈诚一向是貌合神离、矛盾重重的。陈诚对李宗仁表面上以前辈事之，貌似恭谨，实际上他站在蒋介石的小圈子的核心里，处处提防，时时打击。陈诚在重庆和白崇禧钩心斗角，在第六战区和湖北省主席任上，因为防区和军粮问题，和李宗仁形成了正面矛盾。在陈诚与何应钦的斗争中，李宗仁始终是站在何应钦的一边，抱团对付陈诚。例如第五战区军需局长胡畏三，是何应钦的同乡，也算是亲信之一。陈诚接军政部长之后，立即将胡畏三撤职查办。李宗仁因为何应钦的关系，千方百计地把胡畏三保下来，并且给他一个高级参谋的职位。一直到后来解放战争时期，陈诚在东北战场屡战屡败，曾有人在南京国民代表大会上痛骂陈诚，要蒋介石杀陈诚以谢天下。会后，李宗仁兴高采烈地对那人说："你今天骂得非常痛快。虽然他的参谋总长位置被顾墨三（祝同）夺去了，但是他仍然还是在台上的人物，好好打击他一下是大快人心的事。"

李宗仁曾当着他人面骂陈诚："这家伙完全学老蒋装腔作势那套把戏，表示自己事事都懂，事事都要躬亲。其实，做一个封疆大吏，对于这些事情不懂、不问，又有什么关系？最讨人厌的是那套作威作福的神气，他们自以为非如此不足以逞威风。其实，这种做法，下边的什么真实情况他们也得不到，只有使底下的人对他蒙蔽欺骗。"接着他又说，"这个人是非常狭隘的，又喜欢玩弄权术。他和何敬之（何应钦）向来是水火不相容的。因为汤恩伯和何敬之的关系较近一些，所以他千方百计地给汤恩伯小鞋穿。这次汤恩伯在河南作战，真成一个落汤之鸡了，陈诚绝不会放掉这个机会，一定会落井下石，打击汤恩伯一下。昨天夜间我到他的住所去看他，他假借老蒋的名义口气把汤恩伯痛骂一顿。最可恶的是他还假借老蒋的意思，要我以老前辈的身份，对汤恩伯好好教训一番。这明明是他又在弄借刀杀人的把戏，我才不上他的当呢！说起来，汤恩伯几年来在河南不务正业，一个军人就应该好好地练兵打仗，却把大部分的精力都放在搞政治、搞经济上面去了。军队扩充太大，军官提升得太快，怎么能够作战呢？今天的失败，也是自取之咎。我的为人，一向是不肯对人落井下石的。无论如何，我不能够使汤恩伯太过不去，下不了台。"

其次，李宗仁与汤恩伯的关系也一向是矛盾重重。汤恩伯原来是在第五战区李宗仁指挥之下的军团司令，在属于第五战区建制部队的时候，他一向是自立门户，不听指挥。因为他是蒋介石的嫡系部队，李宗仁对之也无可奈何。以后汤恩伯升任鲁、苏、豫、皖边区总司令，防区介于安徽李品仙和豫南、鄂北之间，汤恩伯和大别山中的李品仙在掠夺人民财产和军事防务各方面，经常发生正面冲突，和第五战区长官部方面也摩擦不断。最后发展到凡是从李宗仁部出去的人，汤恩伯都一律收容。不仅如此，他还从李宗仁的幕府中千方百计地拉人。例如曾在第五战区长官部担任军法执行监的唐

166

星、参议陈江、秘书臧克家等，以后都成为汤恩伯的幕中之宾了，李宗仁对这些事情都很不愉快。

至于陈诚与汤恩伯的关系，他俩在蒋介石的王朝中，都是独树一帜的人。陈诚是"挟天子以令诸侯"，汤恩伯就来个"将在外，君命有所不受"以抗之。又加上陈诚与何应钦在朝中互争雄长，而汤恩伯与何应钦关系较深，这就必然引起两人之间的严重对立。后来解放战争中汤恩伯回忆起中原会战失败后的场景，曾在他的参谋长万建藩面前大骂陈诚，他说："抗战期间河南会战之后，如果我们不调离第一战区到黔桂路方面去，在陈诚的指挥下，我汤某的头早就被他拿下来了。我们现在京沪一带处处受他挟制，不该管的事情，他也要过问。如果他不离开参谋总长的位置，最好我辞去卫戍京沪的职务，要么就调到地方上去。"从这些情况来看，他们之间的矛盾是愈演愈烈的。这样相互之间矛盾重重的三个人，同床异梦，此刻对于汤恩伯的处理只会更加让人难以捉摸。

1944 年 6 月在西峡口开始举行会议。除了陈诚、李宗仁、汤恩伯三人之外，汤总部的几位幕僚人员以工作人员的身份参加了会议。会议由李宗仁主持，陈诚本来企图假手李宗仁来给汤恩伯一点压力，谁想李宗仁在开场白的时候，来一套对汤部官兵表示慰问的说辞。接着又说："打仗嘛，就有胜有败，有进有退。这次河南会战的第一阶段，已经完全达到了消耗敌人、疲惫敌人的战略目的。而河南平原本来就无险可守，现在转进到与我有利的豫西丘陵地带，部队经过休整之后重新部署，以逸待劳，完全可以转败为胜的。"李宗仁讲话的时候，陈诚坐在旁边，两目时睁时闭，频蹙眉头，大有不以为然的样子。

李宗仁讲完话后，汤恩伯即以很长的时间汇报了战斗经过、当前的敌情，和部队收容集结布防情况。最后是陈诚发言，他首先说："重庆最高统帅部认为这次中原会战的结果，完全出乎意料之外。以为鲁、苏、豫、皖边区大兵团主力军，已长期没有参加战斗，经过这么久的补充整训，应该打个漂亮仗，想不到一经接触就全线垮了下来。"接着又说，"最高统帅对河南战局的变化，非常焦急和忧虑。

当前整个世界战局形势非常好，已接近胜利阶段。欧洲战场上盟军在诺曼底登陆之后，已攻占罗马；意大利法西斯已经崩溃；罗马尼亚、保加利亚等国已纷纷退出轴心集团；德国本土在盟军东西两方面的空军战略袭击之下，已摇摇欲坠；太平洋上盟国海军越岛进攻，已攻占马绍尔群岛；盟军连续空袭日本本土，已经给不久的将来强行登陆打开道路。而河南会战的失败，不但对盟军作战没有起到配合作用，反而给士气一落千丈的敌人打了一针强心剂。"最后，他又说，"敌人的失败已成定局，河南平原的得失关系于抗战事小，关系于防止异党的活动事大。因为胡宗南准备了多少年的用之于防共的兵力，现在不得不抽调出来一部分，用在陇海线上阻击西犯的敌人。同时，第五战区桐柏、大洪山区的新四军，由于豫东、豫中的全部沦陷，扩大了他们活动的空间，他们很可能在中原地区开辟更多的敌后根据地。这就使第五战区方面要以更多的兵力来监视新四军的活动。而太行中条山区的八路军，随时可能渡河南下。同时，由于日本侵略军战线拉长，兵力分散，后方空虚和扫荡力量的削弱，无形中又给了黄河以北的八路军活动发展的机会，大大地加重了抗战胜利以后，复员建国的麻烦"之类。

陈诚的讲话，一方面有意地加重汤恩伯河南会战失败的责任，给他一点压力；另一方面又有计划地把会议讨论的重点，转移到防共反共方面来。汤恩伯坐在旁边垂头丧气，一言不发。李宗仁继陈诚讲话之后，借题发挥地讲了一些鄂东、豫东新四军方面如何"钳制国军兵力"，共产党在安徽李品仙防区内如何地加强活动，并说："第五战区在襄花路（襄阳到花园）方面，负责监视异党活动任务的三个挺进纵队，李朗星、曾宪成、曹勖和豫鄂边区游击总指挥等部，兵员少，装备差，实力已远远不足应付当前的情况。加上暂编第一师（师长王认曲）的力量，算来也是有限的。今后势必还要加强这方面的力量。"就这样，你说你的，我说我的，直到日落西山，什么问题也没有做出决定，会议就算告一段落。

当天晚上，汤恩伯曾到李宗仁的房里谈了很久。据李宗仁说，汤恩伯对他的谈话，态度非常恭顺，但对于陈诚却责骂不休。他认为陈诚在朝中和严嵩一样专横。汤恩伯把河南会战失败的责任推到蒋鼎文身上，认为因陇海方面的败退，使黄泛区的汤军站不住脚，不能不撤到平汉路以西。这样，敌人就达到了打通平汉路的计划。最后，还向李宗仁透露：他从大本营方面得到情报，将来长江以北各战区可能进行一次大调整，这一调整主要是围绕着防共和反共为中心的目的进行。李宗仁认为，陈诚这次到前方来，表面上是负责整顿第一战区的军事，实际上是衔蒋介石之命不公开地研究调整战区的方案。

第二天上午，继续开会。陈诚首先提出要汤部和第五战区豫南部队协同出击豫中方城、叶县一带的敌人，以钳制陇海线敌人的西犯。汤恩伯是败军之将，已不足言勇；李宗仁站在第五战区的本位立场上，也表示不同意目前进行反攻。他们一致认为豫中平原，有利于敌人机械化部队活动，进行反攻得不偿失。这个问题没有讨论出结果。汤恩伯继而提出豫西大军云集，地方存粮已调拨一空，要求从鄂北方面调拨接济。陈诚以湖北省主席的身份，说明湖北粮食供应第五、第六两战区已经捉襟见肘，无力外调。李宗仁又以第五战区本位的立场转到陈诚方面来，表示豫西部队缺粮应由陕西方面调拨，不能打乱湖北粮食的供应计划。最后陈诚表示他到西安以后解决这个问题。

会议最后除了谈一些关于如何加强安徽方面和鄂北随县、枣阳一带的防务，以防止共产党和新四军乘机活动以外，并就豫西南的防务部署，如何配合胡宗南部队确保潼关等问题，交换了意见。会议就这样结束了。下午陈诚乘汽车前往西安，李宗仁取道南阳在第二集团军刘汝明司令部住了一宿，然后回到老河口。

汤恩伯路过西安时，又遇到胡宗南摆布的一次检讨会。检讨会的目的本是看汤恩伯的笑话，但结果转到了反共反人民的问题上，大家唏嘘叹气而散。事实是这样：1944 年 9 月前后，汤恩伯由于调重庆，路过西安，胡宗南便在他的公馆里为其饯行。胡宗南在事先安排好，除了宴请汤恩伯及其亲信万建藩等人之外，还要他的参谋长范汉杰、副参谋长李昆刚、"反共专家"托派分子周天僇、张大同以及政治部主任顾希平、第一战区调查统计室主任文强等人作陪（胡宗南当时是第一战区副司令长官，陈诚是司令长官）。在席上，胡宗南首先说明聚会的目的，"是为汤先生到重庆饯别，同时借此机会检讨这次中原会战的失败教训。请汤先生报告一下，大家都可提供意见"。当胡宗南这番话说完之后，汤恩伯不知葫芦里卖的什么药，沉默了许久，然后抱头大哭，接着就断断续续地说："中原战争失败之责全由我负，蒋长官（指蒋鼎文）虽然拉了我的后腿，我不怪他，怪也来不及了。胡先生要我报告，我不知从何说起。"汤恩伯就这样结束了他的所谓报告。

又沉默了许久之后，胡宗南的眼光扫到周天僇、张大同的身上。周天僇才强打精神说了一些什么"当前的国际局势，由于苏联反攻的大捷，由于美国盟军在太平洋的越岛进攻，由于第二战场的开辟，世界法西斯轴心的垮台似乎已经到了决定性的关键时刻。但就国内情形来说，中原之败，而且败得这么惨，是出乎意料的"。胡宗南听了默默点头。张大同接着说："要抗日战争胜利迅速地到来，关键在于太平洋开辟第三战场。"他又说，由于苏联的节节胜利，法西斯轴心国的失败，国际形势将会起根本的变化。由此不能不考虑到我国国内的问题，在他看来，国内问题不是日本而是共产党。张大同这么一说，会场上立刻出现了紧张的气氛，胡宗南连连称道，说："有见解，有道理。"接着汤恩伯说："我说战败的责任一切都归我负，我只说到一方面。我看中原之败，失陷在日军之手不足惜，问题是为共产党造成了机会。中条山之失是这样，太行山之败也是这样。我在四省边区苦心经营，主要目的是对付共产党，可惜日军打碎了我的计划。这次到重庆怎能去见委员长呢？"汤恩伯说完又是一阵大哭。那天的所谓饯别检讨会就在汤恩伯第二次的痛哭之后不欢而散。

汤恩伯自中原战役一败涂地之后，在各方舆论的抨击之下，尤其是在陈诚的打压之下，其小集团完全瓦解。表面上看来，汤恩伯仍得宠于蒋介石，但自中原战役之后仅被摆在一个空头高位上，成了一个传达命令的工具，并不能像过去那样，大权在握，为所欲为了。尤其是他苦心经营多年组建的汤恩伯军团在中原战役中被打了个七零八落，而后仅有的十三军、二十九军、八十五军嫡系部队也被陈诚下毒手拆散。

假借抗战百般刁难强吞并
杀敌无功消己有力难服众

收编友军为己用　调兵换将瞒私心

入主中原后的汤恩伯一直在寻思如何壮大自己的实力，扩充部队。其一方面广招部队，将境内的一些地方武装、土匪、流氓、无业游民乃至部分伪军都招致旗下，另一方面就打起了友军的主意，这里的友军当然不是指共产党，而是在国民党政府旗下的一些其他军阀的部队，虽说同为国民党政府管辖，但所谓的中央政府不过是有名无实，各派系军阀独立掌握武装，割据一方。但也有些部队后被编入了国民党军队系列，而汤恩伯打的就是这些部队的主意。十二军的遭遇就是当时汤恩伯吞并他部、排除异己的最好证明。

第三集团军第十二军原系冯玉祥西北军之一部，保持着西北军爱国保民的传统，特别是一般下级干部和士兵勇于卫国杀敌、不怕牺牲、遵守纪律，因而受到民众的普遍赞扬。该军前身是由西北军韩复榘部一部扩编组成。1929 年 5 月，韩复榘叛冯投蒋，其一部改编为第三路军第二十二师。1930 年 3 月，第二十二师扩编为第十二军，孙桐萱任军长，贺粹之任参谋长。下辖第二十二师，谷良民任师长。

第十二军自抗日军兴以来，转战鲁、豫、赣等省，担任主要方面的作战，基本上都能完成或出色完成上级赋予的任务。1939 年下半年，该军奉令牵制敌人增援湘、桂方面之作战，除以主力仍担任郑州至周家口的河防外，还派遣第八十一师渡过黄泛区，在豫东游击并对开封、商丘间交通线进行破坏。因不断袭击开封和反复颠覆敌之运输列车，并一度克复兰封（今兰考），牵制敌人两万余人，达到了预期的目的。事后被评为全国游击战第一，当时蒋介石大喜曾

171

亲自嘉奖。1941 年克复郑州之役，击毙日军小林联队长和尉级军官数名，并打伤其指挥官鲤登少将，虏获战利品多种。当然，第十二军的抗日战绩远不止于此。

第十二军和第五十五军，是第三集团军的建制部队，孙桐萱任总司令兼第十二军军长。虽然十二军能征惯战，但蒋介石一向有非黄埔系不重用、非浙江人不重用的传统。对于手下的很多非嫡系部队都是战时放在战场第一线，平时放在改编第一线，想尽一切方法消耗其兵力，改动其人员。因此作为地方派系的十二军，又是叛降部队，即使再能打，蒋介石也不会给几分好脸色。1938 年，蒋介石以分化手段，借故令第五十五军脱离第三集团军建制，从此第十二军就成为第三集团军唯一的基干军。

第十二军前身虽为军阀部队，后有过叛逃历史，但其部队在民族大义上毫不含糊，对日军寸土不让。因此 1942 年 12 月当得知蒋介石要坚决内战，不顾日军的侵略步伐时，第十二军全体将士义愤填膺，集团军总司令兼军长孙桐萱更是因反对蒋介石的内战政策，被蒋以述职为由骗到重庆，随后监禁，免去集团军总司令和军长职务，随后，由贺粹之任军长，唐邦植、周遵时任副军长。1943 年春，蒋介石以莫须有的政治罪名将孙桐萱撤职，同时撤销第三集团军番号。从此，第十二军就陷于极度困难的处境。

不仅如此，后来在第十二军军长贺粹之的儿子贺济华的一段回忆中，也能看出几分不同：

> 我从小学三年级，就在郑州河北省流亡小学吃小米饭，后升入河南流亡洛阳中学，管吃不管穿。抗战胜利后，我转入张克侠将军主持的自忠中学，当时管吃管穿。解放战争时期，我入南京豫州临时高中，管吃，有时也发衣物。但是，因这些学校经常逃亡，流动性很大，不能正常上课，空有虚名，所以我从未受过正规教育，文化很低，这是先父留给我一生的遗憾和痛苦。
>
> 抗战后期，我从流亡洛中步行回家（内乡县—叶县），

时逢春夏之交，我披着一件破旧的棉大衣，当年流亡学生视棉大衣为至宝，因它夜间能盖，白天可穿，故此冬夏不离。当我走进军部时，几个门岗忽然哈哈大笑起来——这时我才知道，棉大衣实在是不能再穿了，羞得我再不想走出军部大门，相形见绌。

日本投降后，我们到河南许昌，我随父亲的汽车（父亲不在场）去日本兵营灌汽油，同去很多汽车，还有司令部的中下级军官。事后就餐，我因穿着破旧，被引进下房，与勤务兵、司机共座，餐始，李木春高参（地下党，李德全之弟，张克侠内弟）硬拉我到上房，并一一介绍，我邻座某总司令之子，全副崭新美式军装，腰佩美式手枪（他并非军人，是一般学生），而我是一身油污，是在座宴席中唯一的"布衣"，真是相形见绌，低人一头。

堂堂军长却也一贫如洗，对其子女严厉苛刻，丝毫没有我们想象中的纨绔子弟、锦衣玉食的样子。身为军长尚且如此，更何况手下军官、士兵，其作风可想而知，与其他国民党部队可以说是对比鲜明、格格不入。

第十二军的战绩可谓有目共睹，从形势看来，明眼人都知道这支部队不会长久，被人吞并是迟早的事。在那个"有枪就是草头王"的年代，与其被别人抢先，不如自己先下手。于是第三集团军撤编以后，对于该军的隶属关系问题，当时曾引起很大的争执。所有统兵带兵的国民党大员都想分上一杯羹，但其中吵得最凶的主要是第一战区司令长官蒋鼎文和副司令长官兼鲁苏皖豫边区总司令汤恩伯。虽然当时从官职上看，汤恩伯只是蒋鼎文的副手，但实际上汤恩伯权掌几十万大军，是真正的实力派，因此几番较量下来，汤恩伯倚仗其权势，硬把第十二军改隶于所部第三十一集团军建制。在第十二军的官兵看来，反正都是国民党军队，都是中国人，只要抗战，管他是冯玉祥也好，汤恩伯也罢，归谁都好，然而令他们没想到的是对日军血战死磕的汤司令，对自己人动起真格来也毫不手软。

作为想称霸一方的汤恩伯，自然不会允许自己眼皮子底下有别的部队，哪怕过去是也不行。因为他深知第十二军过去可以叛逃冯玉祥归属他，以后就可能会叛逃自己，归属别人，想要对付别人就先要把自己手下的部队弄成铁板一块。于是第十二军隶属汤恩伯后，汤为了逐步消灭该军，便开始大换血。

掌握部队首先要掌握干部，从当年大肆建立干部培训班时，汤恩伯就深刻体会到了这句话的含义。1942 年冬末，第十二军改隶于汤部伊始，汤就迫不及待地把该军由洛阳调至宝丰、叶县一带，明为进行整理，实际上是进行阴谋破坏。首先对军部高级骨干以至各师师长、各师政工人员进行毫无理由的大肆调动：他把唐邦植、周遵时两位副军长均调离军部，军部参谋长、军需处长也都换成了他可以任意指使的亲信；对于干部人选上汤恩伯与蒋介石有一点相似，就是不一定要能打仗的，但一定要听自己话的，紧接着他又把第二十、第二十二师师长分别换成与他关系密切却无作战能力的蒋介石机要室参谋股股长赵桂森、暂编第二旅旅长谭乃大，调派给该两师的政治部主任当然也都是他的亲信。

在第十二军的财政大权上，汤恩伯也是一把揽过，他在总部私设经济专员，违反制度地控制第十二军的经济权，对于国民党政府下拨粮款私自扣下，克扣军饷，硬性规定按月拨给其总部粮款各若干以供应其开支。如此一来，第十二军的粮款根本就不足为继，当兵打仗连饭都吃不饱。为此，第十二军不得不减少兵额两千名，大大削弱了部队的战斗力。在武器、器材方面汤恩伯同样加紧控制，第十二军因为是正规编制部队，因此训练器材、武器装备都是国民党政府正式下发。但对这些装备、器材，汤恩伯也是任意扣留，配发给他手下扩招的那些无编制部队，舍弃精兵强将而不用，专注乌合之众。他还强行没收该军修械所大部分机械、器材和枪支等，使该军失去修械条件，降低战斗能力。

部队打仗最讲究协同配合，集体之间的凝聚力往往是克敌制胜的法宝。第十二军在长期作战中早已形成的默契和认同感曾帮助他们在无数次战斗中活下来。而对于这种认同感，汤恩伯立志要将它改成对自己的忠诚。于是在日军不断加紧入侵，其他各部都在招兵买马之际，汤恩伯唯不考虑如何增强部队战斗力以战胜敌人，反而借口部队国军化，乱拨乱调，破坏第十二军建制。硬把第十二军第二十二师与第十三军暂编第十五师变更隶属关系，而结果只是第二十二师走，不见暂编第十五师调来。他还控制第八十一师归他直接指挥使用，以分割第十二军的战斗力，一个军瞬间失去了两个师的兵力，真可谓痛失左右手，全军濒于瘫痪无力状态。

原本希望跟着"中原王"大干一场的第十二军将士，面对如此的种种阴谋危害措施，全军上下焦躁不安，大失所望。军长贺粹之自然不能缄默，屡次向汤恩伯提出不同意见，据理申辩。但一向精明奸猾的汤恩伯不仅不给予理睬，反而打起了官腔："调换部队长和骨干以新十二军的面貌"，"部队调拨使用和变更隶属关系有利于十二军传统思想习惯的逐渐国军化"，"我的办法都对你们有好处，你无须操心"。并威胁称，谁人若再有异议，就是"封建"，应该"考虑对上级的态度问题"。

除了从内部破坏分化以外，汤恩伯还不断地在外界造谣诽谤，破坏第十二军的形象，从而为其下手裁剪铺好道路。汤恩伯的嫡系部队在中原地区依仗着"军事第一，军事保密"的口号，把驻地的村庄居民全部赶走，即将民房变成营房。老百姓怨声载道，敢怒而不敢言。第十二军改归汤部时，接收的就是这种"营房"。因第十二军官兵绝大部分是河南人，便于接近当地群众，得知此事真相，随即把不必需的和尽可能腾出的房屋退给了老百姓。对于此一正一反的对比，老百姓自然将"脏水"都泼向了汤恩伯的嫡系部队，原本就看第十二军不顺眼的他们，此时正好找到了借口。于是借机怂恿其下属人员乘机谩骂第十二军"沽名钓誉，收买民心，是亡国奴式的队伍"。在作战之际，更是不顾第十二军抗战以来的战绩，不顾当时的实际情况，在重庆散布"十二军不抗战"的谣言，让国民党高层产生对第十二军的误解。

1944 年春，日军进犯中原。由于担任郑州一带正面河防的汤恩伯部队阵地很快就被敌突破，导致全线溃退。被日军的战车、坦克

175

打得慌了神的汤恩伯军团自从日军突破黄河防线后就如丧家之犬。像汤恩伯军团这样混编杂乱的部队，若是打胜仗，自然是人人奋勇争先都想讨个头功；若是打败仗，每支部队过去几乎都是武装，因此谁也不想损兵折将，逃起来比谁都快。特别是第三十一集团军各军，并未与敌接触，即闻风远逃，溃不成军，使敌人机械化部队长驱直入，如入无人之境。仅非汤恩伯嫡系队伍的暂编第十五军犹在前方酣战，牵制敌人。汤恩伯遂直接命原下属第十二军的第二十师由叶县兼程前进，归暂编第十五军军长刘昌义指挥。该师与敌机械化部队遭遇于襄县以北及颖桥一带，激战昼夜。由于该师师长赵桂森无作战经验，指挥失当，将士虽英勇杀敌，但损失惨重，计阵亡团长刘国昌、曹和光，营长阵亡两员，伤两员，其他官兵伤亡达五百余人，被迫撤退。同时，汤恩伯为坚守叶县掩护洛阳侧背，直接指挥第十二军第八十一师。因他举棋不定，在两日夜间先急由叶县开至临汝，复由临汝、邦县之间兼程前进，往返两次。部队虽疲惫已极，而士气仍甚旺盛，与敌强大机械化部队在郊县遭遇，激战终日。敌以主力向洛阳侧背逸去，战事即告结束。

上述情况表明，汤恩伯从指挥上分割使用第十二军各师，使军部失去指挥作用，很明显是要拆散第十二军，是利用抗战消灭异己。但第十二军各师在被分割使用的情况下，发挥了应有的抗战力量，获得了相当的战果。然而遗憾的是，第二十师由于赵桂森指挥无能，遭到惨重损失。赵桂森此人虽是蒋介石身边的机要参谋，但一直身处机关，对带兵打仗、前线作战并不通晓，只因为在委员长身边久待，才得到汤恩伯重用，按这样的情节来说，起码应予赵桂森以撤职处分。但汤恩伯不但不予其应得的处分，反调升赵为第十二军副军长。第二十师因战后亟待整理，汤恩伯准以第二十二师副师长单裕丰调升第二十师师长。在这次会战中，第十二军各师由于汤恩伯直接指挥、分割使用，使全军未能统一部署、统一作战，以充分发挥应有的战斗力。尤其在会战进行中，看到各军的行动和在战场上的混乱状况，实难形容。

除指挥混乱，更重要的是各部队之间不明敌情，嫡系部队对第十二军见死不救，相互推诿。当第十二军连日与敌机械化部队激战之际，汤恩伯的基本部队各军原本可趁日军被第十二军纠缠之机打个措手不及，但各部却畏战不前，争先恐后地纷纷撤退，未及参加洛阳正面会师即溃不成军。可是，汤恩伯始终没有给第十二军下撤退命令。第十二军在上述极混乱的状态下，成了掩护部队，最后被迫转入伏牛山准备再战。而汤恩伯还造谣说"十二军自由行动"，显然是别有用心的。

如果说平时的改编和整顿只是为了将第十二军彻底变成汤恩伯个人的军队，那么在豫中会战，面对日军随时可能到来的铁蹄而进行所谓的"内部整顿"就是用心险恶，企图彻底葬送第十二军了。中原会战中第十二军在伏牛山区活动十余日，汤恩伯不发给给养和食盐，官兵终日不得一饱，且在电话中听到第三十一集团军总司令王仲廉向汤部某高级人员诬蔑说"十二军行动不稳，靠不住，须监视其行动"，激起全军极大愤慨。

战后，汤恩伯调第十二军至镇平、内乡一带整训，又以明升暗降的手段调升贺粹之为第二十八集团军副总司令，将素与他很接近且能顺从其意的张测民调升为军长。从此汤恩伯更加为所欲为，不但对该军压饷两月不发给，且每月只发给十日粮食，并令地方政府不准借给第十二军粮食，使部队无法生活，还须整训。处此极困难的情况，官兵们仍严格遵守纪律，引起当地老百姓很大的好感，纷纷自动借粮食给该军以维持生活。但是与第十二军同驻一个地区的汤恩伯嫡系部队第八十九军，随时都能在兵站领取给养。相形之下，情何以堪。

十二军被逼出走　蒋介石怒撤番号

汤恩伯对第十二军的种种压迫，已使该部官兵愤恨至极，却又敢怒而不敢言。由于贺粹之与第十二军官兵之间存在着坚持抗战、休戚与共的共同愿望，故当他到新职以后，该军各级干部惶恐不安，反汤情绪愈加激烈，全军陷入动荡之状，深感前途难以设想。此时汤恩伯又要改调该军到陕西省商南县一带整训，军心愈惶惶不定。

在此紧迫情况下，其高级干部为继续抗战另谋出路，就与贺粹之秘密商量，决定首先接近大洪山地区，而后借机与新四军取得联系，第十二军真可谓被汤恩伯"逼上梁山"。为达到这个目的，避免阻挠，全军必须先到第五战区探听情况。贺粹之遂借故向第二十八集团军总司令李仙洲请短假，前往第五战区司令长官司令部所在地老河口。

第五战区司令长官司令部参谋长王鸿韶与贺粹之原是保定军校的同学，两人情意颇深，贺粹之找到他以后又通过引荐，会晤了李宗仁，获悉李、汤之间矛盾严重，李宗仁对第十二军的处境甚表关切与同情。贺粹之据此判断：当第十二军脱离第一战区进入第五战区境内，继续前进至新野以南随枣地区米文和军（亦西北军旧部）左翼至大洪山中间空隙地带，与敌保持接触，即停止行动，李宗仁不会采取和汤恩伯一致的态度，但也不会置之不理；另一方面，亦可凭借接近了大洪山区新四军而要挟蒋介石，使他莫可奈何第十二军。

贺粹之主意既决，折返第二十八集团军总部驻地内乡，即与第十二军主要干部（因第二十二师师长谭乃大系汤恩伯亲信，故临时以资深团长蒋菏滋暂代该师师长）做了商谈和必要的安排，经一致同意，决定于1944年7月8日黄昏后，开始向唐河开进。旋即按时行动，贺粹之特意专函王鸿韶，说明第十二军开始行动，要求他通知第五战区境内沿途驻军，勿生误会，并转报李宗仁。部队行至深夜，闻枪声四起，时起时伏，原来对贺粹之这一段时间的打算汤恩伯早已看在眼里，记在心上，严令各部若发现第十二军有异常行为，立即采取行动。在第十二军行至镇平、内乡、邓县（今邓州市）等县时，地方武装团体对第十二军截击。但一方面由于各地方团体武装深知不是第十二军对手，再加上不愿参与汤恩伯军团内部争斗，大部分截击只是走走样子，尤其在第十二军未予还击后，地方团队便更加猛烈地向天空射击，以应付了事。至翌日拂晓前，汤恩伯派遣的追击部队第八十九军在邓县、新野交界地区与第十二军一部发生武装冲突。第十二军为避免作战，且战且走，故未演成真正战斗。

178

后又在邓县、新野交界处稳滩镇有民团四五百人截击，因与第二十师先头部队突然遭遇，发生局部冲突。但后来第二十师师长单裕丰派人持函前往说明反对汤恩伯的原因后，戏剧性的一幕发生了，对方不仅不再截击，反而送来酒、肉、纸烟等以欢迎第十二军队伍，并代为收容零星伤兵。该军旋即全部到达第五战区新野境内。

第十二军继续向目的地前进。当先头部队已到唐河，主力到达新野城东南数公里一带时，王鸿韶向贺粹之以电话传达李宗仁意旨："即时停止行动，并经要员即前去面晤接洽。"继知李宗仁的另一意旨："要该军即时表明态度。"是时，第二集团军总司令刘汝明和副总司令曹福林亦通知说："李长官已通令前线部队，不准十二军再向东去。"第十二军为情势所迫，不得不屈从了李宗仁的意旨。同时也由于幻想桂系与西北军联合，冯玉祥能够东山再起，因而未能坚持到达随枣地区之目的，即停止了行动，并径电蒋介石和上级有关部门及李宗仁以表示态度。主要内容是：第十二军官兵接受不了汤恩伯之急于建军、加紧人事调换和变更建制的措施，因这样会影响战志战力，会不利于抗战；今后要求，愿在第五战区继续抗战。同时，也专电冯玉祥先生，请他明了事件的真相。汤恩伯鉴于以武装打垮第十二军的企图未能得逞，更不甘心该军立足于第五战区，遂派遣一批要员前往该军驻地，分头面见各级部队长，进行欺骗宣传，企图使第十二军仍回第一战区，均被严词拒绝。汤恩伯恼羞成怒，复派遣多人潜到该部队驻地附近秘密散发传单，咒骂第十二军为"逆军叛变"，并按级别悬赏通缉团长以上人员。

第十二军到达第五战区表明态度以后，李宗仁虽力图支持该部队的行动和要求，直接或间接地向蒋介石讲了一些切合实际的公道话，如：该部行动的动机是为了抗战，还是不错的，且抗战以来还表现了一定的成绩，此次行动中毫无扰民之事，能遵守纪律等。但蒋介石一向多疑，这些话徒增蒋介石对李和第十二军的疑窦，反而认为李宗仁试图吞并第十二军以强大自身实力，再加上汤恩伯等人在一旁煽风点火，此举没有取得委员长的丝毫谅解，其结果第十二军的番号被撤销，给贺粹之以撤职查办的处分。

第十二军番号被撤销后，全军部队被编并为两个师。起初全军主要干部不愿接受这个办法，李宗仁的特派员再三解释说：不按照指示办理，粮饷无着落，先行编并，遇机会再设法恢复。当时大家认为这也是合理的，故表示服从。关于全军善后问题，乃由第五战区给贺粹之以高参名义负责办理。按照上级指示：撤销了第二十师，将该师及军部直属各单位的兵员酌拨给第二十二师和第八十一师做补充，由单裕丰、葛开祥分任师长；第二十二师直隶第五战区，第八十一师编入第五十五军，统归第二集团军总司令刘汝明指挥，但为维系部队整训，便于尔后之作战，刘汝明仍责成贺统负两师之责，因此贺粹之暂时仍不能脱离。然而重要的是，由于军部撤销、部队分拨，隐藏在他们心目中的所谓出路问题没有得到彻底解决，因而不能不借维持现状以待机再举。

1944年秋，蒋介石鉴于部队缩编就绪，善后问题基本解决，遂电召贺粹之到重庆会见。但鉴于蒋介石一向的脾性，单刀赴会的很少有过安稳结局，就连自己的结拜兄弟都能软禁，更何况他人。此去重庆要么是对贺处分问题的执行，要么另做什么解决，但起码使他脱离该部的意图是明显的。两师干部和贺粹之自己一致认为此去凶多吉少，不便冒险而行，因而借故未去。入冬以后，蒋介石之另一亲信，号称"天子第一门生"的胡宗南曾在西安面托刘汝明向贺粹之达彼意，说要他务必来西安会面，保证让他们绝不吃亏地解决存在的问题（即第二十二、第八十一师的隶属关系及他个人前途的问题）。贺粹之素知蒋鼎文、胡宗南、汤恩伯在河南时被百姓合称"糨糊汤"，乃一丘之貉，绝不会真有什么好意，故未去西安。但胡宗南对此节仍不放松，时至冬末，他特到南阳刘汝明总部，要贺前来会晤。见面后，胡宗南坚持偕贺粹之去重庆见蒋介石，一再保证要圆满解决存在问题，并流露出以两师重编成军，仍由贺粹之负责军长之意，但须归他统辖，更须见蒋介石，才能实现其保证。贺粹之以"斯辈之保证再不能轻信"，当即借故拒绝。胡宗南极为不满，故尔后对该部之破坏就不止于造谣中伤，而是趁作战机会直接以武力杀伤损害了。

1945 年春，豫鄂边区战事发生。贺粹之以李部高参名义指挥两师作战，固然是极不相称的，但为了抗战，不能不克服困难，勉力从事。当时以掩护第二集团军主力西进之目的，与步、骑、炮联合之敌及伪军组成的混合部队数千名，在邓县文渠集中间地区发生遭遇。正在展开激烈战斗，突遭中美混合机队连续轰炸扫射。原本以为是误炸，但经反复确认联络，飞机编队仍反复轰击如初，前前后后足足炸了两个小时，不要说是误炸，就是对日军战斗中空军火力覆盖也很少有这么长时间的轰炸，由此推断此次行为绝不是发生误会，而是执行任务，并撒下了"还我河山"的传单。打日军时不见火力掩护，反倒到了自己人头上炸得比谁都凶。遭此难以设想的诬蔑和所受的惨重损失，又有谁能不感到极大的愤慨与痛心？适于此时，胡宗南打电话给刘汝明询问贺粹之的抗战态度，并要求他把贺粹之调离队伍。由于刘汝明特派专人催促，贺粹之随即决心脱离，马上当面将作战任务对两位师长略作交代，并告知他们自己即到刘总部暂住。

上述混合机队之为虐，显然是胡宗南之作祟，企图打乱第二十二、第八十一师之作战以达到消灭的目的，是不言可知的。由此引起了地方对该部的歧视，谣言四起，但该部并未因此而动摇抗战的意志。在没有统一指挥机构的情况下，两师紧密协同动作，在文渠集与敌激战终日，完成任务。继而渡过丹江，奉令以确实掩护草店第五战区司令长官部（当时刘峙为司令长官）之任务，向淅川以南附近之敌，求其主力而击破之。在行军所过之处，由于恶毒谣言的影响，该两师被民众误认为伪军，纷纷逃避。但因该部纪律严明，不进村庄不入民宅，当地民众反而极表好感，自动送给养，并辗转相告："这是冯玉祥的军队，甚好队伍，把这队伍说成伪军是谣言。"官兵们在民众鼓励之下，抗战情绪更加高涨。由于两师密切联系，协同作战，奔驰于淅川以南及西南附近地区达两周之久，不断击败遭遇之敌，彻底完成了自己的任务。尤以第二十二师连续击破诸兵种联合强大优势之敌和兵力约相等之敌，两次共计歼敌七八百名，当场击毙大佐等校级军官五名、尉级军官十余名，俘一名；取得了突出的战绩，战后被评为全战区最优成绩，以长期以来的劣势装备和缺编队伍，能达到如此战绩真是难能可贵。

由于第五战区不发给该两师全战区通用密码电本，故只能向第二集团军总部联系，形成孤军作战，造成很多困难，但终于出色地完成了任务。战事结束后，该部奉调整训。当第五战区司令长官刘峙到第二十二师做部队慰问时，该师师长单裕丰当面提出以下三点质疑：

一、为什么中美混合机队既轰击敌人，复轰击我军，并撒下"还我河山"的传单，居心何在？

二、为什么不发给我们部队全战区通用密码电本，居心何在？

三、为什么不按时发给我们部队服装和给养，又是居心何在？

以上三点质疑可谓字字掷地有声，句句肺腑之言，问得刘峙瞠目结舌，回避不答，只是支吾其词，面露难色。在刘峙此次慰问部队到达刘汝明总部时，贺粹之被叫去和他见面。刘首先告贺应去重庆见蒋介石，否则无从解决自己的问题。贺粹之即时向他汇报了文渠集作战经过，着重指明：中美混合机队滥肆轰炸我军，确不是出于误会，而是有意识的动作，要求他严惩其负责人；邓县县长某对我军滥造谣言，当地人所共知，使我作战部队受到不应有的恶劣影响和惨重损失。刘峙也是无言可答。没过几天，蒋介石再一次电召贺粹之去见。贺到重庆见蒋后，接受了国防部部员的名义，回避了入陆大将官班受训的指示。此时，重庆已盛传日本投降的消息。贺深感兴奋，但同时也痛心地获悉，由于整编部队，第二十二师被撤销了番号，把队伍以营为单位分拨补充给第五十五军。从此，第十二军就只剩下第八十一师隶属于第二集团军第六十八军了。1949年5月3日，长期以来被打压抑制的第八十一师的官兵，再也无法忍受如此排挤行为，在江西省弋阳县起义，加入了中国人民解放军的行列。

从第十二军的经历完全可以看出，所谓"中原王"汤恩伯可谓"一丝不苟"地继承了蒋介石非黄埔系不用、非浙江人不用的排外思想，利用抗战借口大肆吞并其他部队，并全程瓦解、排外，不断降低自身实力，真是敌寇未到，自损三分啊。

第七章　无力回天

"五大主力"之首遭全歼

1946年，在国民党军事整编会议上，五支国民党军队内战斗力最顽强、装备最为精良的部队从数百万军队中脱颖而出，被誉为"国军五大主力"。整编七十四师，全系美械装备，为甲种装甲师，无疑是国民党"王牌军"中最为耀眼的一颗战场"明星"。

国民党整编七十四师，其前身为七十四军。1937年8月，在武汉的国民革命军五十八师师长俞济时被任命为新组建的国民革命军七十四军军长，下辖五十八师和五十一师。七十四军创建于危难之时，受命于危难之间。当时淞沪会战的序幕已经拉开，尚未来得及举行建军典礼，且其下辖的王耀武第五十一师仍在陕西尚未归建，便开赴淞沪战场与日寇鏖战。在抗日战争中，这支部队在战争中积蓄能量，逐渐成长壮大，由弱变强，它拥有"御林军""抗日铁军""虎贲师"等一系列美称，并先后两次荣获国民党军中最高奖励——"飞虎旗"荣获一次国民党政府第一号武功状，连美军顾问团都曾称赞"中国只有七十四军能打"。它先后经历过淞沪会战、南京保卫战、武汉会战、长沙会战、南昌会战、上高会战等一系列的恶仗、硬仗、险仗，历经百战而不衰，辗转千里建奇功，堪称国军抗战部队之典范、中国军人荣誉之表率。军中产生了国民党第一战区第三十六集团军司令俞济时、第四方面军司令官王耀武、师长张灵甫等众多的名将。

张灵甫，原名张仲麟，字灵甫，1903 年 8 月 20 日生于陕西省长安县（现西安市长安区）东大乡东大村一户普通的耕读之家，身材高大，长相英俊，书法超群，先后考入北京大学历史系、黄埔军校第四期步科，还在陆军大学甲级将官班受过培训，年少时因书法过人又与国民党元老于右任结缘并成为忘年交。这些特殊的经历造就了张灵甫从军人的威武中透出儒雅，目光冷峭而凌厉，天生一股卓尔不凡的气派。其个性十分鲜明：作战勇猛顽强，凶狠剽悍，肯动脑筋，肯卖命，善打硬仗、恶仗。

七十四军组建时，张灵甫因轰动全国的杀妻案锒铛入狱，但却被胡宗南、王耀武等人以抗战需要他这样的军事人才为借口从监狱中包庇出来，并委以五十一师一五三旅三〇五团团长。为掩人耳目，故正式改名为张灵甫。为感谢王耀武的知遇之恩、胡宗南及蒋校长的护犊之情，并表示自己改过自新的决心，在整个抗战期间，张对日寇南征北战，经历无数硬仗、恶仗，将生死置之度外，书写了人生最为风光的一页。

1938 年，在万家岭战役张古山反击中，立下奇功，身中七块弹片，鲜血直流，也坚决不下火线，因此名震天下。1939 年 3 月，率部参加南昌会战，在一次前沿指挥战斗期间，右腿不幸被日军机枪两颗子弹扫中，伤势严重，但坚决拒绝医生锯腿治疗的要求，并冒着生命危险拖着半条腿返回了前线。在上高会战中，他的腿再次被炸断。蒋介石得知手下这员猛将虽连续受重伤却坚持战斗在最前线，深感欣慰和心疼，便亲自安排飞机送张去香港，并请英国著名外科专家克雷斯特尔进行诊治。手术后不久，张无意间在报纸上看见"战时军人不宜出国养病"的新规定，便不顾英国医生"再治疗一月就可以痊愈"的告诫和劝阻，伤情未愈而提前归队，从此落下残疾，走路一瘸一拐，世人称"张瘸子"。在常德会战中，张率部在外围反击十分得力，被蒋介石誉为"模范军人"。在湘西会战中，他又因为战功获得美国金质自由奖章。抗战期间，张灵甫几乎年年晋级受奖，从团长至旅长、副师长、师长、副军长、军长，升迁得比谁都快。

自当上军长并兼任"首都"南京警备司令，张灵甫跃上了他人生的顶峰。此时的他踌躇满志，欲在解放战场再建奇功。殊不知，其人生的悲剧已悄悄地拉开帷幕。

抗战的硝烟刚散，内战的烽火又起，蒋介石毫不顾忌民族利益和民心所向，在一片唾弃声中，对中国共产党人大打出手了，长城内外、大江南北，响起了隆隆的炮声。

1947年初，莱芜战役以后，蒋介石集团重新调整战略部署，变全面进攻为重点进攻。为了对山东解放区实行重点进攻，南京国民党政府撤销了徐州、郑州两个绥靖公署，分别组成了陆军总司令徐州总司令部和郑州指挥部，授权陆军总司令顾祝同坐镇徐州统一指挥，协调两战区作战。徐州司令部下辖三个机动兵团：以汤恩伯为第一兵团司令长官；王敬久为第二兵团司令官；欧震为第三兵团司令官。汤恩伯的第一兵团主要包括以下部队：

第七军（广西部队，尚未改编为整编师）；

整编第九师（师长王凌云，由河南调来，于4月下旬到达临沂担任守备）；

整编二十五师（师长黄百韬）；

整编四十八师（广西部队）；

整编六十五师（师长李振，广东部队）；

整编七十四师（师长张灵甫）；

整编八十三师（师长李天霞）。

这其中装备最好、士气最高、战斗力最强者当数张灵甫的整编七十四师，汤恩伯本人甚至是蒋介石都将这支部队作为手中的一张王牌。

为扫清障碍，为实施重点进攻打下良好基础，蒋介石在山东战场上集中了约二十四个整编师、六十个旅约四十五万人。吸取了以往分路进攻常被分割歼灭的教训，决定采取集中兵力、密集靠拢、稳扎稳打、齐头并进的战法。计划第一步完全占领鲁南解放区，第二步实现将山东解放军主力消灭于沂蒙山区，或者驱逐至黄河以北，而后在华北与解放军主力决战，进而出关占领全东北的目的。4月初，汤恩伯、王敬久、欧震三个兵团共计二十五万多人，沿临沂至泰安线北上，占领了鲁南解放区。

孟良崮战役前夕，从3月下旬到5月上旬一个多月的时间里，陈毅、粟裕领导的华东人民野战军遵照中共中央军委"集中优势兵力，诱敌深入，抓住战机，歼灭敌人"的方针，在鲁南、鲁中地区主动出击，实行高度机动回旋，力求调动敌人，捕捉战机。在4月中旬国民党军主力向新泰、蒙阴一线进攻时，华东野战军先集中三个纵队兵力歼灭了泰安的国民党七十二师主力，又集中四个纵队歼灭敌八十三师共计两万八千人，然后又迅速向新泰、蒙阴东北及博山、淄川方向撤退。华东野战军高度的机动回旋迷惑了蒋介石和顾祝同，便急令第一兵团进占坦埠、沂水一线，第二兵团向博山、张店方向进攻；第三兵团集结于新泰、蒙阴地区，协同向东进攻。

第一兵团司令官汤恩伯急于争功媚蒋，不顾陆军总司令顾祝同的军事部署，贸然擅自改变稳扎稳打的战法，不待第二、第三兵团统一行动，即以整编第七十四师为主，整编第二十五、第八十三师在左右两翼配合，以沂蒙公路上的坦埠为主要目标展开军事行动。

5月10日，张灵甫接到汤恩伯签署的作战命令："陈匪（陈毅）主力似仍在蒙阴、新泰东北地区，第十纵队由博山南窜，第二、七、八、九各纵队似仍在莒县、沂水、坦埠附近……整七十四师、整二十五师为攻击部队，归第四纵队黄司令统一指挥，除以一部控制孟良崮、北桃墟要点外，主力11日攻略三角山、水塘崮、杨家寨、黄鹿寨、黄斗项山、卢家山坡、凤凰山各高地，12日攻略坦埠而确保之。"

也就是说，担任中路主攻任务的张灵甫，必须指挥着七十四师重装部队，在短短两天之内，越过从出发地垛庄到目标坦埠三十公里间大大小小的崇山峻岭，在没有桥梁架设条件下越过汶河，并击破对手阻击兵力，攻下坦埠！从战场实际情况来看，这个命令的荒唐程度无法想象。然而，就是在这一纸荒唐命令下，张灵甫为了提高行军速度，在出发点垛庄留下一个团的兵力和大部分车辆，以骡马托运有限的辎重，越过垛庄以北的孟良崮，向北面的坦埠展开攻击。

5月11日，自蒙阴东南的垛庄、桃墟地区北犯，企图乘隙占领沂水至蒙阴公路；另以两个师在左右两侧担任掩护；以桂系第七军及整编第四十八师北进沂水，策应七十四师作战；以整编第六十五师担任蒙阴防御。

国民党军队所要进攻的核心目标——坦埠，是蒙阴和沂水之间的一个山区小镇，也是当时华野的指挥部所在地。七十四师担任中央突破，企图"攻敌之所必救"，一举击溃华野指挥中心，陷对手于混乱和四面包围之中；即便解放军不迎战，也可将华野逼压至胶东一隅或赶过黄河。在这种情况下，稍有应对不当，华野就可能面临全军覆没或被迫放弃山东的危险。

与此同时，华东野战军副司令员粟裕对战场态势做出了如下判断：

一、国民党整编七十四师地位特殊，歼灭该师将能震撼敌军，鼓舞我军斗志，沮丧敌人士气；

二、"中央突破"中的七十四师处于较突出地位，与左右邻之间空隙较大，便于分割围歼；

三、七十四师师长张灵甫自恃作战有功，骄横跋扈，与其他部队矛盾较深，如围歼该部，其他部队不会积极援助；

四、蒙阴、沂水地区多为岩石山区，地形复杂，便于华东野战军隐蔽集结和寻隙穿插；

五、华野主力位于七十四师进攻正面，不需要做大的调动就可出其不意地迅速集中五倍于该师的兵力加以围歼。

5月12日晨，解放军华野司令部下达作战命令，命正在东移的各部队立即西返蒙阴以东坦埠以南地区，同时，做出了在敌重兵集团密集靠拢的态势下，从其战线中央割歼整编第七十四师的部署：以第一、第四、第八、第九特种兵纵队和隐伏在鲁南的第六纵队担任主攻；以第二、第三、第七、第十纵队担任阻援；另以地方武装牵制各路援敌和在临沂及临泰公路沿线敌之后方袭扰与破坏。战斗发起时间：预定13日黄昏，先以第一、第八两纵奔袭敌后，俟两纵达成迂回任务后，第四、第九两纵再行出击。以上部署，体现了在对战场态势充分把握的基础上高度的临机处置权。

与此相比，国民党军队的每一次作战指令，都从徐州陆军总司令部遥遥发来，严重脱离前线实情；华野的实际部署尤其是对七十四师的歼敌计划内容，国民党高层统统一概不知。从这一刻开始，孟良崮战役前线的双方态势对比迅速逆转。

从力量部署对比来看，华野的第四、九纵队从正面出击；第一、八纵队从七十四师左右两翼迂回穿插，割断该师和黄百韬二十五师、李天霞八十三师的联系，抢占芦山；第六纵队从鲁南兼程北上，攻占垛庄，断其退路，形成合围后，与第四、第九、第一、第八四个纵队一起歼灭七十四师；第三、第七、第十纵队阻击国民党军第七、第五军，整编四十八师和十一师，第二纵队保障第八纵队侧翼安全，并策应第七纵队；特种兵纵队除以一门榴弹炮配属第七纵队钳制第七军外，其大部即于战斗打响后西开坦埠以东，待命参战；鲁南军区部队截断临沂至青驼寺公路，并以一部袭扰临沂，牵制敌军。可以说，这一战华野主力尽出，如同一群老虎般，死死地咬住了对面的七十四师；反过来看，国民党军七十四师渡过汶河后，比两翼行进缓慢的国民党兵团突出了七八公里的距离，但仅仅就是这不到十公里的山地距离，把七十四师彻底地变成了一支孤军。

从兵力对比来看，七十四师下辖整编第五十一旅（下辖第一五一团、第一五二团）、整编第五十七旅（下辖第一七〇团、第一七一团）、整编第五十八旅（下辖第一七二团、第一七四团）以及师司令部和所辖师各旅直属部队。每团三千人左右，下辖步兵三个营及迫击炮连、平射炮连、通信连、卫生连等；每步兵营又下辖步兵三个连；师直属部队则有辎重兵团、工兵团、一〇五榴炮营、特务营、通信营、搜索营、汽车连、卫生队、野战医院等，全师共计三万两千人。根据曾与七十四师作战的解放军老兵回忆，七十四师官兵均着清一色的美式服装和墨绿色钢盔，部队训练有素，战术动作纯熟，善于利用地形地物；士兵体力强，冲锋格外凶猛，荣誉感强，骄横异常，自称"天下第一师"。问题在于，七十四师的对面，华野各主力纵队平均在两万三千人左右，粟裕共集中了五个纵队（十一个师）、十多万人的兵力围歼整七十四师，另以四个纵队（十八个师）的兵力进行阻援作战，以至于 5 月 13 日，七十四师渡过汶河后发现面临空前激烈抵抗时，张灵甫和南京国防部犹豫两天后才发现，在七十四师三万两千人对面，聚集的是华野几乎所有的精锐部队，双方兵力对比是一比五，且解放军的兵力数量超过七十四师和最近友邻部队的总和，国民党军在山东四十多万人的兵力优势，此时在孟良崮局部战场却是绝对劣势。此外，在经过宿北、鲁南、莱芜诸战役锻炼之后，华野部队的战术、技术水平有了很大提高；各级指挥员特别是高级指挥员，积累了大兵团运动战的作战经验，已经具备了聚歼强敌七十四师的人力基础。

从装备对比来看，七十四师全部为美式装备，炮多，机枪多，冲锋枪和卡宾枪多，火力之猛为关内其他国民党军无法相比。全师共有十二门 105 毫米榴弹炮（卡车牵引）、三十六门 75 毫米山炮（吉普车牵引）、一百零八门 105 毫米迫击炮（骡马牵引）、一百零八门 81 毫米迫击炮（骡马牵引）、一百零八门 37 毫米战防炮（吉普车牵引）、四百八十六门 60 毫米迫击炮、二百五十五具火焰喷射器、三百二十四具 M1 "巴祖卡" 火箭筒、三百二十四挺 7.62 毫米勃郎宁 M1917 水冷式重机枪、一千零八十挺 7.62 毫米 1918A2 轻机枪、两千四百支 9 毫米美制 M1 汤姆森冲锋枪和加拿大斯太令卡宾枪、四千八百支 7.62 毫米 M1903A1 春田步枪，军官配 9 毫米勃郎宁 M1911A1 手枪。无线电报话机配备到连，共有机动车约三百辆、骡马一千匹，另配有一个战车连协同作战。但孟良崮战役前，因向北去山地太多且山路狭窄，张灵甫考虑到七十四师的榴弹炮营和配属的战车连在山地不好运动，成了作战累赘，早早便把他们打发回临沂，大部分车辆也都留在了出发地垛庄，装备优势方面打了一定的折扣。反观解放军方面，历经多次小胜之后，华野战场缴获颇丰，光鲁南战役就缴获了美式 105 榴弹炮四十八门、美式坦克二十八辆等重型武器，步兵武器也大量换成了美械，武器装备有了很大的改善，以陶勇的四纵为例，该纵队拥有重炮十三门、轻重机枪九百三十六挺，战场火力不容小觑。此外，粟裕又特别重视技术兵种建设，1947年3月专门新成立了特种兵纵队，特纵司令员为陈锐霆（中共党员，国民党南京炮校第二期毕业，任国民党军商震部三十二军炮兵团三营营长，历经喜峰口作战、徐州会战、万家岭战役、宜昌战役等，皖南事变后率部起义参加新四军。其人炮战经验丰富，1938年指挥炮兵作战，全歼日军宫琦联队三千人，1948年指挥十个炮兵团五百余门火炮参加济南战役，淮海战役指挥华野炮兵炮击黄维兵团，1949年指挥三野炮兵炮击干涉我军渡江作战的英国"紫石英"号军舰，1955年授予少将军衔），主要为骑兵、炮兵、装甲兵、工程兵四个兵种，下辖榴炮团、野炮团、骑兵团、工兵营、特种学校和坦克分队，以发展炮兵为主，并以摩托化行军的美式榴弹炮团作为建设重点。为了提高建设成效，华野司令部不惜从各纵队每个连队抽调一名班长骨干来当炮手，很快形成了战斗力。泰安战役中华野特纵就曾大显身手，炮火发挥猛烈，步、炮协同得当，显示华野战场火力已非昔日吴下阿蒙。在后来的孟良崮战役中，虽然解放军在班排连级射火力方面处于劣势，但部队整体火力并不完全逊于七十四师，特别是华野特纵炮兵的参战，进一步改变了双方的火力对比，对歼灭七十四师发挥了很大的作用。

5月11日到13日，七十四师自垛庄北进，以五十一旅为攻击前锋，渡过汶河，全师先后占领杨家寨、佛山角、马牧池等地，力图14日攻占坦埠。随着北进幅度的不断深入，七十四师遭遇的抵抗逐渐激烈，特别是12日下午的作战中，当面解放军的抗击远比11日来得强韧，不久张灵甫即获得情报：坦埠周围方圆三十公里内，解放军主要兵力数量不在二百万之下，这一敌情与汤恩伯第一兵团原先提供的情报相差甚大；同时，两翼的黄百韬、李天霞两师均畏缩不前，进度缓慢。久经沙场的老将张灵甫不敢托大，急忙向上汇报，请求改变部署，保留五十七、五十八两旅停留汶河南岸，一旦有变，方便撤回。孰料上峰对此敌情不信，对其建议不许，除承诺会严令两翼加强协同外，再令七十四师14日必须攻占坦埠。无奈之下，笃信服从命令为先的张灵甫只能下令全师主力渡过汶河，全力向坦埠发起攻击，于13日攻占马山、大崮阵地，距离坦埠仅有不到十公里之遥。

13日当晚，华野各部的集结运动迅速展开。担任迂回穿插任务的一纵、八纵以一部兵力在七十四师正面实施阻击外，主力利用夜色掩护，从七十四师两翼的山路中寻隙纵深揪进，其中一纵第三师攻占曹庄及其以北高地，逼近蒙阴，构成对外正面阻击整编第六十五师的态势，纵队主力攻占黄斗顶山、尧山、天马山、界牌等要点，割断了七十四师与黄百韬二十五师的联系，并迫使二十五师大部缩回桃墟；八纵主力攻占桃花山、磊石山、鼻子山等要点，割断了七十四师与李天霞八十三师的联系，一部占领孟良崮东南的横山、老猫窝。同时，四、八两纵队从正面发起攻击，占领黄鹿寨、佛山及马牧池、隋家店，扼制了七十四师的进攻势头。位于鲁南敌后的六纵飞兵激渡，由铜石地区急速北上，于14日晨抵达垛庄西南观上、白埠地区，一张攻击的大网悄悄铺开。

大敌当前，张灵甫不得不慎。在七十四师前沿各据点遭到反击时，他起初仍准备于14日攻占坦埠，但随着形势的不断恶化，解放军大规模夜间调动的迹象越来越多，左右两翼的空虚也越来越大，张灵甫本人对七十四师所面临的敌情不得不做出了坏的判断，于5月13日晚当即下令部队向汶河北岸各据点全线回撤。巧妙的是，叶飞所率的一纵曾在穿插途中与后撤中的七十四师擦肩而过，却因雾霭浓重，被误判为黄百韬二十五师的部队，于是便出现了山上七十四师、山下一纵两支互为敌手的部队向同一方向运动却又互不干扰的战场奇观。

在七十四师初步后撤的过程中，不明实情的汤恩伯再三重申国防部关于14日攻占坦埠的严令，张灵甫因此迟疑犹豫，全师撤退速度放缓，在原地白白地浪费了一夜时间。直到14日得知天马山、马牧池、磊石山等地失守，解放军已迂回到七十四师翼侧，且后路垛庄可能遭袭后，张灵甫终于完全感觉到有被围歼的危险，立即下令兵分三路，向孟良崮、垛庄方向急速后撤，并组织一部兵力进行反击，边打边撤。

可惜，此次撤退为时晚矣！华野发现七十四师南撤后，立即乘势猛攻。担任正面攻击的四、九纵队经彻夜攻击，进占唐家峪子、赵家城子一线；六纵在一纵一部协同下，于 15 日拂晓攻占仅有七十四师一个辎重团防守的垛庄，截断了七十四师的退路；八纵攻占万泉山，同一纵、六纵队打通了联系。至 15 日拂晓，面对华野各部的四面攻击，七十四师被逼至孟良崮及其以北的狭小地域内，至此，对敌整编七十四师的合围之势已经形成。

孟良崮，是山东省中南部沂蒙山区中的一座石质小山，主峰海拔 575.2 米，面积 1.5 平方公里，相传宋朝杨家军将领孟良曾屯兵于此，由此得名。"崮"是当地对于顶平坡陡的方山地形之俗称，孟良崮是沂蒙山区"七十二崮"之一，位于蒙阴、沂南两县之间，地处沂蒙山区南北交通要道上。孟良崮属于低山，平均海拔四百米左右，最高峰大顶子 575.2 米，巨石裸露于山体上部，相互依撑，构成天然石棚，顶部虽无峭壁，但山势险峻，易守难攻，自古即为兵家必争之地。

从实际战役进程来看，张灵甫在撤退中丢弃不少重型装备，率部登上孟良崮据险而守，实属是被逼无奈之举。在解放军重兵的四面攻击之中，如果当时孟良崮被解放军先行攻占，居高临下之势一成，则七十四师覆灭更快，孟良崮战役恐怕连三天都不用；而七十四师占领了孟良崮，据险而守，则能占据地利之势，暂缓解放军攻击频率，增大战场生存的机会。

蒋介石得知战况后，企图希望据守孟良崮的七十四师坚守阵地，吸引牵制住华野主力，然后出动十个整编师的兵力，中心开花，内外夹击，聚歼灭华东野战军主力。遂严令新泰的整编第十一师、蒙阴的整编第六十五师、桃墟的整编第二十五师、青驼寺的整编第八十三师以及河阳、汤头的第七军、整编第四十八师等部迅速向整编第七十四师靠拢；并调第五军自莱芜南下，整编第二十师自大汶口向蒙阴前进，并派飞机空投物资补给七十四师。

根据战场形势发展，华野最高指挥官陈毅提出了"歼灭七十四师，活捉张灵甫"的响亮口号。广大指战员立下"攻上孟良崮，活捉张灵甫""消灭七十四师立大功，红旗插上最高峰"的誓言。各级指挥员到第一线督战，作战形式主要转入了阵地战。

这是一场剧烈的阵地攻坚战。时值初夏，烈日当头，七十四师人畜饮水成为大问题，许多士兵因下山抢水而被打死，不少骡马因渴不可耐，咬断缰绳满山乱跑踏死撞伤人员。为解决粮食、饮水困难，蒋介石命令空军副司令王叔铭从南京、徐州组织飞机空运救急，但终是杯水车薪，且因地形狭窄，不少补给都落在了解放军的阵地上。更要命的是，七十四师装备的水冷式马克沁重机枪在连续作战后发红过热，却无水冷却，失去了持久压制火力；战前为方便山地行军，所携行的尽是轻型火炮，无法同解放军火力抗衡；弹药消耗甚巨，持续作战之下，子弹几近耗光……

即便如此，七十四师竭力顽抗。粟裕回忆此役时写道："（敌）依托巨石，居高临下，不断对我发起反冲击。从战术上来说，依托阵地的反冲击，可以给对方以相当的杀伤，何况我军为了争夺每一个山头、高地，要从下向上仰攻，每克一点，往往经过数次、十数次的冲锋，反复争夺，直到刺刀见红，其激烈程度，为解放战争以来所少见。我军发扬英勇顽强的战斗作风，逐次粉碎敌人的顽抗，缩小了包围圈。张灵甫在我军强大攻势的重压下，组织了大规模的反击，先向南，又向西，后向东寻隙冲击，试图突出重围，均被我军击退，并遭到惨重杀伤。"

这是一场堪称解放战争期间少有的阵地攻坚战。经过为期两天的正面强攻，七十四师被压缩在芦山、孟良崮等方圆十余平方公里的地区，520高地、540高地、600等高地成为其控制的仅有的几个山头。

5月14日上午，九纵在攻占520高地之后，又以二十五师七十三团为主力，配合兄弟纵队攻占540高地。该地山高坡陡，怪石林立，这是与孟良崮主峰并峙的一座山头，也是张灵甫和七十四师最后的屏障。故据守此地的七十四师五十一旅拼死抵抗，狭路相逢勇者胜，华野九纵官兵步枪、机枪、手榴弹、掷弹筒、缴获的美制火焰喷射器齐上,在付出了重大代价后,终于拿下了540高地。

5月15日13时,华野发起总攻,各部队从四面八方多路突击,七十四师依然竭力顽抗。每一阵地均经反复争夺,有的阵地得而复失,几次易手。15日晚,失去了所有翼护之后,张灵甫把他手中唯一的五十八旅一点兵力聚集在孟良崮的主峰——600高地上,这是一块东西三公里、南北二公里的狭窄山区,草木极少,水源奇缺。值此山穷水尽之时,张灵甫还希图拼死一搏,以争取时间,等待外援。不只是他,七十四师上下当时对外援寄予的希望都很大。据华野老兵回忆,孟良崮之役中,打到山腰俘虏了一个七十四师的营长,也很狂妄,和张灵甫一个样儿,公然对解放军说:"今天你们优待我,明天我们'中心开花'优待你们。"当此公被解放军拉到阵地后面,容他细听战场动静时,结果发现,除了孟良崮的枪响外,别的地方什么声音都没有。当时,七十四师的这个营长就哭了。

战斗进展到这个阶段,蒋介石声声允诺和七十四师苦苦等待的援兵究竟在何处呢?

七十四师左翼近有二十五师和六十五师,远有十一师和第五军;右翼近有八十三师,稍远有第七军和四十八师。所有这些部队和孟良崮的距离,都只有一到两天的路程,最近的距离七十四师只有四到六公里。从简单的地理距离判断,被蒋介石严令从东面援救七十四师右翼的最近部队,应当是李天霞的八十三师。

然而,在孟良崮战役双方的生死决胜时刻,共同作战的国民党军队依然忘不了钩心斗角。李天霞虽与张灵甫系出同源,都出身于整编七十四师前身的七十四军,两人却历来不和,李天霞仕途上屡屡被张灵甫超越,特别是和张争当整编七十四师师长失败后,更是心怀不满。此次配合七十四师作战,李天霞实际只派了罗文浪的整编十九旅五十七团的团副王寿衡率兵一个连,携带报话机一部,冒充旅部番号,进出沂水西岸游击。整个孟良崮战役进行中,李天霞麾下八十三师的部队主力不但始终未随张灵甫前进,也没有有效参与到援救七十四师的战斗中,此种因私废公之举,实在令人心寒。另一侧黄百韬倒是迫于严令拼死救援,不顾本部重大伤亡,先后攻

194

占三山店、交界墩、界牌等地，在进攻最后一道阵地天马岭，险些突破华野一纵的阻击线，但恰巧四纵一个营经过，立刻投入战斗帮助一纵守住阵地，黄百韬最终功亏一篑。至此，七十四师祈求的援兵，永远地没了指望，孟良崮之战的胜负，已没有任何悬念。

5月16日黎明，华东野战军对七十四师的残余力量和张灵甫所占据的最后一个山头发动进攻。而此时的敌七十四师，已是"饮料断绝，体力渐弱，部队混乱"。面临末日到来的时刻，张灵甫向蒋介石、汤恩伯、黄百韬、李天霞苦苦哀求，要求火速增援。

当日上午8时，蒋介石给增援部队发出手令："如有萎靡犹豫、逡巡不前或赴援不力者，必定以贻误战局，严究论罪不贷！"汤恩伯一面致电给张灵甫打气："贵师处境最苦，而关系最重。只要贵师站稳，则可收极大之战果，亦及贵师极大之功绩。"同时，汤恩伯也电令国民党军其他各部要发扬"亲爱精诚之无上武德和光荣，救袍泽于围困"。"岂有徘徊不前、见危不救者，绝非我同胞所不忍言也"。可惜，无论是蒋介石还是汤恩伯，他们的手令和急电都没有发挥作用。国民党的各路援军被华东野战军分头所阻，始终未能和张灵甫师会合，结果，到16日黄昏，整编七十四师被全歼，上至师长，下至马夫，一个也没有逃掉。

孟良崮大败震动了国民党全军，蒋介石为此十分恼怒，立即布置召开检讨会议，追查顾祝同、汤恩伯等人的罪责。南京还透出风声，蒋总裁要杀李天霞和黄百韬以警诸将。李天霞自知罪责难逃，用了十几根金条买通关系，后虽被押到陆军总司令部军法处受审判，但数天后就被宣告无罪。过了半年，这位八十三师师长又升任第七十三军军长。而黄百韬则巧用了"以死赌生"的逃生之术。他"大胆"地站出来承担战败的罪责，结果自然得到汤恩伯的感激和支持，两人遂同声将过失推给死无对证的张灵甫，骄傲自大，违抗命令，自作主张，孤军冒进，落得全军覆没。黄百韬因此不但保住了自己的脑袋，并且"撤职留任"，第二年又升任第七兵团司令官。

孟良崮战败，固然与张灵甫骄傲轻敌和黄百韬迟援有关，而汤恩伯对解放军估计不足，又没有及时阻止张灵甫上山，是要负更大责任的。后来，蒋介石召汤恩伯到南京汇报。汤恩伯心里惶惶不安，行至徐州下车时，借口视察沿途驻军，以拖延时间，暗中托权要向蒋说情，约过了半个月后，汤恩伯始到京见蒋。当时在蒋介石客厅里，正值许多官员在座。汤一进门便向蒋敬礼，蒋立即怒颜厉色，咆哮如雷，大喝"跪下"。汤立即跪下，蒋还不甘休，甚至要拳打脚踢，最后还是顾祝同出来解围，蒋介石才怒喝一声："滚出去。"据当时上海某小报的报道，汤恩伯不是滚出去，而是爬出客厅才上了自己的小车。

汤恩伯兵败被撤职，遭到蒋的怒斥，心绪十分低落。也许是蒋介石后来觉得对汤责之过甚，也许是"朝"中缺将，过了两个月，汤恩伯再一次令人吃惊地被起用了。这一次，蒋介石让汤恩伯代理陆军副总司令，负责编训第二线后备团，以应付内战一年来第一线战场每月平均高达近十万人、八个旅的损耗。此时的汤恩伯虽然官位显赫，但毕竟没有直接掌管军队，实际上是有名无实。

因此，从某种意义上说，七十四师在孟良崮的失败，是自私无能的国民党两年后丧失国家政权的先兆。历史定格在 1947 年 5 月 16 日下午那个瞬间：夕阳西下，斜晖落寞，孟良崮顶，国民党王牌主力七十四师的惨败，映出了一个王朝的背影，预示着一个时代的终结。

"汤总司令" 驻防东南

1948 年 8 月 5 日，汤恩伯奉蒋介石的特派令去接余汉谋担任衢州绥靖主任。为完成蒋赋予其保存国民党政权东南半壁江山的任务，他在衢州招兵买马，扩充实力，成立补充师，负责浙西、赣东一带防务；不但这一地区的军事归他统一指挥，地方行政也由他全权掌握。他以"防共剿匪"为名，召开专员、县长会议，把地方保安团队的指挥权也拿到自己的手里来。11 月底，蒋介石看到前方军事节节失败，使统治中心——南京暴露在人民解放军进攻面前，于是电召汤恩伯到南京商议善后，决定即日成立国民党京沪警备总司令部，汤任总司令。

1949年1月，淮海战役结束，杜聿明被俘，邱清泉战死，至此，国民党五支王牌军全部宣告覆灭。

蒋介石在南京召集高级官员训话，会上他讲道："前方战事接连失利，主要是因为没有很好地协同，给共军得到各个击破的机会，我们一定要闻败不馁。下一步，要凭借长江天险，陆、海、空军配合，转败为胜，仍然是有把握的。希望大家赶快整顿补充，做好反攻准备，一心一德为国家尽大忠，为民族尽大孝，就可以挽狂澜于既倒，革命大业一定可以复兴。"蒋一生视清末湘军统帅曾国藩、胡林翼为偶像，极为推崇二人的治兵方式，在治军用人等很多方面均仿效其法。"曾国藩、左宗棠能平洪、杨之乱，我们在座的各位也可以弥平共匪，为国家民族建树奇勋。"训话结束后，他拿出"剿匪"手本《增补曾胡治兵语录》，提示大家多下功夫去研究运用。

蒋训话之后，汤恩伯在孝陵卫江防司令部召开了一次将领会议。有关长江防卫的陆、海军将级军官到会者四五十人。首先，汤恩伯发言说："召集会议的意义，是委座的谆谆告诫，希望我能率领全体将士，一心一德，团结互助，共体时艰，效忠党国，挽狂澜于既倒……"会上，参会人员大倒苦水，主要涉及防守压力大、物资补给不足、士兵逃亡、士气低落等问题。这些紧要的问题，汤均避而不答，只是强调各级将领要本着"委座"的训示，熟读"剿匪"手册，要求从上到下，明确作战目的，并希望大家多加反省，以身作则，能与士兵同甘苦共患难。

汤恩伯于1月18日正式任京沪杭警备总司令。汤由一个旅长，十几年之间升迁至三军总司令，坐镇东南，独揽军政大权，时称为"东南王"。其负责的长江防务，东起上海的吴淞口，西至江西的湖口，绵延千里，防区内的所有国民党军队，悉数拨交汤恩伯指挥（后来还包括海军、空军以及国民党政府在南京、上海等地的物资在内），各省政府主席也均由他节制。

京沪杭警备总司令部成立后，形势越来越对国民党政府不利。

这时，汤恩伯为了稳定南京，表示死守长江，就向蒋介石建议，将国民党京沪杭警备总司令部迁移南京。蒋允其所请。1949 年 1 月初，国民党京沪杭警备总司令部由常州移驻南京孝陵卫国民党中央训练团原址。

蒋介石企图依托长江防线，挡住解放军南下的步伐，以实现划江而治的美梦。汤恩伯为实现"总裁"的意图，着手做了以下几件事情：

第一，重新划定防区，规定指挥系统；

第二，限三个月内把原有部队整补完毕，包括人员、武器、被服、装具等，不得借故拖延；

第三，把自己防区内的工事，限两个月构筑完毕，做好随时战斗的准备；

第四，以解放军发动渡江战役为假想条件举行军事演习；

第五，设立专门机构，在上海构筑永久性工事，共构建了三道阵地。

第一道阵地为外围阵地，分为浦西和浦东两大块。浦西方向，自浏河、罗店、嘉定、南翔、七宝镇至华径镇一线以西；浦东方向，目川沙城至北蔡镇一线以南。在第一道阵地之外，派出了许多小部队进行活动，以构成对第一道阵地的警戒。

第二道阵地为主阵地，也分为浦西与浦东两大块。浦西从宝山城西北的狮子林开始向南延伸。经月浦、杨行、刘行、大场、真如、北新径、虹桥、龙华，一直到黄浦江边一线以内；浦东从高桥开始，向南延伸，经高行、洋径镇一直到塘桥一线以西。

第三道阵地为核心阵地。利用上海市内的高大坚固建筑，作为他们最后的抵抗线，在国际饭店、汇丰银行、海关大厦、哈同公寓、四行仓库、百老汇、大陆银行、北站大楼等大厦之间，汤恩伯命令士兵修筑水泥地堡。在各条街道要冲，则堆积沙袋，布置木马、铁蒺藜等障碍物。

自从决定在上海构筑坚固工事后，汤恩伯愈发感到上海的重要性。他还认为要使上海成为一个不可攻破的城市，仅仅在上海地区构筑坚固工事还是不够的，还必须实现上海党政军一元化。因此，汤首先撤换了淞沪警备司令，安排他的亲信前十九集团军总司令陈大庆担任；接着又将上海公安局局长撤换，以京沪杭警备总部第二处处长毛森担任；最后又把上海市市长撤换，以他的同事粮食部次长陈良继任。除此之外，他又把他的知己雷震找到上海，负责党务。他命京沪杭警备副总司令万建藩在上海成立指挥所，地点设在上海虹口北四川路的淞沪警备司令部内，由京沪杭警备总部每处派一部分人到上海指挥所工作。从这以后，他经常在上海亲自指挥一切，很少再在南京京沪杭警备总部内停留。

上述一切部署完成后，汤恩伯大大地舒了一口气，心想万一南京守不住就死守上海。除此之外，汤还有另外一个打算。

汤考虑到上海是国际都市，如发生战事，英美等国不可能坐视不管，只要能够坚守三个月，那么英美必定参战。因此，他想方设法寻求美援，千方百计拉拢美方。

早在1948年11月底，汤就曾要求下属在常州安排住宿、生活待遇等方面给予美国顾问以优待。次年3月，汤得知美国驻青岛海军撤退到上海，他喜出望外，认为这是美国帮助国军作战的第一步。因此，他在上海设宴邀请了美军官兵七百余人。

1949年春，汤恩伯集团站在了一条岔路口上，一条是像傅作义将军那样和平起义接受改编；另外一条是一意孤行，反动到底。在这个历史的紧要关头，汤恩伯毫不犹豫地选择了后者，还大肆残害投奔解放区的人，镇压青年学生运动，甚至背信弃义地出卖劝他放弃杀戮、站在人民一边的恩师陈仪先生。

1949年1月北平和平解放后，南京、上海等地的人民同全国人民一样欢欣鼓舞，期待着和平民主的到来。许许多多青年学生以及群众，在中山路、太平路、国府路张贴标语，标语内容大部分是要求国民党反动派向傅作义将军看齐，或庆祝北平和平解放等。还有许多宣传队向路上行人做宣传，希望大家明白北平和平解放的重大意义，盼望全市人民起来要求反动军队向傅作义将军看齐。

汤恩伯集团丝毫不为所动，将屠刀指向这群游行示威的学生。

1949年3月底，数千名南京学生一致通过了争取和平宣言，表示要团结一致，反迫害，反饥饿，争生存，争自由，争真和平。4月1日，是国民党政府代表启程赴北平参加谈判的日子。学生们决定在这一天举行大规模的示威游行。中央大学、金陵大学等十多所学校，六千多名学生，从中央大学浩浩荡荡向国民党总统府出发。游行队伍的四周，军警密布，如临大敌。国民党军警在学生们返校途中，大打出手，打死三人，打伤数百名学生，制造了震惊全国的南京"四一"惨案。

还有一件事情更加显示出汤恩伯的愚忠和心狠手辣。陈仪是汤能够顺利进入军界，并在蒋介石面前顺风顺水，迅速辉煌腾达的起点和基础，两人感情深厚，为义父子关系，陈甚至还将自己的义女嫁给汤。

1948年夏天，陈仪在杭州和人谈及时局的时候就已经流露出对蒋介石政府的不满，并认为这种局面是不可能拖得太久的。淮海战役后，国民党主力已被全歼，蒋介石也下野回到奉化幕后指挥。陈仪认为汤是他一手提拔起来的，在这个时候想为汤指一条新的出路，就趁与汤在杭州会晤的机会，把时局向汤做了详细的分析，要汤令在京、沪、杭和浙赣铁路沿线的国民党军在解放军渡江时掉转枪口。当时，汤对陈的意思没有表达不同意见，也并没有按照陈的吩咐部署部队。1949年2月，陈见汤一直没有动作，便写信催促，希望他早日安排计划行事。汤在接到陈的信后，不但没有听从陈的意见，相反拿着陈的信向蒋介石告密。蒋介石大怒，不经过代总统李宗仁，就直接以"下野总统"的身份做出所谓"紧急措施"，免去陈仪浙江省政府主席的职务，并且把他扣押起来。

驻防东南期间，最让汤恩伯感到头疼的莫过于手下不断有部队叛变。

1949年2月7日，驻防芜湖至繁昌荻港沿江的国民党军队一〇六军二八二师师长张奇率部五千多人，弃暗投明，毅然起义。汤闻讯后，感到十分恐慌，命令下属划拨银圆十万元用于悬赏捉拿张奇，并声称要杀一儆百。

200

时隔不久，"重庆"号巡洋舰在吴淞口发动武装起义，向解放区烟台港破浪驶去。汤得知消息后，恼羞成怒，即命飞机前往轰炸，但未果。

　　3月，军统元老、交通部交通总局局长周伟龙受唐生智的策动，准备把交警总队的人逐步脱离京沪地区，开往湖南长沙追随程潜将军。不幸事情败露，被捕入狱。

　　越来越多的身边人选择叛变，解放军距离防区越来越近，特别是在辽沈、淮海、平津三大战役结束后，国共军队军力对比发生了彻底的逆转。此刻，汤恩伯在忙于垂死挣扎的同时，内心深处也愈发感到难以实现其割据东南的幻想，因此，趁乱再捞取一笔横财成为他的一项日常工作。

　　军事愈失利，经济愈难维持；经济行将崩溃，军事更加不可收拾。这二者对反动派来说是互为因果的。蒋介石政府到1948年秋因军事上节节失败，所以经济亦到总崩溃时期。

　　抢劫本是反动军队的特点，尤其是汤恩伯集团的特点。1948年底，江苏常州人民一听到京沪警备总部要在常州建立的消息就表示坚决反对，这是因为他们没有忘记这个臭名远扬的河南"水""旱""蝗""汤"中的汤恩伯。

　　汤恩伯进驻常州后，就将京沪警备司令部总部的开办费用悉数强加在常州人民身上，且将从联勤总部领回的经费装入自己的腰包。不仅如此，汤还纵容属下仿照自己的方式压榨驻地百姓。致使民怨沸腾，百姓怨声载道，不绝于耳。

　　1949年春从蒋介石下野，国民党政府迁移广州，并决定把重要物资盗运台湾后，京沪杭地区的混乱情况达到了顶点。首先是交通方面。那时，南京到上海的火车，除勉强维持客运外，货运几乎完全停顿。各火车站都是人山人海，每列车都挤得水泄不通，甚至连车顶、车厢门也都挤满了旅客。

　　躲避战火的难民在京沪沿线受冻挨饿，还携带妻儿老小，情况非常悲惨。前方来的军官家属，却身带副官、勤务兵，强占民房，肆意索取，搞得当地人心恐惧，一片混乱。伤兵的情形更为严重，强住民房、强奸妇女、抢劫财物，实在是无恶不为。如国民党十一教养院的残废军人，就曾在无锡西街抢劫商店布匹，还抢劫戚墅堰车站附近的旅客行李。

京沪杭警备总部从成立那天起，就将准备随时逃跑列为最为重大的事情之一。京沪杭警备总部由常州迁移到南京后，总部就强迫江南汽车公司等部门，把较好的汽车开到孝陵卫总部内待用，数目有二三百辆，就是为逃跑做准备。人民解放军渡过长江后，总部也就是乘坐这批汽车由南京逃到杭州，再逃到上海的。

1949 年 1 月间，汤恩伯安排其老婆将在上海的家当举家迁往台湾。报纸上还专门登载了这个消息，说汤恩伯的家属同胡宗南的家属同天同船由上海逃到台湾。其实，汤恩伯早在 1948 年底，就把自己的女儿送到了美国留学。这是他准备逃跑的第一步。

从汤恩伯家属迁逃台湾后，凡是汤恩伯集团有钱的人，亦先后一个个把家属送到了台湾，如第三十一集团军总司令王仲廉，京沪杭警备总部副总司令石觉、祝绍周，淞沪警备司令陈大庆，第七绥靖司令张雪中，上海港口司令杨政民，第十兵站副司令骆东落，首都卫戍司令部无锡指挥所参谋长彭责良，二十八军军长刘秉哲，一二三军军长顾锡九等。

"长江防线"土崩瓦解

长江，既是哺育了大半个中华民族的母亲河，也是我国第一大河，下游江面宽至二到十公里。四五月间水位开始上涨，进入到五月汛期，不仅水位猛涨，而且江面风浪高达五十余厘米，对于航渡极为不利。如遇大海潮，在入海段会出现江水倒流的现象。沿江各省水网稻田地纵横，河流湖泊交错密布，不利于大兵团作战。

《南史·孔苑传》对长江有这样的描述："长江天堑，古来限隔，虏军岂能飞渡！"面对长江，诗仙李白在《金陵》中也只能发出"金陵空壮观，天堑静波澜"的感叹。正因为长江地形险恶，难以逾越，人杰地灵并享有"鱼米之乡""丝茶之府"美誉的长江三角洲地区，遂成为一些王朝称雄割据的场所和落难王朝的偏安之地。南京虎踞龙盘，从三国东吴开始，落难王朝东晋，南北朝时期的宋、齐、梁、陈，五代十国时期的南唐以及明初朱元璋均选择建都于此。

天堑的阻隔，的确在客观上给历代英雄豪杰完成统一大业增添了不少困难，他们有的因兵败长江岸边而饮恨终生。公元208年，曹操统一平定北方后，亲率二十万大军浩浩荡荡南下，结果被孙权、刘备的五万联军大败于赤壁，只得抱憾退回北方。赤壁之战，奠定了魏、蜀、吴三国三足鼎立局面之基础。公元383年，前秦大将符坚率九十万大军南下，企图一举消灭东晋，但却为谢玄率领的八万晋军击溃于淝水，前秦一蹶不振，符坚被叛将所杀。淝水之战的地点虽不在长江边而在淮河边，但自古以来，守江必守淮，东晋进行此战的目的，显而易见是为了抵御外侵、确保江南。而淝水之战的结果则使东晋赢得了四十余年的和平，并最终导致了南北朝局面的形成。

长江虽难以逾越，但也绝非不能通过的鸿沟，它虽为阻碍中国实现统一的某种不利因素，但绝非决定性因素。正因为如此，公元280年西晋灭吴，统一了全国；公元589年，隋朝灭陈，结束了长达一百六十九年的南北朝分裂局面；公元979年，北宋先后削平南唐，征服吴越等割据势力，结束了五代十国的纷争。元、明、清三朝，中国也很快归入一统，并最终奠定了中国疆域版图的基础。历史以它特有的方式在昭示人们：在特定的历史时期，长江虽为一些封建王朝保持江南一隅的天然屏障，但它无法阻止中国的统一；从历史的长河看，长江也从没有阻止过中国的统一，只是发生在长江岸边关于统一分裂的故事还将继续演绎。

1949年1月25日，即蒋介石"下野"回到溪口的第四天，他召集何应钦、顾祝同、汤恩伯等心腹将领到溪口，开了一次小规模的军事会议，主要目的在于部署长江防务。这是背着李宗仁、白崇禧召开的一次军事会议。

会上，蒋介石决定把长汉防线划分为两大战区。湖口以西划归桂系白崇禧管，其兵力大约有四十个师二十五万人；湖口以东归汤恩伯，兵力有七十五个师约四十五万人。蒋吩咐顾祝同派专人把作战方案送交白崇禧，命其执行，并明确要求不告诉白湖口以东的作战计划。

蒋制定的京沪杭战区作战方针大致是以长江防线为外围，以沪杭三角地带为重点，以淞沪为核心，采用持久防御方针，最后坚守淞沪，与台湾相呼应。必要时以优势海空军从台湾支援淞沪，然后待机反攻。

蒋介石要求汤恩伯在南京孝陵卫总部指挥所，要经常控制一二百辆卡车，以便随时使用，并命其把主力放在镇江以东，确保沪杭安全。

最后，蒋介石给与会者打气，他高谈国际形势和美国援助，提到一年后国际形势必将发生重大变化，第三次世界大战就会打起来；麦克阿瑟也曾表示，只要国民党军队能支持一年，美方一定会全力支援，因此他请大家务必要争取坚持一年时间。然而几位部下，对于能否打起世界大战，说不准，他们对于在京沪杭支持一年，也有怀疑。但他们谁也不敢在蒋介石面前谈不同看法。

蒋介石深知，经历三大战役后，手下的部队一般素质低劣，能战敢战者甚少。但无论其军事实力如何，蒋介石从来也不曾忘记重整旗鼓，东山再起，丝毫也没有放松对国民党军政大权的控制。他在溪口老家设立了七座电台，随时对各地的部队进行遥控指挥。国民党军政要员们更是川流不息地到溪口向蒋介石请示、报告，商讨对策。利用李宗仁进行的"和平"攻势，掩盖其求和备战的真实意图，企图在三至六个月内，恢复国民党军的作战能力，并在暗中制订了一个大规模的扩军备战计划。

蒋介石制订的这个庞大的扩军计划，主要内容包括：

一、全部恢复国民党军原有的一百二十个军的建制和番号，编组成四百个师，把已被人民解放军歼灭的各军、师分别在各省重新编组起来。如：在淮海战役中被歼灭的原黄百韬兵团第六十三、第六十四军，由广东省负责重新组建起来；原黄维兵团的第十八军在衡州重建。

二、加紧在各地征兵募兵，企图在短期内征募兵员二百五十万人。根据蒋介石的这一计划，薛岳准备把广东省保安团扩编为五个保安师，朱绍良拟在三个月内编组成五个军，重庆绥靖公署主任张群则计划在西南编组十八个军。

三、已经退役及转业的各级军官被重新征召回来服役。

四、组建新的以轻型战车为主的装甲兵团。

五、扩充空军，并准备邀请美国人以志愿兵的名义参加国民党空军。

国民党军统帅部依据蒋介石的意图，决心将京沪杭警备总司令部和华中军政长官公署两大集团共七十万人，以及海军第二舰队、江防舰队，空军四个大队，在东起上海、西至湖北宜昌段的沿江地带和浙赣以北地域设防。以一部兵力前出汉口至汀阴段长江北岸，控制江北若干桥头堡和江心洲，主力沿南岸布防，将主要防御方向置于江阴以西、南京以东地段，并在战役纵深控制一定机动兵力。企图在人民解放军渡江时，依托既设阵地，在海、空军的配合下，大量杀伤解放军于江面，或反击歼灭解放军于滩头阵地；如江防被突破，则退守上海及浙赣铁路一线，继续组织抵抗。其长江防御的具体部署为：

一、京沪杭警备总司令部汤恩伯所属之二十五个军，约四十五万人，在上海至湖口段沿江地区及浙赣线以北地区布防，组成两道防线。沿江为第一道防线，共十八个军，其中淞沪警备司令部所辖第三十七、第七十五、第五十二军，担任金山卫、吴淞口至白茆口段的防御；第一绥靖区所辖第一二三、第二十一、第五十一、第四军，担任白茆口至镇江段的防御，第五十四军位于丹阳、武进地区为战役预备队；第六兵团和首都卫戍总部所辖第四十五、第二十八、第九十九军，担任镇江以西之桥头镇至马鞍山段的防御，置重点于南京及浦口、浦镇地区；第七绥靖区所辖第六十六、第二十、第八十八军，担任马鞍山至铜陵段的防御，另以第十七兵团的第一〇六军位于径县、宁国地区为预备队；第八兵团所辖第五十五、第九十

六、第六十八军，担任铜陵至湖口段的防御。

担任上述江防任务的第一梯队，分别以一部兵力控制长江北岸若干要点及江心洲。第二道防线布设于浙赣线及浙东地区，沿该线及其以南地区共七个军，即第七十三、第八十七、第七十四、第八十五、第十八、第六十七、第十二军，担任纵深防御。

二、华中军政长官公署白崇禧部十五个军，约二十五万人，在湖口至宜昌段沿江地区布防。其中十个军直接担任江防，五个军担任长沙、南昌、九江、安庆等地防御。

三、海军第二舰队，辖各种舰艇八十九艘，位于长江下游；江防舰队，辖各种舰艇四十四艘，位于长江中游。配置在上海、南京、汉口等地的空军四个大队，共有作战飞机三百余架。海空军担负支援陆军扼守长江防线的任务。

此外，停泊在吴淞口和长江口的美、英军舰，也对解放军进行渡江作战做好了介入准备。

汤恩伯根据蒋介石的作战方针，策定了长江防御指导要领：

一、共军如由镇江、南京段正面渡江时，应以机动部队阙汉骞的第五十四军、胡长青的第九十九军突击歼灭之；如不奏效，第一绥靖区顾锡九的第一二三军、王克俊的第二十一军、王秉锁的第五十一军，由镇江沿公路和铁路逐次抵抗，直到退至上海。海空军全力协助地面部队，以确保淞沪地带。

二、共军如由皖南渡江时，张世希的第七绥靖区的第六十六军、第二十军和刘汝明的第八兵团各部队应独立作战。曹福林的第五十五军、于兆龙的第九十六军、刘汝珍的第六十八军应伺机反扑。如不奏效，应适时退出皖南，以确保浙赣线的安全。南京以东部队，确保长江、钱塘江三角地带，不得已时再退守淞沪。

三、共军如只从正面渡江时，各部队应根据上述两项布置指导作战。

汤恩伯向蒋介石誓言："总裁放心，长江防线固若金汤。我们还在长江方向部署了机动部队，如共军由镇江、南京段渡江，我军可以突击歼灭之；如不奏效，第一绥靖区各部队当由镇江沿公路和铁路逐节抵抗，退至上海，然后以海军全力协助地面部队，确保淞沪。"

蒋介石听完汤恩伯的汇报，在地图上比画了一阵，表示很满意。他笑着说："这才是我们治国的根本大计。至于和谈，只不过是争取一点时间而已。"

但深谙军情的李宗仁却知道长江防线是怎样的捉襟见肘。他认为汤恩伯按蒋介石旨意部署的长江防线，是"最不堪想象"的愚蠢的部署。多年后他在回忆录里说："汤氏把三十万精锐部队悉数调往上海一隅，征集民财，在四郊筑碉防守。南京、镇江、芜湖一线，则以战斗力极为薄弱的部队聊作应付。这种部署无异开门揖盗，共产党自然就更不愿与吾人谈和了。"

蒋介石虽然做了放弃大陆确保台湾的打算，但他还是很看重长江防线，蒋介石在溪口命令汤恩伯："你给我好好打，一定要守住长江天堑！"

根据上述作战指导要领，汤恩伯把京沪杭警备司令部所辖的兵力做了如下部署：

一、淞沪警备司令部，司令官陈大庆，下辖罗泽闿第三十七军、刘玉章第五十二军、吴仲直第七十五军、朱致一第九十五师和马志超交警总队四个团。防区为白茆口、昆山、青浦、嘉兴、嘉善、浦东之线，任务是以有力一部守备金山卫、奉贤、南汇，特别警戒上海市区。

二、第一绥靖区，司令长官丁治磬，下辖顾锡九第一二三军、王克俊第二十一军、王秉钺第五十一军、王作华第四军、董继陶暂编第一军。其主要任务是以有力部队确保八圩港至仪征各桥头堡阵地，以一部守备白茆口至沙头峰之江防，并确保浒浦、福山、鹿苑镇、杨舍、枉阴、孟河、大港、镇江、高资、桥头各据点。对鹿苑镇北之夹江洲岛、扬中、新码头、瓜洲、礼州、义渡局特别警戒。该绥靖区另以一部迅速肃清茅山、苏浙边区及太湖区之游击队。防区东至白茆口、昆山，西至镇江与南京间之桥头镇。

三、首都卫戍总司令部，总司令官张耀明，下辖陈沛第四十五军、刘秉哲第二十八军，其防守任务是以一部巩固大海、乌江镇各桥头阵地。江南地段，迅速加强工事。以一部守备桥头镇至铜井镇间的江防，并确保龙潭、栖霞及大胜关。对新州车站附近江岸应特别警戒。

四、第七绥靖区，司令长官张世希，下辖罗贤达第六十六军、杨干才第二十军、杨宝毅第八十八军。以一部守备铜井镇至铜陵镇间之江防，确保采石、当涂、芜湖。对荻港附近之江面特别警戒。控制有力部队于芜湖繁昌机动。对各桥头堡阵地、江心洲，须派必要部队占领。防区东至铜井，西至铜陵。

五、第八兵团，司令官刘汝明，下辖曹福林第五十五军、于兆龙第九十六军和刘汝珍第六十八军，担任铜陵至湖口之江防，各桥头堡阵地派有力部队确保之。

六、机动兵团由汤恩伯直接指挥，包括驻守在丹阳的阙汉骞第五十四军和驻守龙潭的胡长青第九十九军。

在做完兵力部署之后，汤恩伯严令各部队立即在各自的防区修筑江防工事。汤恩伯还从战略、战术角度进行了充分考虑，要求各部队在修筑工事时要按不同作战要求，分为甲级、乙级、丙级三类。甲级据点工事，由国防部统一计划，决定位置，构筑永久性工事，要求在江防作战中，能在被包围的情况下，孤立坚守，作为战略反攻部队支撑点。乙级据点由防守部队军、师级选择决定，构筑半永久性工事，各据点间要修筑简易公路，相互联系，在战斗中能独立支撑一定的时间。丙级工事由江防部队师、团选定，构筑强度较大的野战工事。修筑这些工事所需的材料、人工、经费都由当地老百姓负担。许多军官借此机会，以修筑工事为名，大肆搜刮民财，把长江南岸沿江地区搞得乌烟瘴气，民不聊生，老百姓怨声载道。

汤恩伯还不断到各部队视察，督促沿江部队加紧备战。他在常州召集京沪线守备部队团长以上军官开会，为他们动员鼓劲："我们一定要守住长江，才能扭转局势。长江虽然是天险，要是没有善于指挥的将领和精干的部队，还是不行的。比如说，口马善走，蒙古马性急，要是没有善于骑术的人，就不能发挥这些马的长处；长江的江面再宽，水流再急，如无精兵固守，也是枉然。今天长江对我们来说，是生与死的关键，守江各部队绝不能麻痹大意。共军一贯不打阵地战，他们长于奇袭，我们天上有飞机，江上有兵舰，岸上有要塞，炮火优于共军，对民船偷渡不足为虑，所以守住长江，阻止共军渡江应该是没有问题的。"

汤恩伯还恐吓那些高级将领说："毛泽东关于时局的声明，把我们都列为战犯，我们大家除了坚决死战之外，已没有别的出路。"

汤恩伯表面上强硬，口口声声一定要守住长江，私下里却对自己的亲信唉声叹气地说："从湖口到上海共七百九十多公里，只有十八个军，光靠军队防守是不够的。如果不打徐蚌会战，今天我们守长江的兵力要雄厚得多。可见战略决策的错误，影响太大了。"

1949年4月初，在南京国防部作战室，参谋总长顾祝同召开江防作战紧急会议。汤恩伯的军事部署在会议上引起争论，作战厅厅长蔡文治反对尤为激烈。

装甲兵司令徐庭瑶是安徽无为县人，他在会上打趣说："从家乡那里得知，共产党的渡江部队挨家挨户收集夜壶，准备放在船上，渡江时当油灯照明用。"他的话引得在座的人大笑不止，唯有汤恩伯毫无表情。

海军总司令桂永清说："诸位以此作为笑话轻松一下，却万不可轻敌，共军诡计多端，必须加以防范。我们海军倒不怕他有灯，怕的是他偷渡。"

国防部次长秦德纯站起来说："诸位不必过虑，长江自古天堑，曹操、符坚都渡不过去，何况连兵舰都没有的共产党呢，除非他是天兵天将。"

联勤副总司令张秉钧说："我们是否应该研究一下，我们沿江守备的兵力如何。据我所知，每个师的兵力不到五千人，以三分之一做沿江一线配备，不过一千五百人，再除去连营预备队，则真正在一线警卫江防的不足一千人，这样怎能守得住？"

伤兵管理处处长魏益山表示赞同，他说："还是应该采取全部直接配备，也不要什么预备队了，乘共军半渡而歼灭其主力。我们有海军、空军，无论如何优势还在我们这边。只是，我们得弄清共军渡江的主渡方向。"

蔡文治提出国民党军队的江防主力应自南京向上游延伸。因为这一段江面窄，北岸支流多，共军所征集的民船多藏于这些河湾之内。至于江阴以下的长江江面极阔，江北又无支流，共军不易渡，可以不必用重兵防守。这一方案当即得到李宗仁、何应钦和顾祝同的支持。

轮到汤恩伯发言，他对这个方案表示不以为然。他说："首先，这个方案违背总裁的意旨。"然后，汤恩伯提出将江防守军的主力集中于江阴以下，以上海为核心集中防守，简言之，就是守上海而不守长江。

参加会议的除少数当事者外，几乎没有人知道蒋介石"长江防御战"的真正底牌：战场仅仅是在上海，首都南京将被牺牲。现在令汤恩伯棘手的是，自李宗仁代理总统以来，一直不遗余力地策划南京防卫计划，大有与南京共存亡的味道。而汤恩伯自上任起就按照蒋介石的密令，将南京周围沿江要塞的大口径江防炮秘密拆运到了上海，根本无力守卫南京。

1949年4月20日，南京国民党政府拒绝在《国内和平协定》上签字，人民解放军于当晚即遵照中共中央军委命令，发起渡江作战。中突击集团第一梯队第二十四、第二十五、第二十七、第二十一军在强大炮火掩护下，冒着国民党军军舰和江防炮火的拦截，在一百余公里的江面上，首先登船起渡，迅速攻占了鲫鱼洲等江心洲。接着，突破鲁港（芜湖西南）至铜陵段国民党军江防阵地，连续打退守军的多次反击，巩固了滩头阵地，而后向纵深发起攻势，至21日，占领铜陵、繁昌、顺安等地。

国民党军芜湖以西地段的长江防御被人民解放军突破后，汤恩伯于21日到芜湖亲自布置堵击，但已无济于事。当晚，人民解放军东、西两突击集团发起强大的渡江作战。东突击集团第一梯队第二十三、第二十八、第二十九军展开于龙稍港（泰兴西南）至张黄港段，在天生港（泰兴以南）等地突破守军防御后，击退其第四十五、第二十一、第一二三军的多次反击，于22日进抵南闸（江阴以南）、百丈镇（申港以西）之线，建立了东西五十余公里、南北十余公里的滩头阵地。同时，争取了国民党军江阴要塞守军七千余人起义，控制了江阴炮台，封锁了江面。第二十军由泰兴西北龙窝口至永安洲段起渡，22日攻占扬中。西突击集团也于21日晚在预定地段突破守军江防阵地，控制了宽一百余公里、纵深五至十公里的滩头阵地，于22日占领彭泽、东流等地，并解放安庆。中突击集团则继续发展攻势，占领南陵，歼国民党军第八十八军大部。

在人民解放军渡江时，停泊在镇江附近江面的英国四艘军舰公然炮击长江北岸的人民解放军渡江部队。人民解放军当即以炮火猛烈还击，击伤其旗舰"紫石英"号，后四艘军舰相继逃往上海。为此，人民解放军总部发表声明，严正申斥了帝国主义的这一侵略行径，并要求英、美、法等国在中国的一切武装力量迅速撤离中国的领海、领土、领空，表达了中国人民保卫主权的决心。

国民党集团鉴于江防已全线被突破，部队有在沿江一线被人民解放军分割、围歼的危险，于22日下午仓促部署总退却，芜湖以西的部队向浙赣铁路沿线撤退，芜湖以东、常州以西的部队向杭州方向撤退，常州以东的部队向上海方向撤退，企图在浙赣铁路沿线和上海地区组织新的防御。人民解放军除组织第二梯队继续渡江外，主力向国民党军防御纵深发展攻势。23日，东突击集团主力相继解放丹阳、常州、无锡等城，切断了宁沪铁路，争取了国民党海军海防第二舰队司令林遵率舰艇二十五艘在南京以东江面和另一部舰艇二十三艘在镇江江面起义。第三十四军进占镇江，第三十五军于23日晚进占国民党政府所在地南京。南京的解放，标志着国民党蒋介石集团二十二年的反动统治被推翻。中突击集团一部占领芜湖，主力渡过青弋江，并在湾沚地区歼国民党军第二十军大部和第九十九军一部。西突击集团占领贵池、青阳等地，歼国民党军第八兵团一部。

蒋介石、汤恩伯苦心经营的长江防线，是1949年春国民党为阻止人民解放军渡江解放全国大陆而拼凑起来的一条军事防线。它西起三峡口外的宜昌，东至长江入海口的横沙，全长一千八百余公里，是世界战争史上依托江河设置的一条最长的防线。

国民党方面大肆吹嘘这条防线，说它是"比马其顿防线还要坚固的现代陆海空立体防线"，"可代替三百万军队"作战。他们认为"共军一无军舰，二无飞机，仅靠一些人工摇橹划桨的木船，要渡过长江天险，那比登天还难"。

然而，当人民解放军发起渡江作战后，仅用不到三十六个小时，这条"固若金汤"的立体防线就被撕开了一条八百余公里长的大口子。

1949年4月中下旬的渡江战役中，京沪杭地区蒋军被歼总计：七个军部、十九个整师、三个独立团，非正规军有一个旅、三个总队、一个团、一个要塞炮兵总台、一个守备大队、两个水警分局。以上各部估计约三十万人。

长江防线转眼崩溃，让汤恩伯万般尴尬，更糟糕的是，江阴要塞不战而降，致使后路被断，南京左右两侧的十余万国民党军无法回撤上海。身为部队总司令，这种无能甚至可以说是失职，真让他有种大祸临头的感觉。

在国民党官场内，汤恩伯是以只对蒋介石一人负责，对上敢顶，对下敢压而出名的。在蒋氏王朝于大陆行将垮台之前，他是少数几个仍对蒋家忠心耿耿中的一员。

逃到上海的汤恩伯、防守上海的陈大庆以及大大小小的国民党特务、军统，风声鹤唳，到处抓人杀人，一时间使上海陷入了白色恐怖之中。

4月25日，南京解放第三天，汤恩伯从南京经杭州辗转来到上海。同一日，汤恩伯就颁布了杀气腾腾的"战令"十条：

一、违抗命令，临阵退缩者杀；

二、意志不坚，通敌卖国者杀；

三、未经许可，擅离职守者杀；

四、放弃阵地，不能收复者杀；

五、造谣惑众，扰乱军心者杀；

六、不重保密，泄露军机者杀；

七、坐观成败，不相救援者杀；

八、贻误通信，致失联络者杀；

九、不爱惜武器弹药及克扣军饷者杀；

十、破坏军纪及懈怠疏忽者杀。

汤恩伯命令将此"战令"以石印印发至营。

颁布完了"战令"，汤恩伯仍然还觉得不够，又下令在部队中重新实行"官兵连坐法""士兵联保切结办法""保密法""防谍法"等，其中防谍法特别规定，凡发现"匪谍"及"通敌"人员，即由部队长就地处决，严格要求执行。

上海是当时亚洲最大的商埠、最大的都市，却也是战争频繁光顾之地。1932 年的"一·二八"淞沪之战，这里曾爆发了激烈的战火。1937 年 7 月 7 日，全国抗战爆发，之后一个多月，"八一三"淞沪会战又把这里打得天翻地覆。

1945 年 8 月 15 日，日本天皇宣布无条件投降。一时间，浦江两岸，鞭炮齐鸣，锣鼓喧天，市民们载歌载舞，通宵达旦。他们盼望中国从此走上和平、民主、独立富强的道路，从此休养生息，安居乐业。然而希望很快成了泡影，等待他们的却是国民党政治上的独裁、经济上的掠夺和国民党挑起的内战烈火。

抗战胜利的枪声刚停，硝烟未散，国民党就迫不及待地抢夺胜利果实。为防止日军向八路军、新四军缴械投降，保证自己的"接收"，蒋介石不惜任命汉奸、伪上海市长周佛海为军委会上海行动总队总指挥，勾结日军阻止新四军进入上海；并在美军的配合下紧急空运军队，与日伪军联合进攻解放区。

抗战胜利时，上海人民曾欢呼"天亮了"。然而，他们看到的只是独裁日甚，内战四起；接收大员中饱私囊，大小汉奸逍遥法外；物价飞涨，企业倒闭，百业萧条，民不聊生。上海人民叹息："天上来，地上来，平民百姓活不来；盼中央，望中央，中央来了更遭殃。"

眼下，蒋介石、汤恩伯又把二十多万国民党军队放到了上海滩，摆出了一副大打的架势，上海人民心中的那份梦想似乎又要破灭了。

5月11日晚，上海战役前一夜，京沪杭警备司令部灯火通明，汤恩伯召集众将召开司令部最后一次作战会议。此时上海国民党军防区已经调整为五个防卫分区。

会上，汤恩对众将领说："在座各位都知道，第一次世界大战，德国以其坚强有力的部队接连攻破法、俄两国大部城镇，但是，法国的凡尔登是一坚固要塞，由协约国将士坚守，德国以最精锐之太子军攻之，终因无法攻破一蹶不振而全面失败。协约国乘机反击获得胜利，凡尔登一役成为战争史上因攻击要塞而失败的第一例。第二次世界大战，希特勒的武装部队攻无不克，战无不胜，兵至斯大林格勒城下，当时该城大部沦陷，唯城防地带工事坚固，实行了要塞化、堡垒化，最后德军久攻不下造成重大牺牲，苏军乘机施以逆袭，从此德军节节败退。大上海四周之要塞工事是由国内专家设计，并参考斯大林格勒塔基卡原理，用最坚固之材料，择最有利之地形建筑的。"他要求众将齐心协力，让上海成为"斯大林格勒"第二。

自解放军第三野战军从四面八方向上海市区发起总攻后，国民党上海守军从蒋介石开始，自上而下纷纷各自逃命了。

口口声声要坚守大上海六个月，要与上海"共存亡"的蒋介石和汤恩伯，压根儿就没有想到人民解放军仅用了不到十多天的时间就攻占了上海外围阵地，并从部分地区突进了市区。他们顿时慌了手脚，蒋介石急忙从复兴岛逃到吴淞口外的军舰上，汤恩伯也于5月24日下午把京沪杭警备司令部转移到停泊在吴淞口的军舰上，随时准备逃跑。

眼见上海是守不住了，蒋介石授意汤恩伯想办法把嫡系部队从上海撤退出来，以保存所剩不多的残余力量。

于是，汤恩伯秘密指示嫡系各军及特种兵部队悄悄向吴淞口码头转移，准备登船撤退。截至5月26日，除第三十七军被解放军分割在苏州河北岸未接到撤退命令外，属于蒋介石嫡系的第十二、第

五十二、第五十四军已先后登船撤离了上海。

为掩护嫡系部队撤退，汤恩伯玩弄花招，把一些杂牌部队派到第一线去接替预计要撤退的嫡系部队的防务。5月24日夜，汤恩伯以调整部署的名义，下令将非嫡系的第二十一军与嫡系第五十二军换防。第二十一军奉命于第二天拂晓前接替了第五十二军在月浦、杨行地区的防务。

为求完整地接收中国最大城市上海，避免市区遭受战火破坏，人民解放军第三野战军决定分别经由浦东、浦西实施钳形突击，直插吴淞，截断敌军海上退路，迫敌投降。如敌继续顽抗，则对市区发起攻击，分割、歼灭全部守敌。

5月12日，上海战役开始。至22日，将汤恩伯集团主力压缩到苏州河以北地区，23日夜向上海守军发起总攻。各攻击部队采取快速勇猛的动作，多路直插市区和宝山、吴淞。为减轻对市区建筑物的破坏，尽量不使用重武器。

5月22日下午，由陈大庆主持召开了在上海的最后一次军事会议，在会上，汤恩伯依据目前的恶劣形势对军事力量做了新的部署。他把苏州河以南的第七十五、第五十四军，浦东方向的第三十七军全部撤到苏州河以北，河的南面只留下四个交警总队。把第五十一、第一二二、第二十一军组成兵团，以防守苏州河以北地区。

5月23日，在金家桥一带和解放军展开了激烈的战斗，汤恩伯又一次无奈地把他的指挥所迁到吴淞要塞。战况节节败退，十分不利。就是这一天，在定海督战的蒋介石也无奈地离开定海，乘坐"美龄"号军舰前往台湾。

5月24日，上海的外围郊区已经全部被解放军攻陷，开始转入对市区的进攻。汤恩伯自知大势已去，他在表面上仍然组织在市区的大游行活动，但是暗地里，他却奉命偷偷地撤出一些特种兵部队，先后奔向码头，偷偷地登上战舰。同日晚，所属部队向苏州河以北地区退却和收缩，浦东地区的第七十五军也已经撤到吴淞，只留下第十二军据守高桥地区，浦西苏州河以北的守军为第五十二、第二十一、第三十七、第一二三军大部及二〇八师，吴淞口集结了兵舰

215

二十多艘和大批的民船，以备撤离使用。

5月25日晨，汤恩伯在吴淞镇第五十二军指挥所召集师长以上军官会议，部署部队撤退事宜。他一方面命令第五十一、第三十七军和交警部队在苏州河以北，凭借楼房和碉堡封锁住河面和南岸的马路，遏制解放军聂凤智部队第二十七军强大的攻势，以掩护部队在夜晚开始的大撤退。同时，他派陈大庆前往宣布提升第五十一军军长刘昌义为淞沪警备副司令兼北兵团司令，以统一指挥新近所建的兵团，所辖第五十一、第二十一和第一二三军，作为殿后的部队，驻防苏州河以北地区。

然而，让汤恩伯万万没有想到的是连刚刚提拔的刘昌义也被中共的策反工作所击中，他无心恋战，于25日在上海战场苏州河北岸率第五十一、第一二三、第二十一军四万三千余人，接受人民解放军和平改编。

5月26日，汤恩伯奉命率四个军的主力和两个军部，撤离长江防线最后据点上海，退往舟山群岛。随行附带运走黄金17111.953两、银圆26.9万元。谁也无法知道，这位身经百战，抗战中立有战功，为蒋介石鞠躬尽瘁、任劳任怨的战将，站在开往舟山的兵舰上时，他会作何感想？面对一败涂地的战斗，面对刘昌义的投共，特别是他自己对"恩师"陈仪的"大义灭亲"之举，不知他作何感想：他会悲痛和感叹吗？他会寂寞和后悔吗？以前没有人知道，今天也没有人知道，除了他自己。这一切也像随着军舰所溅起的浪花一样，悄悄地融入大海。

5月27日凌晨1时许，汤恩伯电令最后掩护撤退的第二九六师立即撤赴定海等地。在陈大庆协助下，所部从上海撤出来的部队总计有十一万余人。至28日，陆续撤至舟山的有八万之众，有第二十一、第五十二、第五十四、第七十五、第八十一军和第九十九、第二○八师。

27日，人民解放军完全攻占上海。汤恩伯集团除约五万人经吴淞口登舰逃跑外，十五万余人被歼灭。

在此期间，第三野战军在浙东、浙南游击队的配合下，解放了宁波、奉化、镇海、温州、临海、黄岩等城市和广大地区。第二野战军一部解放江西省南城和福建省建阳、建瓯、南平等地；另一部为策应第四野战军先遣兵团的渡江作战，进至江西省丰城、樟树一线，并于22日占领南昌。第四野战军先遣兵团于5月14日开始举行汉浔间渡江作战，从武汉至九江间横渡长江。15日，争取了国民党华中军政副长官兼第十九兵团司令官张轸率两万余人在贺胜桥起义。17日解放华中经济中心武汉。6月2日，第三野战军一部解放崇明岛，至此，渡江战役结束。

1949年5月的上海战役，是国共两党战争史上一次规模最大的城市攻坚战。在这次战役中，原国民党淞沪警备副司令北兵团司令兼五十一军军长刘昌义率部起义，接受和平改编，对完整地保全大上海、减少军民伤亡及财产损失起了一定的作用。

人民解放军从4月20日渡江到5月27日占领上海，仅用了三十七天，比原先预计的时间缩短了一半。此役，解放军以伤亡2.5万人（其中攻打上海时伤亡1.7万人）的代价，消灭国民党军四十余万人。蒋介石在长江以南最大的一支战略力量宣告覆灭。

第八章　移居孤岛，殒命东洋

金门战役当"逃兵"

人民解放军在胜利渡江、解放上海等地后，原盘踞在苏、浙、皖及赣东北、闽北地区的一部分国民党军残部，仓皇撤向闽南及东南沿海诸岛屿，经过编并，统一由东南军政长官陈诚指挥，重新组织防御，企图通过控制东南沿海地区及近海岛屿，以屏障台湾，待机反攻。其福州地区的兵力分布是：福建省政府主席兼绥靖公署主任朱绍良指挥十个军二十七个师，约十二万人，防守福建沿海地区及近海岛屿，其中第六兵团李延年部五个军十三个师，约六万人，防守福州地区；第八兵团刘汝明部两个军六个师，约三万人，防守漳州、厦门；第二十二兵团李良荣部三个军八个师，防守泉州、金门地区。另以空军一、四、五大队，以定海、台湾为基地，执行空中支援、侦察、封锁海面及运送物资。

福建不仅物产丰富，而且属兵家要地，它有山有水，更有沿海的凭借和便利，进可攻，退可守。它隔海与台湾省遥遥相对，是台湾的天然屏障。福州是福建省会，地处闽江下游，周围环山，东有重要军港马尾，闽江横贯市区南部，大、小北岭和鼓岭是福州北部、东部的屏障。

蒋介石在相继丢失南京、杭州、上海之后，眼看国民党的残兵败将纷纷南逃，解放军长驱直入，妄图拼命保住东南沿海即福建。

218

蒋介石随着军事上的失利和战场的南移，愈来愈重视福建的战略地位。他在下野前就开始考虑福建防御的问题。6月21日，蒋乘"美龄"号专机专程从台湾赶赴福州，召开军事会议，部署福建省的防御。

在这之前，蒋介石在大海的舰艇上和马公岛上，曾几次三番电告福州绥署主任朱绍良，要他在福州附近构筑半永久性的防御工事。但朱绍良阳奉阴违，他一面受"福建上将"（即海军上将萨镇冰和陈绍宽）的影响，不肯让自己的部队在福州决战，以免在炮火中毁于一旦；一面又听信绥署副主任吴石进言，吴认为号称"斯大林格勒"的大上海，钢甲坚兵还守不了半个月，福州南有大乌龙江，东临海，这样背水之阵，何能固守？何况山地战是解放军的看家本领，怎敢以卵击石。同时，福州市市长何震也陈述：福州贫困，征工征料困难重重，对死守福州，毫无信心。

蒋介石虽三令五申，但朱绍良迟迟不动手。最后没办法，只好让李以勤来构筑一线野战工事，临时应付一下。蒋介石显然不放心，便亲自到福州视察来了。

退守在福建的国民党军，不仅重武器丢尽，连轻武器也损失不少，甚至连行军锅灶也大都丢光了。当时美国国防部鉴于国民党军队作战不力，也无意再行补充。

会上，蒋介石为确保以台湾为中心的东南沿海防务，决定成立东南军政长官公署，统一指挥台湾、福建、江西、浙江沿海的军政事宜，长官人选当时未定，后发表由陈诚负责，并由台湾方面负责供给枪械弹药。

蒋告诫众位将领，保全兵力是重要的，但若福州过早落入共产党军队手里，其政治影响很大。台湾人半数以上原籍福建，对故乡十分关怀。南洋一带侨胞，也是福建籍占多数，如果福州失守，他们就会认为国民党已彻底失败。这种心理上的变化，就会导致当局失去海外侨胞的同情与支持。所以为了大局，福州必须死守。希望大家体会他的苦心，放胆去做，只要将领有必胜信心，处绝地也可以复生。

解放军第三野战军第十兵团各军领导先于部队到达福建建瓯，于7月22日召开兵团党委扩大会议，根据福建的敌情和地形特点，决定首先歼灭以福州为中心的敌人，而后再歼灭以漳州、厦门为中心的敌人。

福州战役于8月6日发起，持续了十二天，攻占了福建省省会福州市和重要军港马尾及九座县城，歼灭了国民党李延年部第六兵团主力，毙俘第六兵团参谋长何同堂以下官兵四万余人。与此同时，解放军第十兵团第二十八军几乎未经激烈战斗，就轻松地解放了福建沿海最大的岛屿平潭岛以及大、小练岛，南日岛，泪州岛，歼灭守岛国民党部队九千余人。

1949年8月17日蒋军福州最高当局朱绍良、李延年见大势已去，电告蒋介石、汤恩伯求援无望，遂于凌晨往义序机场乘飞机逃往台湾。

福州解放后，国民党军为固守以漳州、厦门、金门岛为重点的福建省南部沿海地区，以屏障台湾，由福建省政府主席兼东南军政长官公署厦门分署主任汤恩伯（5月底，汤由京沪杭警备总司令改任国民党厦门绥靖公署主任）统一组织指挥在闽南的防御，将第七十三、第七十四军余部合编为一个师驻守平潭岛，以第八兵团第六十八、第九十六军残部防守漳州地区，以第五十五军及第五军第一六六师驻守厦门岛及嵩屿、集美、澳头等外围阵地，以第二十二兵团第五军主力和第九、第一二一、第二十五军（留厦门一个团）及空军警备第二旅缩编成的第五、第二十五军和台湾调来的第二○一师（欠一个团）驻守金门岛，总兵力约三万人。

第三野战军第十兵团司令员叶飞、政治委员韦国清根据当面敌情，决定首先攻歼漳州地区及金门、厦门岛外围守军，扫清南下的海陆通道，而后同时攻取金、厦两岛。其部署是以第三十一军攻取漳州，以第二十九军一部攻取厦门以北澳头、集美，而后以第三十一军会同第二十九军主力攻取厦门，以第二十八、第二十九军各一部攻取金门岛。

8月25日至9月16日，汤恩伯与解放军第三野战军第十兵团叶飞对阵的漳州厦门战役开始。25日，漳州失守。

1949年10月1日，中华人民共和国开国典礼在北京天安门广场举行，毛泽东向全世界宣布，中央人民政府成立了，中国人民从此站起来了。在雄壮的阅兵式上，朱德总司令发布了人民解放军总部的命令：解放军要迅速肃清国民党一切残余武装，解放一切尚未解放的国土，同时肃清土匪和其他一切反革命匪徒。

与此同时，蒋介石的确在做着最后的挣扎。10月7日，蒋介石亲赴厦门视察，同时命令汤恩伯死守厦门，并让原日军华北方面司令官根本博出任汤恩伯的军事顾问。下午，蒋介石还召集汤部团以上军官开会，为他们打气和鼓劲。

10月16日，解放军叶飞部主攻厦门北半岛，上午9时成功登陆。巩固高崎主滩头阵地并集结后，上午11时，又急调已南调的机动部队北调，向高崎反击，但是没有成功。汤恩伯又调集一个师的兵力进行反扑，但被叶飞的部队控制在松柏山一带，最终也被击溃。约黄昏时分，汤恩伯不得不用报话机呼叫兵舰放下小艇接应，并在厦门港海滩上焦急万分足足等了一个小时才离开厦门。

10月17日至19日黄昏，厦门全岛所属部队第八、第二十二兵团残部，加上从台湾调来的青年军第二〇一师共计四万五千人，与解放军第十兵团属部，奋力激战了两个昼夜。终因寡不敌众而宣告失败，被歼两万七千人，余下的部队仓皇退往金门岛。

这时的金门岛守军，加上从广东潮汕调来的第十二兵团的第十八、第十九军，共计还有四万多人。

10月17日，解放军攻占了厦门。厦门一役，人民解放军全歼了国民党厦门的守军两万七千余人，为解放军渡海作战写下了成功的一页。此时损失惨重的汤恩伯部队不得不将残部撤往金门等东南沿海岛屿。

同日，汕头、厦门及其鼓浪屿先后被解放军攻陷，汤恩伯只带了几个随从登上小艇，逃至金门岛，并电乞蒋介石放弃沿海诸岛，将部队撤往台湾休整。

10月22日，蒋介石电令汤恩伯："金门不能再失，必须就地督战负责尽职，不能请辞易将。"厦门失守后，蒋介石决定全力固守金门，企图以金门等沿海岛屿作为澎湖列岛和台湾本岛的外围屏障，阻挠解放军进军台澎，并作为反攻大陆的跳板。大敌当前，汤恩伯毫无斗志，多次请辞，蒋介石为保万全，特派胡琏兵团赶赴金门增援。汤恩伯虽然十分懊恼，已经感到身心疲惫，但又不敢违抗命令，于是他只得听从蒋介石的命令，抱着死守金门的态度，与解放军一决雌雄，但对于金门战役来说，汤恩伯却是个不折不扣的逃兵。

金门岛位于厦门以东十公里，东西长二十公里，西部宽十一公里，东部宽十三公里，中部宽三公里，形似哑铃，面积一百六十二平方公里。金门岛东部起伏大，西部丘陵。北太武山系全岛制高点，可俯瞰全岛，地势险要，为金门守敌核心阵地。海岸线长七十五公里，其中林厝至琼林、官沃、料罗湾等地段便于登陆，约十七公里。

10 月 18 日，第十兵团第二十八军前指下达了攻击大金门、小金门岛的命令，决定 10 月 20 日发起战斗，以第八十二师、第八十四师二五一团、第二十九军八十五师二五三团及第八十七师二五九团共计六个团的兵力，分两个梯队进攻大金门岛。得手后，再以第八十五师的两个团攻占小金门岛。军前指负责组织指挥各梯队渡海，第八十二师师首长统一指挥登陆部队作战。

解放军具体作战部署为：由第八十二师二四四团（配属第二四六团三营）、第八十四师二五一团、第八十五师二五三团担任第一梯队。第二四四团为东路，在金门的垄口和后沙间登陆，迅速攻占后半山、双乳山，切断并控制琼林至沙头一线金门蜂腰部，警戒金门东半岛，掩护第二五一团、第二五三团进攻金门县城；第二五一团为中路，在西保、古宁头之间登陆，迅速攻占湖南和榜林，协同第二五三团攻击金门县城；第二五三团为西路，在古宁头登陆，迅速占领林厝、埔头，并攻击金门县城，待歼灭西半岛之敌后，再会同第二梯队三个团或再加上预备队第九十二师，从双乳山向东分南北两路围歼东半岛之敌，预计三天解决战斗。军指挥所配置在莲河以东。

至 10 月 20 日，第二十八军因输送船只严重不足，不得不将进

222

攻金门的时间推迟至 23 日。可是时至 10 月 24 日，第二十八军方凑集到可供输送三个团兵力的船只。第十兵团认为，第一梯队渡三个团，待输送第一梯队的船只返回时，第二梯队至少还可输送三个团。在此期间，第十兵团已发现国民党军第十八军军部率第一一八师于 10 月 21 日抵达大金门，并侦悉 10 月 24 日前，国民党军第十二兵团后续部队可能搭乘舰船驶抵大金门料罗湾，但未采取应变措施，仍然定下了 10 月 24 日晚发起攻击的决心。

国民党集团军兵力部署为：金门防务先由李良荣第二十二兵团负责，胡琏第十二兵团上岛后，由胡琏负责全面指挥。第二十二兵团下辖第五军和第二十五军，以及刚从台湾调来的青年军第二〇一师，部队番号虽多，但缺额大，实际作战兵力仅八个团，总数约二万人。厦门失守后，金门守敌极为恐慌，但为确保台澎的安全，仍以全力固守该岛。一方面，调整防务，赶修工事，形成以西半岛为重点的防御部署；另一方面，不惜放弃汕头，急调第十二兵团十八军、十九军增防金门，使守敌增至四万余人。

具体部署为：第五军负责守卫小金门，第十八军担负大金门东部地区防御，第二十五军担负大金门北部地区防御；第二〇一师主要担负金门西部地区防御，第二十二兵团部位于金门县城。第十九军登陆后集结于料罗地区。另外，以战车第三团一营（欠一个连）担负岛上机动作战。

与此同时，国民党军利用其海空军基本完整、尚拥有十余万吨位的作战舰艇和二百多架作战飞机，掌握制空制海权的优势，在金门等岛屿上建立了陆海空三军配合的立体防御。为抵抗解放军登岛，不断派出轰炸机与军舰，轰炸与袭扰解放军船只、炮兵阵地和沿海地区，破坏阻挠进攻金门的准备。

1949 年 10 月 24 日，人民解放军以三个团的兵力在金门西北角古宁头一带强行登陆并朝金门核心逼近。为了阻止人民解放军攻占金门，蒋介石在古宁头布置了重兵。除了汤恩伯从厦门战役中撤走的残余部队，蒋介石基本上将其"军队老本"都拿出来了。

刚刚从台湾调至金门的第二〇一师是原青年军班底，是抗日战争末期蒋介石以"十万青年十万军"为口号组织起来的，其待遇、装备均较其他部队优越，被蒋介石视为心腹嫡系。此外，金门岛还有一支装甲部队，即国民党战车第三团第一营，该营于1949年初组建，其主要成员均是从淮海战役双堆集包围圈和华北战场上逃回的装甲兵人员。该营拥有重十五吨、配置一门37毫米炮的美制M5A1坦克二十一辆，是反登陆作战强有力的力量。

战前中共分析，国民党在大金门岛、小金门岛各驻军一万七千人和三千人。其中，新兵又占多数，只有二〇一师和战车营是较有战斗力的部队。当时，金门岛上虽然抢修了一些防御工事，但这些工事防御能力并不强大，多是一线配置的野战土木工事。人民解放军二十八军前进指挥部受命攻金门后，开始了渡海作战准备工作。然而，由于国民党从大陆沿海撤退时，对渔民的船只大肆破坏和掠夺，所剩渔船寥寥无几，这使解放军准备渡海作战船只发生困难。直到10月24日才搜集到集中一次可航渡三个团约八千人的船只，这离10月18日下达的于10月20日进攻金门的作战命令的总攻时间推迟了四天。

1949年10月18日下达了作战部署命令，其时，兵团包括叶飞司令员在内的不少领导到达厦门才四天时间。命令要求：以二十八军八十二师全部、八十四师二五一团、二十九军八十五师二五三团及八十七师二五九团共六个团的兵力分两个梯队进攻，以迅雷不及掩耳的动作直插小金门。这一命令所要求准备的船只实际上直到真正发起总攻时也未完成。由于无法筹措到一次性渡运六个团兵力的船只，第二十八军前进指挥部做出了如下一个过于理想化的预想：第一梯队登陆三个团，纵使有部分损失，船只返回时第二梯队、第三梯队还可以再航渡三个团，这样总共可有六个团大约一万三千人登陆。

未料想到的是，这些新筹措的船只的船员大多是外地人，航道不熟，又未经统一集训。故指挥调度十分困难。指挥部也未考虑到敌情和海情的变化、敌人随时可能的增援，更未考虑国民党海、空军较为强大的作战能力，况且，在厦门之战结束时，金门守军已经得到了胡琏兵团十八军的增援，岛上国民党总兵力已达三万人。

战斗打响时，汤恩伯部与从厦门撤出的李良荣兵团仓促迎战，汤部一触即溃。汤恩伯慌忙急电蒋介石，请求撤守金门，退往台湾，并提出了辞职的要求。蒋介石当即回告汤恩伯："金门不得有失，尔等必须就地督战，负责尽责，不得请辞易将。"汤恩伯见蒋介石态度强硬，遂放弃了撤守金门的打算。汤恩伯别无选择，只能背水一战了，他召集部将反复研究了对策。

10月24日19时，解放军第十兵团登陆部队第一梯队第二四四（加强第二四六团三营）、第二五一、第二五三团共九千余名官兵陆续登船，待命起渡。由于船只不够，各团均有一至两个战斗连队等待续运。此时，第十兵团电示第二十八军前指：敌第十二兵团主力已开始在金门岛上岸。副军长肖锋与兵团首长通话，建议暂停攻击，待查明敌情和筹备充足的船只后再打。但兵团首长指示，敌军只是在下午各一个团在大、小金门上岸，敌情没有大的变化，一定要抢在敌第十二兵团部队主力上岸之前占领金门，因而"按原计划执行，决心不能变"。于是，从原定21时30分起航延至23时起航，第一梯队九千余名官兵乘坐近三千一百一十艘木船驶向大金门岛，金门登岛作战正式拉开帷幕。

因潮流向西漂流，第一梯队于25日约凌晨1时半抵达垄口、后沙、古宁头一带。为了掩护登陆，人民解放军炮兵开始从大、小嶝炮击金门北岸官澳、西园、观音亭山、古宁头等地猛烈射击，但隔岸炮击火力有限。至上岸后，建制异常混乱，不能做有组织之战斗，但仍能各自为战，纷纷向岸上突击前进。最先在垄口登陆的二四四团面临装甲部队死伤惨重，二五一团在古宁头突破登陆，二五三团在湖尾登陆，突破防线，这时人民解放军叶飞将军接到登陆成功报告，以为胜利在望，但是由于不熟悉潮汐涨退的关系，结果造成了全部抢滩船只因为退潮而陷在沙滩上动弹不得。

国民党第十八军军长高魁元指挥第一一八师（欠第三五二团）配属战车第三连（欠一排）向人民解放军攻击；第十九军第十八师其已登陆进驻琼林之部队亦就近归十八军高军长指挥。该师尚未下

225

船的第五十三团则转航小金门登陆，归第五军军长李运成指挥；第十九军军长刘云瀚与第二十五军军长沈向奎联络，指挥该军第十四师（欠第四十团）及第十三师之一部，由金门后埔向北推进，迎击由安岐、埔头向南败退的人民解放军，并积极向古宁头推进，另以第四十师之迫击炮全部配属第十四师，以加强其火力。战车营营长陈振威将预备队战车两排，进至琼林待命。

25日，人民解放军二四四团一度占领双乳山，天亮时遭国民党军装甲部队反击败退。在湖尾登陆的解放军二五三团占领观音山和湖尾高地，到25日中午被迫撤退，解放军二五一团冲出包围前进到古宁头，固守林厝，与国民党十四师和一一八师强力反攻，双方反复争夺。国民党军十四师团长李光前端着刺刀亲自冲锋，但他的士兵均伏地不前，只有他一个人冲了几步即亡。胡琏与高魁元亲临前敌，冒着枪炮给官兵打气。胡琏说："忘了双堆集的耻辱乎?"又拿出酒和烧鸡亲自喂负伤的士兵吃。国民党军再次冲锋。高地上守军其实只剩下解放军一名教导员和一名指导员，其余均牺牲。两人知道胜利无望，同时举枪自杀。

26日凌晨，解放军由二四六团团长孙玉秀率该团的两个连和第八十五师的两个连增援。二四六团在湖尾登陆，另两连在古宁头登陆。

二四六团的两连，天亮时突破包围，在古宁头和据守该地的解放军会合，清晨6时30分，国民党军第十八军军长高魁元指挥反击，一一八师从浦头以北海岸线向林厝攻击。林厝战况激烈是因为人民解放军据永久工事还击。9时多，国民党军队空军轮番炸射，人民解放军采取巷战，双方战况惨烈。12时国民党军攻下林厝，15时拿下南山。11时，东南军政长官公署副长官罗卓英偕第十二兵团司令官胡琏到达金门战场，胡琏接手指挥。

国民党军第三五二团于15时攻入北山，一一八师师长李树兰以三五三团接替三五二团，偕同战车继续攻击任务。

午夜时分，解放军弹尽粮绝，突围到海边，一千三百余人困在古宁头以北断崖下沙滩，27日清晨国民党军猛攻。解放军虽然顽强抵抗，但是仍然全军覆没，不是牺牲就是被俘。上午10时，古宁头战役正式结束。又 27 日凌晨 3 时尚有人民解放军第二五九团第三连约三十余人，乘一艘汽艇到达古宁头北侧海岸，登陆后亦尽为国民党军所俘。

金门战斗直到 28 日才逐渐平息，零星战斗持续更长。此外金门岛上坚持战斗时间最久的是二五三团团长徐博，他在 26 日晚突出重围进入东部山区后，就一直隐蔽在北太武山的山洞中，靠挖食地瓜等植物充饥，等待解放军第二次登陆。直到 1950 年 1 月，即金门战役结束三个月后才被国民党军发现俘虏。

金门战役是人民解放军自解放战争以来遭受的最大的一次损失，也是建军以来唯一彻底的败仗，损失极为惨重，教训极为深刻，共计三个团又两个营九千零八十六人，部分伤亡，部分被俘。

金门失利后的第二天，二十八军副军长肖锋和政治部主任李曼村面色惨白、失声痛哭地来到兵团叶飞司令员的办公室，叶飞司令员沉痛地对他们说："哭什么，哭解决不了问题，现在你们应该鼓舞士气，准备再攻金门。这次失利，我身为兵团司令员，由我负责，你们回去吧。"

11 月 1 日，由当时的福建省委第一书记张鼎垂、兵团司令员叶飞、兵团政委韦国清、二十九军军长胡炳云、二十九军政委黄火星、二十八军副军长肖锋和政治部主任李曼村参加的第十兵团党委扩大会在厦门老虎山洞召开，指挥作战的肖锋首先做检讨并要求承担全部责任。

叶飞接过他的话说："金门战斗的失利，主要责任在我，我是兵团司令员、兵团党委第一书记，不能推给肖锋，他有不同意见，我因轻敌听不进，临开船时，在电话上我还坚持只要上去两个营，肖锋掌握好第二梯队，战斗胜利是有希望的。是我造成的损失，请前委、党中央给严厉处分。"

叶飞在会后给陈毅司令员起草电报，并报中央，请求处分。毛泽东当时表示："金门失利，不是处分的问题，而是要接受教训的问题。"11 月 5 日，毛泽东又提出："以三个团去打敌人三个军，后援不继，全部被敌歼灭，这是解放战争三年多以来第一次不应有的损失。"中央军委同时命令叶飞总结经验，接受教训，准备再次攻金。

后来，由于朝鲜战争爆发，美国第七舰队侵入台湾海峡，阻止中国人民解放军解放台湾，人民解放军全力准备抗美援朝战争，解放台湾的准备暂停。此后，大陆与台湾隔海对峙的局面因此形成。蒋介石结束了风雨飘摇的日子。

按理说，汤恩伯在金门胜利，应该给他带来最后的荣光。但是，不知出于何因，蒋介石并没有再一次重用他。10月29日，因蒋介石向陈诚暗示对其安置思路，被东南军政长官公署长官陈诚自金门引抵台北。抵台后，只是把他安排在了自己的手下，任东南军政长官公署副司令长官，定居于台北市锦州路。

对汤恩伯的安顿，有好几种说法，其中的一种说法是，10月29日汤恩伯因金门之战获得小胜，将指挥权移交陈诚后飞抵台湾，蒋介石曾经大加赞赏，称其为："反共英雄，台湾岛的拯救者。"

还有一种说法是，10月29日，蒋介石曾经召见陈诚，并对其说："汤恩伯于危难之中曾经主退，殊失我望。他是嫡系，是我学生，辜负了我多年对他的宠信。"并授意陈诚把汤从金门带回台湾。当陈诚问如何安排汤恩伯的职务时，蒋介石则"摇头无语"。

这几种说法，不知哪一种是真，我们无法辨其真伪，或许几种可能都有。在此一段时间里，汤恩伯打过一些胜仗，也吃过许多败仗，但有一点是肯定的，那就是对党国的忠诚、对领袖的不折不扣的忠诚，甚至于不惜"出卖恩师"。

其实，蒋介石是非常会玩弄政治手腕的人，他的一生都在演戏。无论谁，对于他来说，也只不过是一台戏里的一个角色、一盘棋上的一个棋子而已，当其一旦失去了作用，自然也就没有可用的价值了。汤恩伯就是最好的一个例子。

不容于"土木系"

汤恩伯满腹愁肠来到台湾，由于被蒋介石剥夺了兵权，任命为

"总统府顾问"，再也没有了昔日的威风，一度赋闲在家，定居在台北市锦州路后，因身体不适，时常忍受胃痛的折磨。

败逃台湾后，汤恩伯的生活与一个人息息相关、紧密相连，这个人就是时任台湾省政府主席、"土木系"领袖陈诚。

陈诚，浙江省丽水市青田县高市乡外村人，先后毕业于浙江省立第十一师范学校、杭州省立体专、保定军校第八期炮科。民国十三年（1924年）出任黄埔军校上尉特别官佐；民国十五年（1926年）任国民革命军总司令部中校参谋；民国十八年（1929年）任十一师师长；民国十九年（1930年）8月任十八军上将军长；民国二十七年（1938年）南京政府迁至武汉，任湖北省政府主席、武汉卫戍司令、第六战区司令长官。民国三十五年（1946年）任参谋总长兼海军总司令。1949年后任台湾省政府主席、"行政院长"、"副总统"、国民党中央副总裁。

陈诚以十八军为骨干建立了土木系，从而使他在黄埔系中有着举足轻重的地位。陈诚不但是黄埔系骨干将领，而且处处模仿蒋介石，最终成长为一个政治家，他的政治才干要强于军事才干，施政台湾期间，通过一系列的措施稳定了台湾，通过主持改革为台湾经济的腾飞打下良好的基础。

土木系指陈诚以十一师和十八军为基础形成的军事集团。该部因"土"拆开为"十一"，"木"拆开为"十八"而得名。将领主要出身于大陆时期国民党军队第十八军和第十一师，其中亦包括在人际关系接近陈诚的将领。这是陈诚的起家部队，在战力上号称不吃空缺加上适度接受下属意见，因此军队的战力自抗战以前就有一定名声，在抗战中多次与日军恶战的战果使得土木系部队名号打响，到抗战结束后被视为"国军五大主力"之一。

与陈诚的黄埔出身、少年得志不同，汤恩伯经历了一个厚积薄发的漫长过程，他是在抗日战场上扬名的，抗日战争成了他真正平步青云的开始，使他很快成为蒋介石军事集团的三大巨头之一。时人将"土木王"陈诚、"西北王"胡宗南与"中原王"汤恩伯并称。陈诚、胡宗南、汤恩伯三人虽均为浙江人，均备受蒋介石青睐，但前两人同出自黄埔军校，属于黄埔系，可谓嫡系中的嫡系，而汤则毕业于日本陆军士官学校。在派系林立、门户思想极为严重的国民党内部，再加上两人宿怨很深，汤、陈二人不可避免地会存在矛盾。

在蒋家王朝即将倒塌之际，1949年1月1日，蒋介石任命陈诚为台湾省主席兼台湾警备总司令。此次任命，是蒋介石引退下野之前，最后一次重要的人事任命，这是关系到蒋家王朝前途命运的一次重大决定。蒋介石为此特别嘱托陈诚："在台湾要做最坏的打算与万一的准备，使台湾成为复兴民族的基地。"

当时的台湾，似大海孤舟，四顾茫然，没有依靠。经济上，物价漫涨，金融动荡。台湾总面积仅三万六千平方公里，山脉占去三分之二，耕地不及三分之一。这样的地理状态应付原有的六百万台湾本地人口吃饭尚属勉强，要应付蒋介石陆续从大陆上带去的百万之众的吃饭问题，困难极大。尽管蒋介石从大陆掠劫了大量黄金，但如果在经济上不根本解决问题，早晚坐吃山空，那将不可避免地重蹈大陆失败的覆辙。

军事力量上，军无将才，兵无斗志，士气低落，人心不稳。虽然，蒋介石陆续败退到台湾、海南、金门、舟山等诸岛的军队号称六十万，但这些残兵败将在人民解放军的铁拳的打击之下早已成了惊弓之鸟、乌合之众，基本不能抵挡人民解放军的强大攻势，更何况这有限的兵力还分散在南起海南岛、北至舟山群岛的万里海疆上。

人心向背上，台湾学潮澎湃，人心惶惶，向往解放，渴望自由。台湾人民从日寇的统治下回到祖国的怀抱，盼望过上好的日子。但国民党蒋介石的统治并未给台湾人民带来什么切实的好处。相反，国民党血腥镇压"二二八"起义却给台湾人民留下了永世难忘的创伤。所以，绝大多数台湾人民欢迎解放，要求统一，这是很自然的。

对以上的诸多困难，陈诚，这位乱世败将，在临危受命之际，想的会是什么呢？他说过这样一段话，倒是发人深思，给人启迪。

"以养病之身，骤膺重寄，自度极不适宜，唯国家安危所系，又不能不悉力以赴。且反共战争，乃一长期之奋斗，其胜负不在疆场上一时之得失，而实在政治、经济、文化、教育总体战上之最后

230

胜利。"

好一个"其胜负不在疆场上一时之得失",话说得是何等轻松,殊不知国民党的最后失败都是以其在疆场上的失败为集中表现的,经济、政治、军事总是紧密相连、互为因果的,军事上的全面溃败就是政治、经济彻底失败的具体表现形式。

陈诚于1949年1月5日正式就职。他在记者招待会上又说过这样一段话:"我们须共同了解台湾是中华民族生命的一环,整个的台湾以及所有的物质产业并非日本人遗留下来的东西,更不能视同战利品,而是我们台湾六百万同胞五十年来的血汗累积,更是我全国千百万军民牺牲奋斗以头颅热血所换来,我们宜如何善于利用,稗有助于国家民族,亦有利于全省同胞,这是我们对于台湾应有的认识与努力,我们若不把台湾弄好,非但给日本人讥笑,更何以对先烈?对后代子孙?"

陈诚的志向不可谓不大,他要既对得起先烈,又对得起后代子孙,他决心要以自己的实际行动把台湾治理好、建设好。

俗话说新官上任三把火,陈诚却连续烧了"六把火"。第一把"火"是实施入出境限制;第二把"火"是打着"人民第一,生产第一"的旗帜力求增产粮食,实现自给自足;第三把"火"是整顿公营事业;第四把"火"是实行三七五减租;第五把"火"是改革币制;第六把"火"是准备实施地方自治。陈诚系军人出身,他走马上任能烧六把"火"来稳定台湾局势实属不易,确有过人之处。

此时的汤恩伯与如鱼得水、才华尽展的陈诚相比,真可谓寂寞凄清、失落至极,毫无用武之地。而且国民党内部派系繁多,汤、陈二人虽同属于中央军系列,但却拥有各自的山头,因此陈诚是不会让汤融于自己的体系之内的,这也就在很大程度上加重了汤的悲凉生活。

作为蒋介石的嫡系将领,汤恩伯本应继续受到蒋介石的恩宠,尽管屡有败绩,但在解放战争中蒋介石的将领哪一个又不是如此呢,何况汤恩伯出卖恩师有功。然而,一个人的出现,给汤恩伯带来了噩运。

上海解放后不久，被汤恩伯遗弃在上海的第三十七军军长罗泽闿搭乘一艘外国轮船前往香港并转赴台湾。原来，上海准备撤退时，第三十七军接到汤恩伯的命令，命该部在江湾待命，准备撤离。可是等了很久也没有汤恩伯的消息，军长罗泽闿派人四处联络，终于打听到汤恩伯等人早已乘军舰逃离上海。被抛弃在江湾的上万人马，上天无路，下海无船，只有成为解放军的俘虏。罗泽闿乘乱换上便衣，躲到一个朋友家，等到市区平静后托朋友买到一张到香港的船票，才设法逃了出来。

罗泽闿死里逃生来到台湾后，第一件事便是对汤恩伯发起猛烈进攻，抨击其只顾自己逃跑，不管部下死活的卑劣行径。汤恩伯的亲信则反唇相讥，双方越闹越大，官司终于打到蒋介石那里。虽然上海失守汤恩伯有一定的责任，但连蒋介石都无法扭转国民党在大陆的命运，何况一个汤恩伯，而且汤恩伯也完成了蒋介石布置的抢运计划，最后的撤退命令也是蒋介石下达的。但撤退秩序混乱，以致将已经集结待命准备撤离的一个军的人马遗弃，汤恩伯难辞其咎。蒋介石闻之也对此耿耿于怀，下令召开会议，对上海之战进行检讨。

1949 年 7 月 2 日，检讨会在台北一家宾馆举行。出席会议的有军政大员以及参加过上海防卫战的师级以上军官，会议由陈诚主持。陈诚在讲话中先传达了蒋介石的指示及开这次会议的目的。陈诚还一再强调，上海防卫战失败了，教训十分深刻，大家都有责任，发言时不能将责任全推给某个人，也不能有问题不说，做和事佬。

陈诚讲完，由汤恩伯报告上海防卫战失利的经过。汤恩伯在报告中，首先讲了他对防守上海的布置，然后对参战部队的主要将领也一再做了夸奖。当谈到上海会战最后为何撤兵的问题时，他说，当时考虑到解放军作战势头甚猛，国民党军队实在难以守住，加之援军在短时间内难以到达，因此感到如硬坚守下去，可能全军被歼，上海也会遭受毁灭性破坏。上海被毁，对国民党、对政府均无任何益处，撤出部队主要是从保持实力以利再战的愿望出发的，上头没有任何人下令，责任由他一人承担。如果此事做错了，愿受大家的批评，也愿承受历史的批评。

随后，原京沪杭警备总司令部政务委员谷正纲等人发言，对汤恩伯应负的责任也做了中肯的分析。他的意见汤恩伯基本能接受。

7月3日，会议继续举行，由原上海五个守备区的部队负责人发言。刘玉章、阙汉骞虽在发言中不同程度地批评了汤恩伯，但话讲得比较含蓄和巧妙，汤恩伯也基本能够接受。

轮到原第三十七军军长罗泽闿发言，会议的氛围立马变得紧张起来。他说他的部队驻扎在浦东，条件是守备区最差的，因此汤对他另眼相看，并有意遗弃，身为战场最高指挥官，却率先逃跑，弃部队于不顾，此种行为，何以对党国，应自杀以谢天下。几句话骂得汤恩伯暴怒起来，遂当即指责罗泽闿作战不力，失去阵地，也应自杀。两人激烈对骂，以致别人无法插嘴。而罗泽闿正是陈诚"土木系"门下著名的十三太保之一。

到了下午6点，由陈诚做会议讲评。陈诚在讲评中说，过去上行下悖，今后也须改正。日后，若再遇到上海防卫战这类关系党国命运的大战时，上下要精诚团结，不可相互攻讦。每一个高级干部，都要以党及军队的事业为重，勇于负责，敢于牺牲，切不可为了保财保命，丢城弃军。陈诚的这几句话，大有言微意重的功效。虽然没有直接点名，但显然是冲着汤恩伯而来的，大家自然也心知肚明，心照不宣。

经过一番对骂，汤恩伯仍余怒未消，回到家大发牢骚说："国民党在大陆打了那么多败仗，死伤的人比上海防卫战要多得多，为什么一次检讨会也没有开，而唯独开上海防卫战的检讨会?"汤恩伯心里已经很清楚，他以后在台湾的处境肯定好不了。

汤恩伯心里隐约地有了一种不祥的预感。多年来，自己依仗着与蒋介石的关系，戎马纵横，直往直来，连副总统李宗仁也没放在眼里，得罪了不少人，这其中也包括陈诚。而如今，由于连续地吃败仗，又加上受陈仪的事情牵连，恐怕连蒋介石也对自己"另眼相看"了，今后的日子会好过吗?

一位名叫萨苏的在《黑白汤恩伯》一文中指出:

抗战中期以后，汤恩伯多有这样独立于顶头上司的"厚遇"，这种情况并不一定是坏事。比如薛岳，他也有这样的待遇，也不乏和何应钦、白崇禧吵成一锅粥的情况。但是总的来说，他还是把自己的这种独立性用在灵活指挥作战上面，这种独立性一定程度上使白、薛从上下指挥关系变为前后方的配合关系。白对全局的掌控加上薛对当地战区的了解相互弥补不足，所以斩获颇丰。

汤恩伯就有些不同，他得到这种待遇后与顶头上司更多的是对抗而不是配合，近到襄阳战役的李宗仁，远到中原战役的蒋鼎文，没有一个能够指挥得动他，或者能够和他配合好。这就不能说都是他的长官有问题，汤自己也要找找毛病了。

这一席话还是比较实事求是地道出了汤恩伯骄傲自大、刚愎自用的一些坏毛病。不久，第三十七军军长罗泽闿见一直未处分汤恩伯，就真的到军事法庭告了汤恩伯一状。幸好遭到石觉、陈大庆等高级将领的强烈反对，此事才有了一些转机。

陈大庆等人极力为汤恩伯辩护。他们认为失败乃是大局所定，汤恩伯只是临危受命，上海防卫战的失败并非他个人的责任。

当然，战争的结局、失败的原因，蒋介石是最清楚不过了，只不过每一次的失败，总要有人出来为他充当"替罪羊"而已。领袖永远是正确的、英明的。其实，蒋介石也不想置汤恩伯于死地，一方面可以拿检讨会来杀一下汤恩伯的威风；另一方面则是给自己台阶下，总不能由他来承担这次战役的失败责任吧。

最终，此事在蒋介石的调停下，由陈诚出面劝罗泽闿撤回了状纸。蒋介石的意思是：开检讨会其实就是批判汤恩伯了，他的目的已经达到，没必要再一直纠缠下去。

这就是蒋介石的一贯做法，他暗地里操纵别人给你一个"耳光"，表面上却冠冕堂皇地出面调停和安抚你，让你感觉到领袖的宽大和仁慈。

罗泽闿的攻击事件刚刚结束，一桩令汤恩伯更为难堪的事件接踵而至。当初蒋介石下令逮捕陈仪时，汤恩伯曾向蒋介石要求保陈仪一条性命，据说蒋介石曾表示同意。国民党败逃台湾前，陈仪被毛人凤押解到台湾，囚禁在吉隆的要塞司令部。汤恩伯到台湾后曾派亲信带着日用品去看望他，而汤恩伯本人自知没有脸面再见恩师。

1950年，蒋介石在台湾逼走代总统李宗仁，再度出任总统。为了进一步巩固他在台湾的地位，以便有效应对台海危机和早日实施他反攻大陆的计划，蒋介石在台湾岛内施行大整肃运动。

在这场整肃运动中首先遭难就是汤恩伯的恩师、义父陈仪。写汤恩伯的故事，陈仪是绕不开、回避不了的，两人之间有着错综复杂的关系。长期以来，汤恩伯也背负着"出卖恩师"的骂名。因此，讲清楚陈、汤二人的关系对于全面客观地认识汤恩伯这个人具有很大的作用和意义。

陈仪，国民党二级陆军上将。清光绪二十八年（1902年）东渡日本，入士官学校第五期炮兵科，加入光复会。1909年回国，在陆军部任二等课员。1911年辛亥革命时参加浙江独立运动。1912年任浙江都督府陆军部长，兼陆军小学校长。1917年到日本陆军大学深造，第一期毕业。1920年再次回国，在上海营商。1925年孙传芳主政浙江，委任陈仪为浙军第一师师长，之后转任第一军司令，浙江省长。1926年，陈仪脱离孙传芳投向北伐中的国民党，被委任为国民革命军十九路军军长。但手下部队再次倒戈，于是下台，出国到欧洲考察兵工业。回国后被蒋介石委以兵工署署长，颇获赏识，之后转任军政部次长。1934年闽变结束后，调任福建省主席兼绥靖主任，整理福建军政。

1934年日本在台湾举行"始政四十周年纪念台湾博览会"，陈仪奉命到台湾参观，对日本人统治下台湾的高速发展感到惊讶，特别是相对中国大陆多年战乱下的停滞不前，令他感到深省。之后陈再次派人到台湾考察，于1937年出版《台湾考察报告》，建议福建经济学习台湾。

1943年的开罗会议中，同盟国声明战后台湾归还中国。1944年

4月，中华民国行政院设立"台湾调查委员会"，任陈仪为主任委员。调查委员会对日本统治下台湾的经济、政治、民生、军事等各方面做出颇为详细的调查，报告书长达四十余万字。之后提出的《台湾接管计划纲要》，亦获蒋接纳。

日本投降后，蒋介石于1945年8月29日委任陈仪为台湾行政长官，之后又兼任警备总司令。10月24日，陈仪在美军将领陪同下从上海飞抵台北。10月25日，陈仪代表中华民国政府及同盟国，接受台湾日本总督兼司令安藤利吉投降。

陈仪治台时期，经济上实行统制政策。除了将日本人留下的企业大部分收归国有经营外，还规定米、盐、糖、煤油等民生产品，由官方统一定价收购，对烟、酒、火柴等物品的专卖加强限制。陈仪接收台湾后，大量高层日本人返回本国。台湾本省人在多年日本统治下，多有不通晓书写中文及不能说北京官话，在当时政策下，原有职位多数改由大陆抵台人员担任。从大陆到台湾的军政人员，素质参差，良莠不齐，不时与民众发生冲突。此外，台湾工业及农业生产在战后数年出现倒退，经济上一度出现了颇为严重的通货膨胀，致使台湾社会民怨沸腾。

1947年2月28日，"二二八"事件爆发。台北的政府人员与民众的冲突，引发岛上各地的本地人对政府的抗争。3月8日蒋介石从大陆调来援军后，以陈仪为长官的政府，对民众展开了血腥而且非常不必要的镇压。估计有一万至一万五千名台湾人被捕后遭屠杀，其中包括地方议员、医师、律师、新闻记者、教师、画家等社会精英。

3月22日，陈仪在国民党三中全会中被撤职。5月11日，陈仪返回大陆，改任国民党政府顾问。5月16日，撤销台湾行政长官公署，改组为省政府。

1948年6月，在经历了一年多曲折之后，陈仪被蒋介石任命为浙江省主席。时隔二十二年，陈仪再一次主政浙江。抚今追昔，感慨难言。

陈仪再主浙江时，政治和经济形势不断恶化，已到了难以为继的地步，为了支撑危局，更主要的是为了服务于桑梓，陈仪采取了一系列的改革措施。

在政治上，陈仪以快刀斩乱麻之势，处理了农工民主党地下组织被国民党特务破坏一案，释放了蔡一鸣等十多名被军统特务毛森拘捕的爱国人士。他同时还采取了一系列的改革措施，对浙江的农业、教育等进行了大胆的改革和创新。另外，陈仪就任浙江省政府主席后，曾写信邀旧部、中共地下党员胡允恭到浙江工作。

中共中央社会部对陈仪的策反工作十分重视，派上海的地下党负责人吴克坚负责此事。根据吴克坚指示，派陈仪的旧部、地下党员胡允恭秘密到杭州，对陈仪进行耐心细致的工作。

陈仪提出：自己手下没有部队，起义后对共产党贡献不大。汤恩伯是他一手培养，亲如己出，义同父子，汤曾被蒋三次撤职，当面受辱。汤曾经当面提出反蒋，汤现任衡州绥靖公署主任，手下有两个军，如果由自己出面策动汤起义，有把握成功。

经过多次谈判，陈仪与胡允恭初步达成了几条协议。据胡允恭回忆，协议内容大致如下：

一、双方协定后，陈、汤方面不再逮捕我地下党员、民主人士、进步学者、学生和社会青年等。

二、优待一切在押的"政治犯"，可能时予以释放。

三、浙江不再做"戡乱"准备，但为应付蒋介石，口头上仍可说"戡乱救国"。

四、协议实施后，陈、汤从前替蒋效力，我方全部不予计较。

五、新中国成立后，陈、汤两先生及其军政人员，同样享受政治上的民主待遇，且可担任军政要职。

六、陈、汤两方面部队，按民主原则改编。

对这些"君子协定"，陈仪信守不渝，表示在他力所能及的范围内对协议内容逐步加以实施。

汤恩伯曾在陈仪面前有过反蒋情绪，但这是当时的情绪所致。而现在，情况起了变化，蒋介石在"引退"前夕授汤恩伯以总揽京沪杭地区守备之要职，将拱卫东南半壁河山的重任托付给了他，后来又拨给二十万两黄金做军费，这真是"皇恩浩荡，临危受命"呀！说明老头子对他还是信任和器重的。新的情况，使汤恩伯产生了"结草衔环以报君王"的思想。

汤恩伯心中的天平开始倾斜，和陈仪一同起义投奔共产党的想法渐渐占了下风，跟蒋介石走到底的想法明显占了上风。但是，汤恩伯又想到，将来上海弃守，退往台湾，而台湾已由陈诚主政。1944年中原失守后，陈诚乘收拾残局之机，对汤恩伯百般羞辱，疾言厉色，指责他对败局应负主要责任，陈诚还背后指使河南党政代表团控告汤恩伯，给他罗列了"十大罪状"。还有胡宗南也乘机落井下石，当面羞辱他，弄得汤在大庭广众之下抱头大哭，丢尽了脸面。陈诚、胡宗南两人还向蒋介石告御状，使蒋介石气得暴跳如雷，大骂汤恩伯。

回想种种往事，汤恩伯十分寒心。眼下，陈诚、胡宗南部受到蒋介石重用，特别是陈诚已牢牢地控制了台湾，上海失守，自己到了台湾，会有容身之地吗？

此时的汤恩伯，面临自己一生中最大的政治抉择，思前想后，反复权衡，仍感到左右为难，进退维谷，下不了最后的决心。

汤恩伯回想起前些日子陈仪和自己的一次推心置腹的谈话。陈仪向他全面地分析了时局，认为国民党大势已去，蒋介石已无回天之术，他对汤恩伯诚恳地说："长江那么长，怎么能守得住呢？与其将来束手就擒，身败名裂做阶下囚，不如早做打算，还能成为人家的座上客。恩伯，你应当为自己的前途着想，放弃防守长江的打算，及早率部起义。"

"应当为自己的前途着想"，陈仪这句话，言简意赅，完全说到了汤恩伯的心坎上。张灵甫、黄百韬都已命丧黄泉，难道能再蹈他们的覆辙吗？汤恩伯思虑再三，感到左右为难，于是决定还是暂时采取观望态度，以不变应万变，静观其变，等待形势的进一步发展，以便慢慢地再寻良策。

但是，树欲静而风不止，万万想不到的是，一件意外发生的"小事"竟然彻底地改变了汤恩伯的决定。陈仪送给汤恩伯的亲笔书信落到了特务手里。

事后，汤恩伯急得如同热锅上的蚂蚁，紧张地思考着应变之策。他首先想到的是自己的身家性命。环顾左右，都是蒋介石安置的特务或其亲信，竟无一个自己可信之人。尽管自己指挥着几十万大军，但自己的小命却掌握在别人手上。想当年，自己的老上司何应钦和戴笠打赌，赌的就是何的人头。何起先看不起军统，想和戴笠开个玩笑，要戴笠在一天之内取自己的首级，戴慨然答应。何想只要自己闭门不出，看你军统有何能耐。等双方约定时间一到，何应钦自以为胜券在握，拿起电话机，笑问戴笠："脑袋尚在我自己头上，戴老板何以自处？"不料话音未落，一支黑洞洞的枪口已对准了自己的脑袋。何应钦抬头一看，大惊失色，此人就是自己最信得过的贴身副官，还是自己一向视同己出的叔伯侄儿，想不到他竟然是军统安在自己身边的钉子！

毛骨悚然的汤恩伯最终下定决心，将此事报告给了蒋介石。

1950年6月，蒋介石下令将一批高级将领交由军事法庭进行审判，其中首当其冲的就是陈仪。汤恩伯闻讯非常恐慌，随即求见国民党元老张群，并请求见蒋介石。为救陈仪，汤恩伯几次找"政学系"首领张群，并请求面见蒋介石。蒋介石听后大怒："陈仪犯那么大的罪，他汤恩伯心里不清楚吗？这事任何人求情都不行！汤恩伯堕落了，他要为陈仪说话，我不见他！"

据说蒋介石不但不见汤恩伯，还要他亲自处决陈仪，以此来检验他是不是真正的"大义灭亲"，但汤恩伯坚决不干。当然，这也只是传说，并没有确凿的证据可以印证。

汤恩伯情急万分，不禁号啕大哭了一场。然后各方奔走，想为陈仪说情再做进一步的努力，他知道，如果陈仪因此而被枪毙，那么他的罪过就更大了，更难以让人谅解和宽容。为此，他厚着脸皮到处求情，先后拜托谷正纲、雷震、方治、陈良、毛人凤等人向蒋介石为陈仪说情，大家都摇头表示无能为力。雷震说："老头子为了杀人立威，已无法挽回。"谷正纲则说："蒋要用陈仪的脑袋镇压人心，反攻大陆！"汤恩伯又请毛人凤求蒋介石遵守诺言，饶陈仪一命。毛人凤特地到汤恩伯公馆复命说："天威难测。我已经恳求过了，没有用。"

谁知这一次蒋介石的主意已定，他就是要用陈仪的人头镇压人心，以树君威，任何人也无法改变他的这一主张了。汤恩伯自知大势已去，除了在家里暗暗地哭泣和反悔，他无计可施，毫无办法。

1950年6月9日上午，国民党"国防部"高等军事法庭对陈仪进行了军法审判，审判长是顾祝同。

审判开始时，陈仪身穿整洁的西装，昂首健步进入法庭，神色庄重而严肃。接着，身穿上将服的证人汤恩伯悄悄从旁门进入法庭。他来到陈仪面前，下意识地向陈仪敬了个军礼。陈仪不屑一顾，就像没看见一样。汤恩伯尴尬地站在证人席中。

这时引起旁听席上一阵骚动，有敬佩陈仪的，有耻笑汤恩伯的。

审判长问陈仪："你为什么要勾结共匪，出卖领袖，该当何罪？"

陈仪振振有词地说："当时，总统下野，从前线退下来的大批部队涌入浙省境内，军纪败坏，人心惶然，全省父老兄弟心里都想避免兵祸。基于士绅和民众意见，乃派外甥丁名楠赴沪，意在保护江浙沪杭人民不致遭受兵灾。我为人民办事，何罪之有？"

法官拿出陈仪与共产党的协议，让其解释，陈仪对策动汤恩伯起义的条款即他的所谓"罪证"一一做了辩护。他说："至于原函所列之'停止防御工事'，依据过去经验所得，每感征工征料，往往无补战益，徒增人民负担。'依据民主主义改编军队'，如果和平成功，所有国民党部队当然要依据民主方式改编。'取消×××名义，给予相当职位'，也就是说和平成功，所有部队番号取消，于取消后即给予相当职位，并取消'战犯'名义。'保护一切属公财物，不得破坏'，如果讲和的话，当然要保护一切国家财产……"

于是审判官传旁证席上的汤恩伯提供证词。汤恩伯脸色惨白，嗫嚅着说："我对犯人陈仪，确实是一生受恩深重，难以言喻，正图报不暇，何肯检举他？只因我忠党爱国情深，不得不忍痛检举，不能再顾及陈仪对我的深恩大德……"

最后，审判长顾祝同以"勾结共匪，阴谋叛变"的罪名，宣判了陈仪的死刑。陈仪听完宣判后，表情淡漠，没有丝毫后悔和愧疚之情，凛然而退。

6月18日，汤恩伯的恩师、陆军二级上将陈仪，被蒋介石以"煽惑军人逃叛"罪，由蒋鼎文执行死刑，行刑地点定在马场町刑场。之所以安排蒋鼎文行刑，是因为心胸狭窄的蒋介石知道陈仪生前和蒋积怨很深，故而特地派遣蒋鼎文为监斩官以便从心理上给陈仪以最后一击。

刑场周围戒备森严，气氛肃杀。两辆载满宪兵的卡车一前一后，夹着一辆吉普车驶进刑场。宪兵们如临大敌，跳下车在四周警戒着。吉普车门拉开了，宪兵恭恭敬敬地请下一位身穿一身白色西装、神态安详的老人。

当验明正身后，摄影人员给这位特殊的囚徒照了相，他竟如此镇定和从容，好像是要出远门一样。他扭头对行刑的人员说："你们要向我的头部开枪！"他边走边自言自语着，"人死，精神不死！人死，精神不死！"

枪响了，老人后仰猝然倒地，鲜血汩汩地从左胸流出，双眼微合，口微张，安详而凝重……

这就是赫赫有名的国民党二级上将陈仪。1950年6月18日，台湾各报纸头条赫然刊登一则报道："台湾省前行政长官陈仪勾结共匪，经国防部高级军法合议庭宣判死刑，本日伏法。"

陈仪死后，汤恩伯觉得自己卖主求荣，竟落得如此下场，实在是太冤了！在惶惑不安中，他在家里为陈仪设立灵堂，晨昏祭奠，以此求得精神上的慰藉和解脱。面对陈仪的遗像，汤恩伯有时竟失声痛哭，追悔莫及。不料，有人把这件事报告了蒋介石，蒋介石把汤恩伯召去，劈头盖脸一通臭骂，最后命令他："大义灭亲，还哭什么？不许设立牌位祭奠！"

汤恩伯不敢违背蒋介石的旨意，回到家中就拆除了灵堂，焚烧了灵牌。从此后，汤恩伯更加郁郁寡欢。他本来患有十二指肠溃疡病，医生也曾叮嘱他，精神忧郁将使病情恶化。可是一个人到了权柄尽失且成为众人耻笑对象时，他又如何能够欢愉起来呢？更何况，自陈仪被害后，噩梦就一直在伴随着他。

陈仪事件及政治上的不受重用，对汤恩伯刺激很大，他感到无脸见亲友，很想到日本去度过余生。

早在上海防卫战时，汤恩伯就在做逃往日本的准备。据谷振纲等人回忆，那时汤恩伯知道守不住上海，便将其亲信王文成、龙佐良偷偷派往日本，为其寻找避难所。

1949 年 5 月 6 日，汤恩伯令亲信从上海秘密将五十万美元军费汇到美国一个朋友的账上，再由这位朋友将这笔钱转汇到在日本的王文成、龙佐良处。

王文成初到日本时，未和蒋介石集团驻日本机构取得联系。后来汤恩伯考虑到二人无处领薪，便建议将两人吸收到驻日军军事代表团工作，担任编外顾问。

王、龙二人一门心思为汤寻找退路。1949 年 7 月，他们花三万美元在日本东京近郊给汤买了一栋有二十二间房间的豪宅。不幸，房子买后不久，消息就透露出去了。

1950 年 2 月 2 日，路透社从东京发出一条新闻：《蒋介石通过一个中国高层官员在日本东京近郊购豪宅》。

蒋介石得知后大骂道："混账！怪不得上海和东南沿海败得那么快，原来他（汤恩伯）早做了逃往日本的准备。"

1950 年 3 月，汤恩伯以招募日籍志愿兵反攻大陆为由，决定去日本。汤上飞机后，机上验票人员要他出示赴日证件。汤声称是受政府委派到日本执行特殊任务，未办签证。工作人员要他下机，他坚决不下，并与工作人员发生激烈争吵。

蒋介石判定汤恩伯想逃往日本，于是下令阻止。几名军警接到命令后，强行将汤恩伯拉下了飞机。

10 月 25 日，中国人民志愿军跨过了鸭绿江，抗美援朝的战争打响了。汤恩伯虽然因为陈仪的事儿内心痛苦、自责，但是他似乎并没有就此"沉沦"，对于一些大的国际形势和台湾的前景还是给予了极大的关注。12月7日，他的《从军事观点分析韩战》发表于台北的《中央日报》。

1951年元旦，他还有着适当的社交活动。他到何应钦、张群、顾祝同等处拜访，还去蒋经国的住处拜见了蒋经国，但是这时候的他已经不敢亲自去见蒋介石了，只得请蒋经国代向总统叩见。

1月3日，他又有一篇题为《韩战今后的动向及可能发生的影响》发表在台北的《中央日报》。

此后，他在家"闲居"，先后邀请了刘耀汉、陈国新、张果为等教授和学者前来他的居所讲学和讨论，他也开始涉猎经济学等问题，也对《世界通史》等产生了一定的兴趣。汤恩伯俨然由一名军人转变为理论研究工作者。

由于长时间赋闲在家，没有收入来源，到了年末，汤恩伯家中已到了入不敷出的境地。从他在1951年12月致友人王彰先生的函中，可见当时的生活状况：

德生我兄：

弟离台北来中部休养，已届满一月。因山地气候不宜，目前胃痛及神经痛又发作。拟暂在竹山再住几天，内子今天先回台北料理家务，三峡弟决不拟长住。为节省开支，拟将柳团长及卫士们交胡先生，安排入游击部队工作，希与程开椿兄商洽。如胡先生确有困难，可托梅达夫兄安排他们的出处，不知能做到否。弟只能留男女用人各一名，其他人员非安排出去不可，因明年生活已至山穷水尽，每月最多不能超过两千元。兹请内子与兄面洽，希予协助为荷，专达并请大安！

十二月十一日

弟汤恩伯

11 月 11 日，汤恩伯从台北市到中部的乡下开始休养。12 月，汤恩伯的胃病和神经痛等病情发作，又因修理屋舍而遇到经济上的困难，经济拮据状态进一步加重了。因此，他除了留下男女用人各一人外，其他的人员他都做了合理的安排和处理，使每月的开支控制在两千元以内。

1952 年，他还是在家"赋闲"，他甚至开始阅读古典诗歌，但也不时在台湾、香港的报纸上发表一些有关国际关系的文章，阐述自己对时局的一些看法。

此年，曾赴日访问，在日方欢迎会上发表了演讲并受到日本天皇之弟高松宫殿下的热情接待。

此年前后，据说汤在台"曾患额窦炎而开刀，又患皮肤瘤而割治，又因胆炎而去胆"。总之，他的健康状况越来越差了。

1953 年 1 月，汤恩伯任驻日军事代表团团长，曾在日本治疗胃病。在日期间，曾出席为他举行的招待会。4 月，他的演讲稿《世界危机在远东》，发表于《香港时报》。5 月，汤被免去驻日军事代表团团长一职。

7 月，汤搬迁回到台北医治病情，诊疗出患有胃溃疡等。

这一年，汤恩伯在家中设立小型读书会，与旧部一起学习，邀请一些教授，如牟宗三、郭廷以、刘崇鋐、张果为、张佛泉等，讲授哲学、经学、史学、经济学等。有时也举行座谈，曾用流利的日语，为某教授与日籍将军之辩论做翻译。

有一篇文章曾经这样描写汤恩伯的晚年生活。

汤恩伯虽是一无能武夫，常败将军，却颇有点文墨。他在台湾闲得无聊或心情不好时，便把精力用在读书、写作上。

起初，他写文章未想到要发表，只想练笔，打发时光。后来，他去拜访《自由中国》发行人雷震时，谈到他现在在家里看书、写作。雷震对他说："你有很好的写作基础，好好地写吧，写出来送给我看看，如能用，我帮你发表。如果你写上了路，以后就不去求官，专门写作算了。"

在雷震的鼓励下，汤恩伯真的很认真地写起了文章。1950年7月上旬，汤恩伯写了一篇文章，请雷震考虑予以发表。汤恩伯此文的主要内容是，台湾要解决远东地区的共产党问题，必须扶助日本，帮助武装日本，使日本尽快强大起来，然后由日本援助台湾，与台湾共同反共、灭共，重振"中华民国"。在雷震的努力下，汤恩伯的文章于7月底在《自由中国》上发表。

哪知，汤恩伯的文章一发表，引起许多人的批评。人们认为，汤恩伯此文是"忘仇忘恨"，是"引狼入室"。还有一些知名学者写信给《自由中国》及雷震，说汤恩伯是败军之将、失国武夫、民国罪人，《自由中国》不应发表他这种人的文章。国际著名学者张君劢还从美国写信批评《自由中国》，说《自由中国》发表汤恩伯这样的败军之将的文章，是一种耻辱，损害了《自由中国》在读者中的形象。自这以后，汤恩伯再也不写文章了。

汤恩伯死因之谜

1954年春，汤恩伯的胃病日益严重，被医生诊断为胃溃疡和十二指肠肿瘤。他的妻子王竟白来电邀请他去美国治疗，但是他的小妾却执意要他去日本治疗。

5月中旬，几经考虑，汤恩伯还是选中了日本，因为赴美的医疗费太高，而日本只要七八千元就可以了，所以他就去了日本就医。

5月27日，汤恩伯踏上了他的日本之行，在机场他与周至柔等几百人一一握手告别，当时的场景令许多同机的乘客记忆十分深刻。

飞机起飞后不久，当时坐在头等舱的"台湾驻日本外交官"董显光得知汤恩伯也在飞机上，特意前来拜访，可是找了很久董显光才在飞机经济舱一个普通的座位上发现了患病的汤恩伯。他看见汤恩伯像落汤鸡一样，耷拉着脑袋，闭目养神。董看到这一场景感到十分吃惊，立即关心地问道："汤总司令，汤将军，你怎么坐这么一个舱位？"

跟随蒋介石到台湾前，汤恩伯官至国民党陆军上将，曾经拥兵六十万，人称"中原王"，而董显光到台湾前最高只做到国民党政府行政院政务委员兼新闻局长，论资历是无论如何也无法与汤恩伯相提并论的。因此他觉得怎么能让汤恩伯坐在经济舱而自己却坐在头等舱呢。于是董显光执意要与汤恩伯调换座位，但汤恩伯死活不肯，董显光只得放弃他的外交官舱位，一路像陪侍长官一样陪着汤恩伯坐到了东京，而汤恩伯则咬紧牙关坚持了两个小时。到达东京后，立刻就住进了东京庆应大学附属医学院。汤恩伯这次赴日就医能够成行实属不易，两年前汤恩伯在拍摄 X 光照片时，医生发现他的十二指肠上有个肿瘤，必须去日本进行手术才能痊愈，但是报告打上去却没有得到蒋介石的批准。两年后，汤恩伯病情愈加严重，不得已再次申请，蒋介石这才网开一面终于批准他"出国"就医了。当时美国的医疗条件比较好，但是考虑到经济等方面的原因，最终，汤恩伯还是选择了去日本，而去日本的经济舱机票还是汤恩伯自己掏腰包购买的。

常言说，落配的凤凰不如鸡，今非昔比，汤恩伯现在完全败落了，连一个飞机的头等舱都坐不起。

董显光在后来的回忆文章中，曾经记述了这一段让他难忘的经历：

> 五月间，本人回国述职。一日在总统官邸宴会上，蒋经国先生见告："汤将军即将赴日就医，请多加照料，如需赴美疗治，对于护照等事项，亦请予以协助。"
> ……
> 5 月 27 日，汤先生与我同搭一架飞机到日本。民航公

司曾为我预备铺位，我请汤先生使用，他坚决不肯，因此我亦舍而不用。就此一点观之，汤先生确是一位诚恳朴实而谦逊有礼的君子。

汤先生抵日以后，即进医院，决定动手术。第二日我到医院，与岛田医师商谈，了解此种手术有无危险。岛田先生云："此项胃病，每年在院动手术者约六百人，其中三百多人由本人亲自手术，故开刀之安全与否，不成问题。昨天已与汤先生详细谈过，承蒙汤先生允诺。"

鄙人闻之，甚为安心。汤先生开刀之后，本人时时往返，觉其精神颇为健旺。经过三星期之后，他能起床沐浴，是为开刀成功之表现。不意经过如许之时期，疮口突然发痛，以致再施手术。汤先生本人露出忧色，不如以前之乐观……

6月，汤恩伯在日本连续手术三次，割了十二指肠的肿瘤，病胃也割去了三分之二，由日本医师岛田信胜博士主治。

第一次手术后，情况还是不错的，谷正纲、胡健两人赴韩开会路过东京，曾经专门去医院看望了他。汤恩伯自然十分高兴，他还颇有兴致地向他们叙述自己的病情。

谷正纲后来回忆：

我获悉他的病不是癌病绝症，而且医治经过良好，甚感欣慰。我与健中兄都向他说了许多庆幸和安忍的话。劝他好好疗养，俾早康复，将来再共同为国努力。他精神饱满，心情愉快，也滔滔谈论。我们为使他休息，就不与他多谈而告辞，不料此别竟成永别。我返台的第三天，晴天霹雳，噩耗传来。这一代名将，这一位良友，竟弃世长辞，真令人悲痛英名！

但是汤恩伯无论如何也想不到，自己苦苦争取来的就医机会竟

247

会让他命丧黄泉。根据各方面材料显示，术后的汤恩伯恢复得很好，然而就在汤恩伯住院一个月零两天，也就是6月29日，汤恩伯却突然死亡，最终医院宣布为手术失败死亡。就在汤恩伯去世前的一个星期，他还写信说自己刚刚做了切除手术，感觉良好，脉搏、体温以及血压都很正常，预定7月底就会出院，秋后返台。在汤恩伯住院就医期间，一些民国政要还特地探望过他，他们都看到当时的汤恩伯神采奕奕，讲起话来滔滔不绝。但不久，汤恩伯再次被推进了手术室里，并且死在了手术台上，这突如其来的变化不得不让人浮想联翩。

6月30日，台北《中央日报》刊出消息说一位原国民党高级将领在赴日就医过程中突然死在日本人的手术台上，而坊间则传说这位将领死前痛苦不堪，手术前虽然上了麻药，但他在手术台上仍然哀号不止，拼命挣扎，医生用力按住他直至他力竭死亡。由于在抗日战争中此人多次和侵华日军打仗，所以他的死立刻引发了舆论的诸多猜想。

一个比较多的说法就是被日本人害死的。这个主要是源于抗日战争时期汤恩伯是一个非常著名的抗日将领，所以日本很多人跟他是有仇的。

1937年卢沟桥事变后，抗日战争全面爆发，日军扬言三个月内灭亡中国，并且兵分三路侵占华北。面对骄横的不可一世的日军，汤恩伯受命于危难之际，亲自指挥了南口战役，让汤恩伯声名大噪。南口属于燕山山脉，是北平通往西北的门户，号称华北第一天险，南口处于绵延于高山之前的内长城上，山上只有羊肠小道，素有"察绥之前门，平津之后户，华北之咽喉，冀西之心腹"的说法，如此重要的军事重地，自然成了日军觊觎的目标。当时的蒋介石电令第十三军军长汤恩伯"保卫南口，以十天为限"。这个任务看似只是防卫，却无比艰难，此时的日军将精锐部队集中于南口，在飞机大炮坦克的掩护下发起疯狂的进攻。当时只有三十七岁的汤恩伯在兵力悬殊、武器装备非常落后的情况下，坚持死守南口十八天，大大鼓舞了中国军民的抗日士气。一时间南口保卫战成了中外媒体的焦点。在1937年的《大公报》上，曾连载南口战役，在一篇通信录中曾这样描述汤恩伯："汤恩伯这个汉子，他不要命了，他穿一件短衬衣和短裤，手指被香烟熏得黄透了，从战争发动以来就没有睡眠的时间了，一切的精神都用香烟维持着。他已经瘦得像鬼一样。只有两个传令兵随身跟着他，那些卫兵和勤务兵呢，早已加入火线去了。"南口战役后汤恩伯受到蒋介石的器重，一年后，蒋介石又命令汤恩伯率领部队参加了台儿庄战役。而台儿庄战役也成为汤恩伯第二次扬名之战，为他赢得了更高的声誉。台儿庄大捷后，蒋介石亲赴徐州，授予汤恩伯"青天白日"勋章一枚。

南口战役和台儿庄大捷让汤恩伯在侵华日军当中很快就有了"中将汤"的称号，可见日本人对他也是有所恐惧的，然后就是这么一个因为和侵华日军交手而成名的国民党高级将领如今为了治病，突然在日本去世。而手术后的汤恩伯还一度"恢复良好"，因此他有可能遭到日本人陷害就顺理成章地成为了他的一个死因。那么如果谋杀他的真的是日本人，那又会是谁呢，对于这种推断，民间也出现了几个不同的版本。

第一种说法是护士谋害说。1954年6月29日，护士像往常一样来到病房给汤恩伯打针，但是这一天护士打完针以后却悄悄地把本应留在桌子上的空药瓶给拿走了。而按照日本医院的制度，护士每次到病房给病人注射后都应该把盛药的空瓶放在桌子上以便让病人及家属知道今天注射的是什么药物。据说在当天的值班护士离开后不久，汤恩伯的病情就突然恶化，很快因医治无效而死亡。

应庆大学的医院里面有很多日本阵亡军人的亲属，那么汤恩伯又是作为中国的抗日名将，所以就认为可能是这些亲属为自己的亲人报仇，通过注射毒液害死了汤恩伯。

第二种说法是医生谋害说。这种说法把矛头直接对准了汤恩伯的主治医生岛田。《国民党去台高官》一书中有这样的记载，汤恩伯死前痛苦不堪，虽然上了麻药还是无效，他在手术台上痛得哀号不已，拼死挣扎，医生用手按住他，直至他力竭而亡。这种场面令人胆战心惊，而这种说法的依据就是岛田医生的兄长是在中国战场上被汤恩伯的部队杀死的。岛田医生为了复仇，杀死汤恩伯的可能性是存在的。

第三种说法是日本政府谋害说。汤恩伯去世后，日本有关方面在东京青山道场为他举行了祭奠活动，日本各界包括财、军、政界的不少要人都亲临会场致哀。日本皇室和时任首相吉田还送了花篮，日本政府甚至提出将汤恩伯葬在日本。而这种超乎寻常的治丧仪式又令坊间猜测说是日本政府参与了谋杀，然后又欲盖弥彰。不过这种说法的可能性较小。因为汤恩伯在国民党高级将领中是有名的亲日派，特别是在日本战败以后，日本的在华军人和侨民对汤司令官都是感激不尽。由于汤的帮助，这些战犯回到日本以后，在美国的庇护下重新获得了他们的地位和势力，所以说日本政府派人向汤恩伯下手有可能是对日本政府的丑化。

第四种说法是抑郁致死说。汤恩伯突然死亡，自然引发了众多的猜疑，不过至今没有直接的证据证实就是日本医生或者护士为了报复汤恩伯对他下了毒手。所有的怀疑也仅仅是民间的种种猜测而已，而汤恩伯的不治身亡也许正是医院的死亡通知单上所填写的内容：手术失败。不过年仅五十五岁的汤恩伯想当年是呼风唤雨，如今却客死他乡，不由得让人生出了许多的感叹。而在感叹之余，许多汤恩伯的旧部都在私下议论说汤恩伯的突然离世其实和蒋介石有关系。

汤恩伯在日本突然死亡，在台湾岛内引起了轰动，蒋介石得到汤恩伯的死讯后不仅专门派出军舰到日本迎回灵柩，还亲自到台北极乐殡仪馆公祭。当时蒋介石还发布命令，追赠汤恩伯为陆军一级上将，还亲自题写了"功在旂常"的匾额悬挂在灵堂上方。在追悼会上，当时负责抬棺移灵至墓地的正是蒋经国。这样的待遇足以看出蒋介石对汤恩伯的重视。但是，就在这极尽哀悼的同时，蒋介石却对汤恩伯做出了另外一番定论。根据《汤恩伯史料专辑》记载，1954年7月5日，也就是汤恩伯死后一周，他的遗体尚在日本时，蒋介石在阳明山台湾"革命实践研究院"的一次演讲中对汤恩伯做的评价却是：他在弥留的时候，回忆前尘，内心之感慨、懊丧和抱恨终天的心情一定是非常难过，所以是值得我们检讨、痛惜和警惕的。

汤恩伯在世的时候，忠心耿耿为蒋介石苦苦卖命，如今客死异乡，尸骨未寒，却换来了蒋介石如此刻薄的评价，难道汤恩伯和蒋介石之间有着不为人知的过节吗？抗日战争成就了汤恩伯，使他很快成为蒋介石三大宠臣之一。尽管一开始汤恩伯表现得并不显眼，但在抗战过程中他却异军突起，成为陈诚、胡宗南等三人中的一匹黑马。1941 年，汤恩伯被任命为苏鲁豫皖四省边区总司令，第一战区副司令长官等要职。后来又驻守中原一带，所以被人们称为"中原王"。在此期间，他通过收编各种杂牌部队，把部队扩充到了六十万人，并声称要实现"自给自足"，做起了生意。生意最为兴隆的时候，汤恩伯军团在上海的企业就涉及炼铁、轮船、纺纱、化工、纸烟制造等多个行业。1942 年夏天到 1943 年春天，河南遭受了空前严重的灾害，夏秋两季粮食作物大部绝收，随后又遇到了蝗灾，河南全省饿死者达三百万。但是即使在这种情况下，汤恩伯依然征用民力扩充自己的军事实力，做着"中原王"的美梦。同时汤恩伯的军队纪律也迅速败坏，后来河南的老百姓把这几年的光景称作"水""旱""蝗""汤"，把汤恩伯官兵危害百姓与旱灾、水灾、蝗灾相提并论。

一个军事将领的政客化，往往就是他军事生涯的终点，曾经一度和汤恩伯关系火热的戴笠就曾对手下说过这样一段话："胡宗南在关中要学左宗棠做西北王，没有料到汤恩伯做了'中原王'还不满足，竟然学起曹操来了，我劝他英雄本色，是应该有大志的，但是功高盖主，绝无善终之理。"戴笠这段话可谓一针见血，预言到了汤恩伯必为蒋介石所不容，如若不加以收敛，迟早大难临头。

终于，解放战争中的孟良崮战役让蒋介石和汤恩伯之间的关系出现了裂痕。1947 年 3 月，蒋介石重用汤恩伯作为进攻山东解放区的急先锋，汤恩伯作为第一兵团的司令官率部来到山东蒙阴、新泰地区，摆出要和解放军展开决战的架势，妄图把解放军一举歼灭。5月上旬，归汤恩伯部指挥的国民党王牌部队第七十四师，被华野军歼灭。我华野军在孟良崮战役中歼灭美式装备的蒋介石嫡系部队整编第七十四师和整编第八十三师一个团，共三万两千人。张灵甫是蒋介石的学生和爱将，这次命葬沙场让蒋介石心痛不已。他不仅为张灵甫立碑，还把一艘巡洋舰改名为"灵甫"号，而与之正好相反的却是作为整个战役的指挥者，张灵甫的上司汤恩伯却受到了严厉的处罚。蒋介石下令免去了汤恩伯第一兵团司令的职务。

汤恩伯死后，曾经在日本举行了隆重的公祭仪式。1954 年 7 月 9 日，《香港时报》刊登了该报驻日记者方亭题为《日本痛悼汤恩伯将军》的报道，记载了当时的一些实况。报道说：

> ……当汤将军在庆应医院施行肠胃手术与世长辞的噩报，在 6 月 29 日东京各报登出之后，一群群的日本人，老的少的、男的女的，不断地奔到医院，瞻仰将军的遗容。在这些人当中，许多人一见到汤将军的遗容宛在，便放声大哭，有的从上午站到下午入殓时，仍不忍离开，一直守在灵柩旁过夜……
>
> 7 月 3 日下午 2 时起，在青山道场公祭，由东京治丧委员会主祭。这个治丧委员会，是由中日两方人士共同组成的，主任委员是我董显光大使，副主任委员是冈村宁次……
>
> 3 日公祭时，日本财、军、政界的领袖都穿起礼服，同我大使馆的高级官员分站在祭坛前面的两边，照顾来祭的中日友人……
>
> ……齐堂是可容数百人的斤房，四壁都挂满了中日亲友和许多团体的挽联。祭坛设在齐堂的中央，对正大门，一进大门便可以看见在祭坛高处挂着黄大使送的横额，写着"浩气长存"四个大字。
>
> 汤将军的遗像挂在祭坛的深处，灵柩摆在祭坛的中央，上面覆盖着青天白日旗，坛下两边放满鲜花篮和造花圈。其中最引人注目的是全室高松宫和吉田首相的鲜花篮，吉

田首相还送有最大的造花圈一个，坛上清香轻焚，哀乐升奏，空气庄重而肃穆。汤将军的夫人和长公子分跪在坛旁，向每个来祭的客人鞠躬致谢……

公祭完毕后，汤恩伯的灵柩由美军派来的几名将士负责运抵台湾。在台北极乐殡仪馆举行公祭。蒋介石亲临公祭现场并亲自主持了公祭仪式，陈诚致祭辞，"检察院院长"于右任送亲书挽联：

南口余威思天将，东方再造失长城。

国民党当局鉴于汤恩伯为宿将，以铜棺为他出殡，葬于台北县木栅乡东麓之壶山。人们也许不会想到，十分巧合的是他的家乡浙江省武义县县城旁的一个山峰也叫壶山，某种程度上，它是武义的标志。

汤恩伯一生戎马倥偬，死心塌地地追随蒋介石，可谓忠于职守，尽心竭力，鞠躬尽瘁，死而后已，甚至还背上了"出卖恩师"的罪名。但遗憾的是，汤恩伯最终却依然没有得到主子对他的定论，我们可以推想，如果汤恩伯听到蒋介石的评价，他将真的非常难过，真的会无限懊悔，抱恨终身啊！他是在失意、孤独和寂寞中走完了他的人生之路的。

回忆汤恩伯的一生，让我们思绪万千、感慨颇多，这其中的是是非非，怎会是几句话就能道尽的呢？

1964年，在纪念汤恩伯逝世十周年时，台湾军界旧人黄杰曾经赋有一首凄婉的悼念诗："鼓角当初绝戟门，戈回落日梦难温。最怜墓草青还在，风雨年年怆客魂。"这也许就是汤恩伯人生最后阶段的真实写照了。

第九章　历史的回声

　　蒋介石在汤恩伯去世后不久，在一次国民党高级干部培训班上这样说道："这几日来，由于汤恩伯同志病逝日本，使我更加感觉革命哲学的重要。本来汤恩伯在我们同志中，是一位极忠诚、极勇敢的同志，今日我对他只有想念、感慨，而无追论置评的意思。我之所以要对大家说我的感想，亦只是要提醒大家，对生死成败这一关，总要看得透，也要看得破才行。汤恩伯同志之死距离他指挥上海保卫战的时候，只有五年光景。这五年时间，还不到两千天，照我个人看法，假使汤同志当时能够在他指挥上海保卫战最后一个决战阶段牺牲殉国的话，那对他个人将是如何的悲壮，对革命历史将是如何的光耀！"

　　李宗仁在其回忆录中这样评价汤恩伯：

　　　　汤恩伯为抗战期间所谓"中央军"中的战将。他事实上并不善战。每次临阵，恩伯的指挥所均无固定地点，他只带少数随从和电话机四处流动。因为每逢作战，敌机总很活跃，他深恐目标为敌机发现而招致危险，所以不愿停留于某一地点，以致他司令部内的人员都不知道总司令在何处。汤的畏葸行动影响指挥效率甚巨，武官怕死，便缺乏了打胜仗的基本条件。

　　香港《华商报》刊载了《大公报》记者范长江在《南口之战》一文中关于汤恩伯的评论：

汤恩伯那时对日作战，真可以说全凭勇气。前方有劲敌，后面无援兵。如此大战了两星期，他的部下死亡太大，战斗能力事实上已经缩小，而战场面积只有扩大，任务只有加重。他的预备队最后全部用完，军部只剩下一个特务连，当时情况甚为悲壮。在撤退时敌机继续进行追击轰炸，汤的军部也被炸得七零八落，其本人几乎不能免。

中共中央机关报《解放》周刊短评道：

不管南口阵地事实上的失却，然而这一页光荣的战史，将永久与长城各口抗战、淞沪两次战役鼎足而三，长久活在每一个中华儿女心中。

白崇禧评价汤恩伯在台儿庄战役的表现："汤恩伯司令用兵适宜，当敌攻台儿庄之际，迅速抽调进攻峄县而呈胶着状态之兵力，反包围台儿庄之敌人，与孙连仲部相呼应，同时调关麟征、周岩二部击破敌人由临沂派来解围台儿庄之沂州支队，于任务完成之后，仍回师台儿庄，此为其用兵灵活合适之处"。"若论功行赏，汤恩伯部进攻机动，包围迅速；孙连仲部坚强防守，奋勇杀敌，皆战守同功"。"打阵地战只有孙连仲，能攻能守的是张自忠，但打弹性最大的运动战，便只有汤恩伯了"。

台儿庄战役后陈诚认为："汤二十军团的运动战，是我国抗战初期实施战略战术的成功范例，为以后我之运动战积累了初步的经验。"

台儿庄战役后中共《新华日报》称赞道：

11点钟到达第二十军团汤恩伯将军的前线指挥部。这儿距峄县城很近，不要说大炮的怒吼，连战斗酣热时的机关枪声，也声声入耳。守南口的名将汤将军，依然保持着勇迈的作风，带了两三个卫兵，到火线督战去了。午刻，汤将军拖了一根手杖，腰间配着左轮手枪，布鞋以及旧灰军服上堆满了灰土，淌着汗珠；脸上劳瘁的神色，较前年在绥东见面时，似乎判若两人。但他谈起话来，依然是那么豪迈……

冈村宁次在其回忆录中说道：

　　我任第十一军司令官时，曾与汤恩伯两次交锋，再综合其他情报来看，他是蒋介石麾下最骁勇善战的将领。襄东会战时，我第十一军曾猛攻敌正面的一角，汤恩伯则亲率主力向这一角反击，并乘隙使我主力陷入重围，受到歼灭性打击。

曾在河南教育厅工作的鲁荡平，回忆当年汤恩伯救助学子的事情称：

　　省会开封沦陷后，省府迁驻南阳，自黄河对岸敌寇盘踞区域逃往后方的学生络绎不绝。……经设立战区中学予以安置，但为学生衣食大伤脑筋。其时汤将军正统率第三十一集团军驻节南阳一带，我一谈及此事，汤将军即慨然帮助解决。他把大批从军队里换下来的军服和布鞋，送给毫无经济来源的学生；又在采购军粮时，按照军粮价格代购粮食，供学生充饥，其深仁厚泽，被及万千学子。

256

后　记

　　面对市场中爆炸般的信息、浩如烟海的图书，很多人可能会忽视这躺在角落里的一本关于某个国民党军官的"故事集"，甚至可能在不久之后它就淹没在汹涌的出版浪潮中。

　　我们为什么要写这本书，"二战"期间曾担任麦克阿瑟将军副官的菲律宾外交部部长、普利策奖得主卡洛斯·罗慕洛说过的一句话可以作为答案——漠视历史的人往往会成为历史的受害者。

　　二战结束已经七十多个年头了，日军从中国大陆退败已是七十多年前的事了，那些曾经历过这场战争的人大都已经离开了这个世界。解放战争结束也已超过七十年了，那些故事的主角即使健在也都是耄耋高龄。新一代的我们对于战争、对于历史的记忆还停留在书本上，是否有人曾想过，"血战""惨烈""全军覆没"这些历史书上冰冷的文字背后，不知堆砌着多少先人的尸骨。

　　回顾历史，任何一个历史人物都是活在历史之中的，在当时的时代背景之下，做出的任何选择都有其时代必然性。他们有着自己的社会关系，跌宕起伏，一切看似戏剧，却又存在着合理。就如同人们常说的命运，什么是命运，所谓命运不过是由一个人的能力、态度、性格、人脉、品行这些因素在有意或无意之中构建起来的，说到底命运还是由自己掌握的。而所谓的历史人物也一样，往往其性格中的某些因素早就注定了，他会经历这样或那样的悲剧或喜剧，不同的只是时间的早晚和形式的差异。现在很多人在研究历史人物时，喜欢脱离时代背景，拿现在的眼光研究过去的问题，这种超越历史的历史观，让人有些哭笑不得。

因此我们在讲述一个历史人物的跌宕起伏时，同样是在叙述那段过去的历史，在讲述着他和他身边的人和事。就如同汤恩伯，打开这本书，轻轻翻过扉页，轻读文字，你会看到那血肉横飞的战场、日军凶恶的面容，听到炮弹爆炸的声响，甚至尸体烧焦的味道还会让你阵阵作呕。中原人民的苦难让人义愤填膺，饥民的哀号让人心生怜悯。台儿庄战役骄人的战绩让人热血沸腾，中原会战溃败的军队又使人扼腕叹息。

在这里你还会看到一个个活生生的历史人物，能征惯战的"土木王"陈诚、生活在黑暗中的"特工王"戴笠、雄霸一方的"西南王"胡宗南、中国地区当时官方最高统帅蒋介石、残忍的日军统帅冈村宁次、无耻的汉奸首领张岚峰……汤恩伯如同一条引线将属于那个时代的人物和故事一个个地串在了一起。合上本书，一切的一切，尘归尘，土归土，过去终将过去，我们不去加深仇恨，也不去重揭伤疤，我们只是牢记那些我们应该记得的东西。

本书的作者是90后，年轻的我也是为了向历史研究输入一些新鲜血液，我或许没有专家教授的文风老辣，剖析深入，但我有我的激情，有我的热血，我同样可以深入浅出，研史拓新。作为90后，我虽不曾经历过什么样的历史，但我们不能忘记，如果当一个国家的新生代只记得当红的明星、热播的电视剧，而不再去关注那些曾经战火纷飞的年代，不再去了解我们民族的昨天，那么他们如何走好明天的路？此外我还有一个身份，作为军人，任何人懈怠、安逸都不应该成为我们逃避的理由，抚摸军帽上的徽章，它印刻着祖国，印刻着枪。居安思危，忘战必忧。今日我们用笔做刀，刻画出民族的过去，明天我们则肩扛钢枪，守卫着国家的未来。

图书在版编目（CIP）数据

汤恩伯传 / 兰洋著. — 北京：中国文史出版社，
2020.1

ISBN 978 - 7 - 5034 - 9795 - 7

Ⅰ. ①汤… Ⅱ. ①兰… Ⅲ. ①汤恩伯（1898 - 1959）
- 传记 Ⅳ. ①K825.2

中国版本图书馆 CIP 数据核字（2017）第 286385 号

选题企划：箫　笛　段　冉

责任编辑：卢祥秋

出版发行：**中国文史出版社**

社　　址：北京市海淀区西八里庄 69 号院　　邮编：100142

电　　话：010 - 81136606　81136602　81136603（发行部）

传　　真：010 - 81136655

印　　装：廊坊市海涛印刷有限公司

经　　销：全国新华书店

开　　本：720 × 1020　1/16

印　　张：17　　　　字数：198 千字

版　　次：2020 年 1 月第 1 版

印　　次：2020 年 1 月第 1 次印刷

定　　价：62.00 元